나의 사랑
대한민국

나의 사랑 대한민국

초판 1쇄 인쇄 2025년 4월 07일
초판 1쇄 발행 2025년 4월 16일

지은이 노하린

발행인 심정섭
편집장 정효진
디자인 박수진
마케팅 안영배, 김호현, 신재철
제 작 정수호

발행처 ㈜서울문화사 | **등록일** 1988년 12월 16일 | **등록번호** 제2-484호
주소 서울시 용산구 한강대로 43길 5 **(우)** 04376
편집문의 02-791-0795 | **구입문의** 02-791-0708
팩시밀리 02-749-4079 | **이메일** book@seoulmedia.co.kr

ISBN 979-11-7371-900-4 (03340)

＊잘못된 책은 구입처에서 교환해드립니다.
＊책값은 뒤표지에 있습니다.

나의 사랑 대한민국

노하린 지음

그의 삶의 나침반이
가리키는 곳은
언제나 가장 낮은 곳이었다.
힘없고 소외된 사람들을
향하고 있었다.

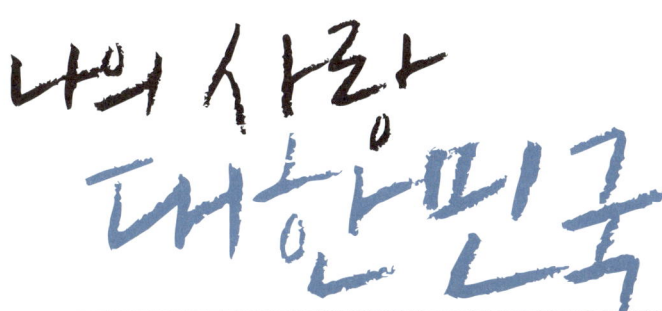

서울문학사

꼿꼿 문수

"김문수, 왜 안 일어서는 거야? 일어나! 사과해!"

고개 숙이지 않는 그를 향해 야당 의원들의 고함이 이어졌다. 하지만 김문수 장관은 아랑곳하지 않고 그대로 앉아있었다.

이날은 국회에서 이른바 '윤석열 대통령의 비상계엄 내란 행위'와 관련해 국회의원들의 긴급현안질의가 있는 날이었다. 국회의원들은 물론 국무위원들이 속속 모여들었다. 국무위원으로서 서열 15위인 김문수는 뒤쪽에 마련된 자신의 자리에 앉았다. 사안이 심각한 만큼 서로 말을 아끼는 분위기였다. 그런데 첫 번째 대정부 질문에 나선 민주당 서영교 의원이 한덕수 총리를 발언대로 불러내더니 국민 앞에 고개 숙여 사과하라고 요구하는 것이었다.

"비상계엄을 막지 못한 책임이 있잖아요. 사과하세요."

윤석열 대통령의 비상계엄 선포를 이미 '내란 행위'라고 못 박은 야당 의원들은 이 사태를 막지 못한 것에 대해 '총리로서 고개를 숙여 사과하라'는 것이었다. 그러더니 그다음엔 자리에 앉아있는 국무위원들을 향해서도 '모두 자리에서 일어나 함께 사과하라'며 고함을 치기 시작했다. 사과하지 않으면 '내란 동조자'이거나 '내란 공범'이라며 으름장까지 놓았다.

"다 일어서세요. 사과하세요, 빨리 사과해요!"

몰아치는 상황에 당황한 국무위원들이 하나, 둘 일어서려 하는데, 누군가의 목소리가 들렸다.

"일어서지 마세요."

김문수 장관이었다. 그는 주변 국무위원들에게 '일어서지 말라'고 했다. 그러자 다른 야당 의원들도 합세해서 고함을 질렀다.

"빨리 일어나 사과해! 사과해!"

국정의 주요 사안이 있을 때 국무총리나 국무위원들을 발언대로 나오게 해 질의하는 건 당연한 국회의원의 권리다. 그런데 질의 대상도 아닌 국무위원석에 있는 국무위원들 모두에게 '이러는 건 좀 너무하다' 싶어 그는 일어서지 않았다. 하지만 야당 의원들의 질타 섞인 사과 요구가 계속 이어지자 다른 국무위원들은 결국 자리에서 일어나 고개를 숙이기 시작했다. 야당 의원들의 요구대로 서너 번 고개를 숙인 사람들도 있었다. 하지만 그는 그대로 앉아 자리를 지켰다. 그러자 그를 향해 고함이 이어졌다.

"김문수, 왜 안 일어서는 거야? 일어나! 사과해!"

3선 국회의원을 지낸 그였지만 야당 의원들의 이런 행동은 납득할 수가 없었다. 국무위원들 중에는 비상계엄을 반대하는 사람들도 있을 것이고, 비상계엄 선포하는 상황을 몰랐던 사람도 있었을 것이다.

김문수 장관은 그날 연락을 못 받아 계엄심의 국무회의에 참석하지 않았다. 만약 그 자리에 있었다면 '비상계엄 선포'는 반대했을 것이다. 한덕수 국무총리도 비상계엄을 반대했다고 한다. 비상계엄 선포 상황을 모르는 위원들도 있었다. 그런데 사과하지 않으면 모두 '내란 폭동의 동조자'라니. 마치 인민재판을 하듯이 분위기를 몰아가는 야당 의원의 행동은 상식적이지 않다. 국회의원으로서 '직권남용'이라는 게 그의 생각이다.

이날 김문수 장관이 고개를 숙이지 않은 데에는 또 다른 이유가 있었다. 야당은 이미 비상계엄을 '내란'이라고 단정 짓는 상황이었다. 더구나 대통령이 비상계엄을 선포한 것을 내란이라고 단정 지을 만한 근거도 없었다. 아직 재판 결과도 나오기 전이었다. 그런데 왜 야당 의원들의 상식적이지 않은 행동에 따라야 하는가 말이다. 그는 그저 자신이 생각하는 원칙과 상식에 맞게 행동했을 뿐이다.

김문수 장관은 요즘의 국회가 문제라고 생각한다. '삼권분립은 어디 가고, 국회의원이 시키면 뭐든 해야 하는 세상'이 됐고, 언제부턴가 국회의원과 국무위원 사이가 '갑'과 '을'의 관계가 됐다는 것이다. '어쩌다가 국회의원이 국민 위에 군림하고 있는 건가? 나는 3선 국회의원으로 활동하는 동안 스스로 '국민의 머슴'이라고 생각하며 일해 왔는데' 하며 안타까운 마음을 드러냈다.

그런데 다음 날, 그를 더욱 또 놀라게 하는 일이 벌어졌다.

"당신 사진이 여기저기 크게 나왔어요. 국회에서 사과하지 않았다면서?"

아내 설란영이 근심 어린 얼굴로 남편 김문수에게 자초지종을 물었다.

"아니 이게 무슨 기삿거리라고 이걸 가지고 난리들이지?"

참 이해할 수 없는 세상이다. 김문수 장관은 고개를 갸우뚱하지 않을 수 없었다. 국무위원이 아직 사실이 밝혀지지도 않은 사안에 대해 무릎 꿇지 않는 것이 무슨 문제지? 또 자유민주주의 사회에서 자신의 의견과 목소리를 낼 수도 있는 게 당연한 것 아닌가. 그게 왜 기삿거리가 되는 건지 이 사회가 이상하게 돌아가고 있다는 생각을 지울 수 없었다.

그런데 김문수 장관의 그런 당찬 행동은 사람들의 주목을 받기 시작했다. 비상계엄 선포 후 야당과 기성 언론에 의해 윤석열 대통령이 '내란 수괴'로 지목되면서 탄핵돼야 한다는 여론이 들끓기 시작했다. 대통령의 지지율이 곤두박질쳤고 정치권도 언론도 국민도 모두 대통령에게 등을 돌리고 있었다. 여당과 보수들도 자신의 목소리를 제대로 내지 못하고 있는 가운데 대통령 탄핵을 향한 야당의 폭주는 거침없이 이어지고 있었다. 그 누구도 나서서 다른 목소리를 내지 못하던 바로 이때, 김문수 장관이 처음으로 윤석열 정부 내에서 야당과 기성 언론에 굴하지 않는 꼿꼿한 모습을 보인 것이다.

고개 숙여 사과하지 않은 그를 향해 야당과 일부 언론들은 '내란 동조자'라며 맹비난했다. 하지만 잠시 주눅 들어있던 보수층을 중심으로 그의 행동에서 용기를 얻고 동조를 하거나 응원을 보내는 사람들도 늘어나기 시작했다. 그동안 다른 목소리를 내지 못한 채 속앓이를 하던 사람들에게 물꼬를 틔워준 것이다. 그리고 서서히 시간이 지나면서 사람들은 대통령이 '왜 비상계엄을 선포했는가'에도 관심을 가지기 시작했다.

그가 고개 숙여 사과하지 않는 이유에 대해서는 여러 가지 해석과 의미가 나돌았다. 야당과 일부 언론에선 '비상계엄과 내란에 동조하는 극우 정치인'이라고 비판했고, 보수층에서는 '야당의 선동과 횡포에 맞선 당찬 보수', '대쪽 같은 성품에 원칙과 소신을 지키는 정치인'이라며 열광했다. 수많은 언론에서 '왜 고개 숙여 사과하지 않는가'에 대한 질문을 수없이 받았지만, 그는 한동안 일체 언론과 접촉하지 않은 채 침묵했다. 그런 그에게 '꼿꼿 문수'라는 새로운 별명도 생겼다.

그는 대통령의 비상계엄 선포 이후 돌아가는 상황을 보며 이렇게 말한다.

"나는 그게 매우 안타깝고 서글픈 지금 우리 조국의 현실 같아요. 국무위원이라면 사람이 품격도 있고 자존심도 있고 태도가 의연해야지. 그래야 국무위원이지, 그래야 공무원들을 끌고 나갈 수 있는 리더십이 생기잖아요. 그냥 국회의원이 시키니까 계속 죄송합니다, 사과하고 머리 조아리고. 그건 좀 아니라고 생각해요."

비상계엄에 대한 국회 질의 과정을 보면서도 그는 답답한 마음을 금할 수 없었다.

"비상계엄에 대해 증언하기 위해 국회에 출석했던 장군들 봐요. 장군들이 나와서 막 우는데 이게 도대체 장군인지, 뭐 졸병도 그러면 안 되죠. 그런 장군들로는 전쟁을 할 수도 없어요. 나는 '군인은 언제라도 죽을 수 있다', '죽을 땐 죽더라도 비굴하게는 죽지 말자' 같은 각오를 가진 사람이 군인이라고 봐요. 유사시 목숨을 바치는 것을 자기 직업으로 삼은 사람들이잖아요. 입장이 다른 것이라면 몰라도, 그런 울보들로는 나라를 지킬 수 없다. 나는 그렇게 생각해요."

'군인은 군인답게 국회의원은 국회의원답게', '사법부는 사법부답게' 모두가 원칙과 상식이라는 기본 가치를 지킨다면, 우리 사회가 지금과 같은 극한의 혼란은 마주하지 않아도 되지 않았을까? 자신은 그저 자신의 원칙을 지켰고, 자신이 상식이라고 생각하는 대로 행동했을 뿐인데 그게 왜 이렇게 사람들의 주목을 받아야 하는 것인가. 이런 조국의 현실이 안타까울 뿐이다.

'언제쯤 안개가 걷히고 모든 게 제자리를 찾아갈 수 있을까?' 탄핵 정국 석 달째, 오늘도 그는 무거운 발걸음으로 뚜벅뚜벅 자신의 길을 걸어가고 있다.

차례

프롤로그 꼿꼿 문수 4

1장 —— 첫 만남

첫 만남 16
일제강점과 국적 19
다시, 노동 약자 27
탄핵인가? 정권 찬탈인가? 31

2장 —— 아스팔트 우파

대선 경선 박근혜와 맞서다 40
다시 만난 박근혜 대통령 44
소록도 47
가장 아픈 선거 52
박근혜 대통령 탄핵 57
서울시장 후보 64
문재인은 김일성주의자? 69
아스팔트 우파 72
조국, 내로남불 끝판왕 79

3장 — 배고픈 시골 아이의 꿈

유교적 전통에서 자라난 아이 88
아버지는 종손 아닌 종손 91
문수의 놀이터는 안채와 사랑채 93
빚보증으로 풍비박산된 집 96
둘째 누나의 눈물 99
넌 인생관이 뭐야? 102
첫 데모 그리고 무기정학 106
도대체 내가 뭘 잘못했지? 111
서울대 상과대학 '신식'학과 입학 113
문중의 별 116
대학에 출세나 하려고 왔습니까? 120
용두동 빈민촌 123

4장 — 공장 노동자가 된 명문대생

첫 위장취업 128
강제징집 130
그 집 아들 빨갱이더라 134
안병직 교수와의 만남 137
어설픈 '또또사' 141
복학 그리고 수배 생활 144
가슴에 묻은 어머니 149
보일러공이 되다 153
월급 안 주면 총파업이다 157
회사 측과의 한판 승부 161

5장 — 사랑과 결혼

10.26과 첫 번째 투옥 166
서울대 출신 노조위원장 169
80년 서울 민주화의 봄 172
당신도 삼청교육대 정화 대상자야! 174
그저 다른 길을 선택했을 뿐 176
시집갈 데 없으면 나한테 와요 178
순천의 문학소녀 182
수배 시절, 그녀의 집에 숨어들다 185
청첩장 없는 결혼식, 하객은 전경들 188
누가 신혼은 달콤하다고 했나 190
아들이면 '동지', 딸이면 '동주' 194
서슬 퍼런 5공 아래서 196
어떻게 아이를 탁아소에 맡겨? 199

6장 — 두 번째 투옥과 무너진 꿈

민주화 운동의 주역이 된 노동운동 204
서노련 사건, 두 번째 투옥 208
남편 김문수가 사라졌다 212
2년 6개월, '그곳은 지옥이었다' 217
동주야 미안해 221
9척 담 안에서 맞이한 민주화 226
무너진 혁명의 꿈 230
긴 고뇌의 시간 232
재야의 옷을 벗고 제도권으로 234

7장 — '국민 머슴'으로 10년

부천서 성고문 사건의 피해자 인숙이 240
친구로부터 받은 뜻밖의 제의 242
문민개혁에 동참해 달라 245

당신이 여당에 간다고요? 248
벌써 선거운동 반은 해놨네 249
어머니 영정에 바친 눈물의 졸업장 252
지옥철, 대통령도 같이 타 봅시다 254
부천 소사구에서 일어난 이변 258
세상에서 가장 뜨거운 크리스마스 선물 261
금배지 못 달겠습니다 265
정치개혁은 혁명보다 어려워 270
그의 별명은 '김결식' 274
108일 동안의 108번뇌 279
괜찮아, 국민의 머슴이니까 283
중국에서 북한 인권을 말하다 288
미운 오리 새끼로 살아온 10년 291

8장 — 택시 운전하는 도지사

경기도지사로 298
대중교통 환승 할인 301
김문수가 쏘아 올린 광역급행 열차(GTX) 304
3색 볼펜과 빼곡 수첩 308
그를 울린 15만 원 310
어디로 모실까요? 314
규제 감옥 '경기도' 319
중국이라는 도전 322
더 낮은 곳으로 더 뜨겁게 325
협치의 달인 328
119 사건 330
아버지 같은 신랑감은 낙제 335
선공후사 340

에필로그 김문수가 꿈꾸는 대한민국 344
글을 마치며 김문수에 대한 오해와 진실 350

젊은 시절 노동운동에 투신했던
그가 30여 년 만에 다시
경사노위 위원장으로 부활하여
산적한 노동문제 해결에 뛰어들게
된 것이다.

1장
첫 만남

첫 만남

"김문수로 가시죠."

"김문수? 김문수가 누구죠?"

"노동운동하던 분 있잖아요. 경기도지사도 했고요."

"아, 경기도지사 했던 그 사람?"

윤석열 대통령이 취임하고 얼마 뒤 김문수에게 만나자는 연락이 왔다. 그로서는 생각지도 못한 일이었다. 사실 연락이 왔을 때 그는 경사노위 위원장 자리에 대한 암시를 받고 깊은 생각에 잠겼었다.

젊은 시절 그가 학교에서 제적까지 당하며 노동운동을 할 때는 노동자들의 현실이 너무나 열악했었다. 노조가 전무했던 당시에는 임금을 떼이거나 체불되는 회사 측의 횡포에 그저 당하고만 있어야 했다. 하지만 지금은 그때와 상황이 많이 달라져 있다. 아내 설란영과도 이런 이야기를 자주 나누곤 한다.

"예전에 비하면 지금 노조는 중산층이야. 귀족 노조라는 말이 괜히 나왔겠어요? 아직도 열악한 환경에서 일하면서 돈을 떼이는 근로자들이 얼마나 많은데."

"그에 비하면 양대 노총은 간부들이 억대 연봉을 받는 사람들이 잖아요. 더구나 노조가 노동자의 처지를 개선한다는 순수성을 잃고 정치 세력화되는 게 안타까워요."

"그래도 한국노총은 예전과 비슷하고 정치이념보다는 실리와 이익을 위한 조직이라고 봐야 해요. 그런데 민주노총이 너무 좌편향 돼 있어요."

그는 대통령을 만나기 전 두 페이지의 보고서 아닌 보고서를 작성했다. 첫 페이지는 '노동 개혁을 어떻게 할 것인가'에 대해서였다. 그는 '법치'가 가장 중요하다고 생각했다. 노사 간 교섭을 할 때는 파업을 하더라도 법을 지키며 그 대두리 안에서 해야 한다는 것이다. 그런데 윤석열 대통령 취임 이후 법치는 비교적 잘 지켜지고 있었다. 불법 파업 등에 원칙적인 입장을 보이면서 근로 손실 일수는 크게 줄어들고 있었다. 두 번째 페이지는 현재 우리 정국에 대한 진단과 앞으로 가야 할 방향에 관해서였다. 우리나라에서 가장 중요한 가치는 바로 자유민주주의를 지키는 것이며, 정치권은 국민의힘 정당이, 대중조직은 교회를 비롯한 기독교, 불교, 천주교 등의 종교계가 가장 중요하다는 내용으로 정리했다. 자유민주주의를 지키기 위해서는 이들의 힘이 필요하다는 것이었다.

만남은 저녁 식사 자리까지 이어졌다. 윤 대통령은 그보다 9살 어린 나이였지만 매우 호탕하고 대화에 막힘이 없는 사람이었다. 식사를 하면서 서너 시간 대화를 나누는데 신기하게도 오랫동안 알아 왔던 사이처럼 대화가 술술 이어졌다.

"저도 노동자의 권익은 향상되어야 하지만 노조의 지나친 폭력 행위와 명분 없는 파업은 법으로 엄정하게 대처해야 한다고 생각합니다. 그냥 놔두면 점점 더 개입하기가 힘들어집니다."

"특히 민주노총은 너무 좌편향 돼서 무얼 위해 투쟁을 하는 건지 정말 노동자 편에 서 있는 건지 고개가 갸웃거려질 때가 많아요."

노동문제를 비롯해 시국을 보는 시각도 비슷했다. 더구나 김문수의 거침없는 언변에도 윤 대통령은 개의치 않았다.

"문재인 대통령이 김정은을 만나 모든 걸 맞춰줬지만, 결국 김정은은 남북 연락 사무소도 폭파하고 모든 대화를 단절했어요. 남북 간 협약도 다 무시했어요. 문재인 정부의 대북정책은 완전히 실패 아닙니까?"

"지금 우리 사회에 종북 세력이 너무 많습니다. 이들이 각계각층에서 활동하고 있어요. 그들은 반대한민국, 반미국, 반기업에 투쟁 방향을 두고 있어요. 그러면서 연방제 통일을 주장하고 있죠."

"말도 안 되는 소리죠. 우리의 가장 중요한 가치는 자유죠. 자유에 기반을 둔 자유민주주의가 우리의 방향이고 통일을 하려면 이에 기반을 둔 자유민주 통일국가를 만들어야 합니다."

나이와 살아온 경험이 다른데도 불구하고 마치 평생을 함께한 동지처럼 모든 것이 잘 통하는 시간이었다. 그렇게 김문수는 윤석열 대통령과 의기투합하며 경사노위 위원장에 임명됐다. 윤 대통령은 '20~30대에 노동 현장에서 근로자 권익 향상을 위해 치열하게 활동한 경력과 고용노동계 현안이 산적한 시점에 노동 현장과 입법, 행정부 경험을 갖춘 김문수 후보자야말로 노동 개혁을 완수할 적임자'라고 인선 배경을 설명했다. 그는 그렇게 다시 제도권에 진입해 활동을 시작했다. 젊은 시절 노동운동에 투신했던 그가 30여 년 만에 다시 경사노위 위원장으로 부활하여 산적한 노동문제 해결에 뛰어들게 된 것이다. 그는 만감이 교차했다.

2022년 10월 4일 경사노위 위원장에 취임한 그는 경사노위를 박차고 나갔던 한노총을 다시 합류시켰고, 민노총과도 대화와 설득을 통해 합류를 결심하기 직전까지 진전을 이루었다. 그리고 2년 뒤인 2024년 8월, 김문수 위원장은 고용노동부 장관에 임명되었다.

일제강점과 국적

"일제강점기에 살았던 우리 선조들은 국적이 일본입니까?"
"그렇습니다. 나라를 다 빼앗겨서 일본으로 강제 편입이…."
때아닌 일제강점기 국적 논란이 불거진 것은 김문수 고용노동부 장관 후보 청문회장에서였다. 재차 질문이 이어졌지만, 그는 말을 바꾸지 않았다.

"(나라를 빼앗겼는데 그럼 국적이) 일본이지 그걸 모르십니까?"

야당 의원들은 그가 대한민국을 부정한다고 언성을 높였지만 그는 자신의 생각을 굽히지 않았다.

"아니 당시에 우리가 나라가 있었으면 왜 독립운동을 하며, 손기정 선수가 왜 일장기를 달고 뛰었겠습니까?"

김문수 장관 후보자의 발언을 놓고 여야 의원 사이 고성과 설전이 이어졌고, 결국 청문회는 13시간 만에 파행으로 끝났다. 엄연히 있었던 역사적 사실을 부정하며 그의 역사관을 문제 삼는 야당 의원들의 행태는 처음이 아니었다.

"장관직 그만두실 생각 없으신가요? 사퇴하세요."

"아직도 우리 조상 국적이 일본이라고 생각하십니까?"

"사과하실 의향 없으면 퇴장하세요."

그는 국회의원들의 이런 행태가 문제라고 생각하며, 정치권에 몸담아 온 오랜 후배들을 만나 속마음을 털어놓기도 한다.

"사람이 살아가는 데 상식과 존중이 좀 필요하잖아. 그게 너무 없는 것 같아. 국회의원이 역사적 사실까지 부인하면서 막 고함 지르고 난리 치고 그러잖아. 한민족이 당시 일본 국적을 가질 수밖에 없었다고 하면 조상들이 갑자기 매국노가 되나? 손기정 선수가 매국노야? 말도 안 되지. 오히려 한민족이 일제시대에 한국 국적을 가졌다고 주장하는 사람들은 손기정 선수를 매도하는 거 아냐? 시대의 아픔을 외면하면서….”

"요즘 국감장 나가면 참 난감하실 때가 많죠? 예전 국회는 이 정도는 아니었는데요."

"나보고도 '퇴장하세요' 이러더라고. 나는 '왜 퇴장해야 합니까?' 이러거든. '국적을 일본과 똑같이 일본이라고 주장하는 사람이 어떻게 대한민국의 국무위원이냐, 자격이 없습니다' 그러길래 나는 일제시대 때 나라가 없는데 조상의 국적이 한국이라고 억지를 부리는 게 그게 더 이상하다고 했지."

생각이 다르다고 자신을 퇴장시키려고 국회 방호원까지 동원하는 국회의원들의 행태가 그는 못내 안타깝고 괘씸했다. 그는 자신의 생각과 말에 틀린 것이 없다고 생각하기에 당당하지만 말이다.

"나보다 더한 반일파도 별로 없거든. 우리는 먼 조상 할아버지가 임진왜란 때 일본 군대와 싸우다 순국하셔서 지금도 사당에서 그분들 제사를 모시고 있어. 고향에선 우리가 친일파라고 하면 그냥 문중 전체가 고개를 돌리는데, 나도 친일과 전혀 상관이 없지. '당신 친일 아니야?' 하는 건 말이 안 돼. 그럼 손기정 선수가 일장기 붙인 게 친일인가? 역사의 아픔을 아픔대로 받아들여야지. 그때 학교가 보성학교다. 그러면 다 친일인가 말이야, 아니지…."

"야당 의원들이 계속 실제 역사를 드러내는 것을 문제 삼으며 정작 고용노동부에 대한 국정감사는 아예 하지도 않았죠?"

"그랬지. 그리고 본회의나 예결위 가는데 상임위원회는 한 번도 안 갔어. 자기들도 오라고 하질 않아."

그는 그저 역사적 사실을 말했을 뿐인데, 그래서 독립운동을 했다고 독립 사관을 피력하는데, '역사적 사실은 하나도 제시하지 못하면서 왜 이렇게까지 난리'들인지 이해가 되지 않았다. 김문수 장관은 이 얘기가 나오면 답답하다.

"국적 관계는 너무나 분명한 거 아닌가. 나라가 망해서 없어졌는데. 우리나라 국사학자 중에 좌파가 많거든요. 이태진 서울대 교수 빼고는 일제시대 때 국적이 한국이었다고 말하는 국사학자가 하나도 없어요. 좌파조차도 이것은 너무나 당연한 얘기잖아. 그럼 일제강점기라고 부르지 말던가."

그가 알고 있는 당시의 '조선인 국적'에 대한 내용은 이렇다. 일제강점기의 한반도 '조선인'은 모두 '일본 국민'에 편입되어 '일본 국적'을 받았다. 당시 조선인의 국적이 일본이라는 사실은 그 당시 일제가 조선인에게 발급한 여권뿐만 아니라 미국 정부가 발급해 준 입국 사증을 봐도 알 수 있다. 1899년 제정된 일본 국적법 제20조는 '자기의 희망에 따라 외국 국적을 취득한 자는 일본 국적을 상실한다'고 규정했다. 이 법에 근거하여 해외로 이주한 일본인들은 외국 국적을 취득함과 동시에 일본 국적에서 이탈할 수 있었다. 반면 조선인들에겐 이러한 일본의 국적 이탈 조항이 적용되지 않았다. 해외로 나간 조선인들이 외국 국적을 취득하여 그 나라로 귀화한다고 해도 일제는 조선인의 일본 국적 이탈을 절대로 허락하지 않았다. 하지만 당시 독립운동가들은 중국 국적을 취득해 중국으로 귀화하기도 했다. 임정 요인의 대다수가 중국 국적으로 입적했고 안창호 등 쟁쟁한 독립운동가들이 모두 1920년대 중국 국적으로 입적했다. 이는 엄혹한 시절 중국 상해 등지에서 일제의 검거를 피해 자신을 보호하며 독립운동을 하기 위한 하나의 방편이었기 때문이다.

안창호도 그런 경우였다. 1923년 7월 안창호는 중국 국적을 취득하여 중국으로 귀화했다. 그가 일제에 체포되었을 때 상하이의 중국인들은 '중국인을 잡아가지 말라'며 격렬하게 시위했다. '민족 개조'와 '실력 양성'을 외치며 독립운동에 몸을 바친 안창호 역시 중국 국적을 취득하고 있었다. 대한민국 임시정부의 국무총리를 역임했음에도 당시의 엄혹한 현실에서 안창호는 국제법상 중국 국적을 취득할 수밖에 없었다. 일본 국적에서 이탈하기 위해 안창호는 중국 국적을 취득했지만, 결정적인 순간에 다시 일본 국적자의 신분으로 일제에 체포되고 말았다. 프랑스 조계 경찰은 그를 일제 식민지 조선 출신의 일본 국적자로 인식하고서 일본 측에 넘겼기 때문이다. 그를 보호하려는 중국인들이 이구동성으로 '중국에 귀화한 안창호는 중국인'이라고 부르짖었음에도 국제정치의 현실에서 안창호는 일본 국적을 벗어날 수 없었다. 조선인은 그 누구도 일본 국적에서 이탈할 수 없다는 일제의 법령이 국제법적 효력을 발휘했음을 보여주는 증거다.

김문수 장관은 비극적이고 안타까운 일이지만 이런 역사적 사실은 어쩔 수 없는 우리 역사의 한 부분이요, 독립운동가들의 현실이라고 했다. 중국 국적을 사용한 것은 임정이 영토 및 무력 확보 등의 면에서 독자의 국적을 사용할 능력이 없었기 때문이지 반민족행위자의 증거가 아니었다. 그래서 독립운동가들은 영토를 되찾으려고 외국 땅에서 '외국 국적'으로 자신을 보호해 가며 항일 독립운동을 한 것이다. 그는 '그들의 잘못도 아니고 더구나 부끄러워하며 감출 일도 아니다'라고 생각했다. 오히려 그렇게까지 독립운동에 헌신한 것은 우리가 존경할 만한 일 아닌가. 그런데 2025년 초 국정감사장에서 야당 의원이 또 이 문제를 꺼내 들었다.

"백범 김구의 국적은 어디입니까? 일본입니까?"

"중국이라는 얘기도 있어요."

이번엔 야당 의원에 이어 김구 선생 증손자 김용만 국회의원이 이를 두고 '독립운동가의 혼을 모독했다'고 항의하며 나섰다. 독립투사들이 일제의 검거를 피하려고 독립운동의 방편으로 중국 국적을 취득했을 수 있지만, 그렇게 했다는 것이 반민족행위를 했다는 것도 아닌데 왜 모욕이란 말인가? 그가 국회에서 '김구가 중국 국적이란 이야기가 있다'고 한 것은 오래전부터 근현대사 관련 연구자들에게 들었던 이야기를 전한 것뿐이었다.

하버드대학 박사며 캐나다 맥마스터대학의 송재윤 교수는 '송재윤의 슬픈 중국'이라는 언론사 기고문을 통해 이 문제에 대해 다음과 같이 말하고 있다.

지금도 대한민국 국사학계와 정부는 이른바 "원천 무효설"에 입각해서 일제강점기 조선인의 국적은 "한국"이라 강변하고 있다. 1965년 12월 18일 발효된 "대한민국과 일본국 간의 기본 관계에 관한 조약" 제2조에 따라 1910년 8월 22일 및 그 이전의 대한제국과 일본제국 간 체결된 모든 조약 및 협약은 무효이므로 당시 "일제강점기 우리 국민의 국적은 한국"이어야만 한다는 주장이다. 일제강점과 식민 지배의 부당성을 고발하려는 의도이겠지만, 역사를 쓸 때는 언제나 특정 시공간을 배경으로 실제 발생한 사태를 객관적으로 기술해야 한다. 부당하다 비판하고 잘못이라 비난해 봐야 그 누구도 이미 지나간 과거사를 사후에 무화(無化)할 순 없다. 도덕성도, 합법성도 없는 반인류적 범죄에 대해서 "원천 무효"를 선언한다 해도 과거사를 뒤바꿀 순 없다. 홀로코스트를 자행한 독일 제3제국의 죄악상을 고발할 수 있을지언정 가스실에서 스러져간 6백만 희생자들의 목숨을 되살릴 수는 없듯이. 일제강점기 안창호의 국적이 진정 한국이었다면 왜 프랑스 조계 경찰은 그의 신병을 일본인으로 파악해서 일제 경찰에 넘겼겠는가? 당시 일제는 범아시아 제국을 꿈꾸는 막강한 군사 대국이었던 반면, 국민·영토·주권도 확보하지 못한 대한민국 임시정부는 자국민을 지킬 힘조차 없었기 때문이다. 좋든 싫든 일제강점기 조선인이 모두 '일본 국민'에 편입되어 국제법상 일본 국적자로 살아야 했음은 움직일 수 없는 역사적 사실이다. 명백한 역사의 현실을 보면서도 중국으로 귀화한 안창호나 일장기를 가슴에 달고 우승한 손기정의 그 당시 국적이 '한국'이었다고 주장한다면, 역사적 상식에 어긋난다. 일제의 조선 병합과 식민 지배는 역사적 사실이다. 그 점에서 국사학계나 정부의 "원천 무효설"은 역사적 사실의 진술이 아니라 사후적으로 내린 도덕적 평가이자 당위론에 불과하다.

김문수 장관은 결코 자신의 발언으로 독립운동가들의 헌신이 조금이라도 폄훼되는 것을 바라지 않는다. 백범 김구 대한민국 임시정부 주석은 한민족으로서 대한 독립운동의 지도자였다. 그러나 항일 독립운동 과정에서 독립투사들이 일제의 검거를 피하기 위한 방편으로 중국 국적에 입적했다면 그것은 당시 독립운동가들이 처했던 가혹한 현실을 보여주는 것뿐이기 때문이다.

중국 국적을 취득했던 독립운동가들은 그 사실이 밝혀지면 항일 독립운동가가 아닌 사람들로 되는 것인가? 아니다. 그는 국민들은 오히려 선열들이 외국 국적을 취득하면서까지 해외에서 독립운동을 하느라 고생하시던 모습을 떠올릴 것이라고 믿고 있다.

다시, 노동 약자

　점심 식사를 마친 김문수 장관은 가끔 청계천 산책로를 걷는다. 서울에 왔을 때 머물며 일할 수 있는 서울 고용노동청 사무실이 바로 청계천 거리에 있기 때문이기도 하다. 길게 뻗은 청계천을 따라 산책로가 이어져 있고, 이 길은 늘 사람들로 북적거린다. 고용노동부 장관이 된 뒤 그의 소확행 가운데 하나가 바로 이 시간이다. 바쁜 일정 때문에 매일같이 청계천을 걸을 수는 없지만 그는 이 시간을 참 좋아한다.

　"서울에 이런 공간이 있다는 게 너무 좋지. 사람들 표정을 보면 나 행복해 보여."

　"이 시간엔 직장인들이 많지만 하루 종일 남녀노소 할 것 없이 사람들이 많이 와요."

　"내가 이명박 전 대통령한테 이 말을 못했어. 청계천 복원은 참 잘하신 일 같다고. 나중에 꼭 한번은 말씀을 드려야겠어. 하하!"

　그런데 이 길을 걷다 보면 한편에 오토바이가 2~300대 서 있는 게 눈에 띈다. 배달하는 라이더들이 주문을 기다리며 그곳에서 대기하고 있는 것이다. 삼삼오오 모여 담배를 피우거나 이야기를 나누다가 휴대전화에서 주문을 확인한 뒤 급하게 오토바이를 타고 떠나기도 한다.

　'날이 이렇게 추운데, 밖에서 벌벌 떨고 있네.'

김문수 장관은 그들을 볼 때마다 자꾸만 마음이 쓰인다. 예전부터 청계천은 배달 라이더들이 많았다. 그리고 코로나 시대를 거치며 배달 문화가 급성장하자 라이더들도 직업의 한 축을 이루게 됐다. 시간을 다투는 일이라 위험천만한 곡예 운전을 하다 보니 목숨을 잃는 청년이나 가장들이 생겼지만 아직 이들은 제대로 된 보호를 받지 못하고 있다. 그가 고용노동부 장관이 되면서 가장 먼저 지시한 일 가운데 하나가 바로 이런 노동 약자들을 위한 제도적 장치를 마련하는 일이었다.

노동 약자란, 5인 미만 사업체에서 일하는 근로자들로, 대략 350만 명에 이른다. 그리고 플랫폼 노동자들이나 프리랜서를 포함한 특수고용직 노동자들이 이에 속한다. 플랫폼 노동자는 배달·운전이 48만 5천 명으로 가장 많고, 교육·상담 등 전문 서비스 분야가 14만 4천 명, 데이터 입력 등 컴퓨터 단순 작업 분야가 8만 7천 명 등으로 2023년 기준으로 88만여 명에 이른다. 프리랜서는 방송 예술계 작가들이나 통역사, 비정규직 근로자들이 이에 해당한다. 이들은 아직 제대로 된 계약서도 쓰지 않고 일하는 경우가 많아서 일을 하고 돈을 못 받아도 보호받을 길이 없고, 작업 중에 다치거나 사고를 당해도 보상받을 길이 없다.

그렇다고 이들을 무조건 기존의 근로기준법에 포함시켜 보호할 수도 없다. 현실은 법보다 훨씬 복잡해서 이들은 노동자이지만 개별 사업자들이기도 하기 때문이다. 새로운 시대 직업 양상의 변화에 맞지 않기도 하다. 그래서 김문수 장관은 이들을 보호할 수 있는 이른바 '노동 약자 지원법' 제정에 적극 나서고 있다.

현재 국회에 법안이 발의된 상태지만 예산 문제 등과 맞물려 풀어야 할 과제가 많다. 우선 그는 이들을 위한 '표준계약서'를 마련하고 이들을 위한 쉼터, 분쟁 해결 지원 등을 적극적으로 추진할 계획이다. 그리고 특수고용직이나 프리랜서 작가들을 위한 작업실도 서울 시내에 여러 곳 만들 생각이다.

나아가 그는 고용노동부 장관이 되면서 최우선으로 임금 체불을 없애라고 지시했다. 일을 시켰으면 돈을 줘야 할 것 아닌가? 그렇지만 최근 경기가 나빠지면서 건설업 등에서 임금 체불이 계속 증가하고 있었다. '임금 체불은 곧 중대 범죄'라는 인식하에 임금을 체불하는 사업주를 강제 수사하는 등 전 지방 노동관서를 중심으로 노동행정 역량을 집중하도록 지시했다. 이를 통해 2024년 12월 기준으로 2조 448억 원에 달했던 체불 금액의 81.7%인 1조 6,697억 원을 청산했다. 이는 노동행정력을 최대한 동원한 결과로 2023년도 79.1%보다 청산율이 더 높아진 것이다. 그는 노동 약자를 위한 정책을 펴는 한편 노사문제에도 관심을 기울였다.

"한국노총뿐 아니라 노동계와 경총을 비롯해 사용자단체, 국회와 노동 관련 학계, 언론계의 말씀을 늘 경청하겠습니다. 5인 미만 사업장이나 영세중소기업 미조직 노동자도 결혼해서 자녀를 가질 소박한 꿈을 이루게 정부가 나서서 적극적으로 도와드리겠습니다."

2024년 10월 고용노동부 장관에 취임할 당시 이렇게 밝힌 김문수 장관은 처음의 약속을 하나하나 실현해 가고 있다. 처음 고용노동부 장관에 지명됐을 때 한국노총과 민주노총은 그를 일컬어 반노동계 인사라며 부정적인 반응을 보이기도 했다.

"나에 대해 어떻게 말해도 대한민국에서 노동자를 위해 가장 많이 투쟁해 본 사람이 바로 저입니다. 정말 '투쟁 또 투쟁'을 외치며 젊은 날을 살아왔습니다. 하지만 투쟁만 외쳤던 시절을 돌아보면 노동자, 사용자, 사회 모두를 피폐하게 만들 뿐이었습니다. 투쟁은 파괴만 있고 새로운 것을 건설하지 못합니다. 투쟁이 아니라 대화를 해야 노사 모두가 살 수 있습니다. 노동운동도 이제 투쟁만을 강조할 것이 아니라 대화를 해야 합니다. 노동운동을 이유로 온 사회를 투쟁 판으로 만들어서는 안 됩니다. 민주노총이 대통령 탄핵 등 정치적인 목적의 집회를 주도하는 것이 과연 바람직한 노동운동의 방향이 맞나 싶습니다. 지금 우리 사회에 필요한 것은 대화입니다."

김문수 장관은 무엇보다 법치를 토대로 대화와 타협을 통해 갈등을 해결해야 한다는 원칙 아래 다양한 노력을 기울여왔다. 근로 손실일 수는 과거 정부의 절반 이하로 줄었다.

김문수 장관은 윤석열 정부 들어 '노동개혁을 통해 노사 법치주의'를 확립한 결과가 서서히 나타나고 있다고 보고 있다. 현장 노사관계가 안정되고 파업으로 인한 근로 손실일 수가 역대 정부 평균의 절반 이하로 떨어졌기 때문이다. 이는 역대 어느 정부에서도 하지 못한 역사적인 성과다. 그는 고용노동부 장관으로서 이런 기조를 이어나갈 생각이다. 노동 개혁은 우리 세대와 미래 세대 모두를 위해 노사정이 함께 고민하고 추진해 나가야 할 과제이기 때문이다. 그리고 임금 체불 해결, 노동 약자 지원과 같은 따뜻한 노동개혁도 병행할 생각이다.

그는 오늘도 청계천을 걸으며 다짐한다. 젊은 시절이나 지금이나 자신이 늘 꿈꿔 온 것은 우리 사회의 가장 낮은 곳에서 힘들게 살아가고 있는 사람들이 잘살 수 있는 사회를 만드는 것이라고 말이다.

탄핵인가? 정권 찬탈인가?

윤석열 정부 3년. 예상치 못한 일이 벌어져 또다시 정국은 격랑 속으로 빠져들었다. 2024년 12월 3일. 윤석열 대통령이 비상계엄을 선포하면서다. 국회에서 비상계엄 해제 요구안이 가결되면서 비상계엄은 6시간 만에 해제됐다. 하지만 국회에서는 대통령이 '내란 수괴'라며 대통령 탄핵안을 가결시켰다.

김문수 장관은 이 모든 상황을 지켜보며 마음 깊이 걱정하지 않을 수 없었다. 모든 짐을 혼자 떠안고 가야 하는 대통령의 안위가 걱정되면서 한편으로는 의문이 고개를 들었다.

'꼭 비상계엄이라는 방법을 사용해야 했을까? 거대 야당이 탄핵이라는 수단을 통해 행정부를 마비시키고 입법 폭주를 하고 대통령실 감사원, 검찰, 경찰의 특경비 특활비를 0으로 만들며 국회를 장악해 온 것은 사실이지만 이런 식으로 해결할 수 있을까?' 하는 의문이 들었기 때문이다. '차라리 국민의 여론을 환기시키고 국민 여론으로 압박을 하면 어땠을까?' 그가 만약 그때 대통령 곁에 있었으면 '비상계엄으로 문제를 해결하려고 해서는 안 된다'는 입장을 가지고 대통령에게 선포하지 말라고 호소했을 것이다.

하지만 이미 그가 참여하지 않은 국무회의에서 상황은 벌어졌고, 대통령 탄핵은 헌법재판소의 손으로 넘어갔다. 국민들은 두 쪽으로 나뉘어 또다시 거리에서 시위를 벌이고 있다. 대통령 탄핵을 둘러싼 혼란 사태가 10년 만에 재연되고 있는 것이다. 이를 바라보는 김문수 장관의 심정은 이루 말할 수 없이 씁쓸했다.

탄핵 정국이 들어서면서 나라를 걱정하는 지인들과 마주 앉으면 으레 이런 이야기가 나온다.

"대통령이 오죽하면 그랬겠어? 해도 해도 너무 했잖아?"

"그건 그래요. 게다가 계엄으로 누구 한 사람이라도 죽었냐, 다쳤냐 이거예요. 한 명의 부상자나 사망자도 없는 이런 내란이 역사상 있습니까? 국회가 해제하란다고 순순히 해제하는 그런 내란이 있어요?"

"우리가 자유민주주의면 이런 얘기도 해야 되거든. 그런데 이런 말을 하면 내란 동조자라는 거야. 가만히 침묵하고 있어도 내란 동조자라는 거야. 이게 선동이고 인민재판이야. 자유민주주의 사회에서 이런 식으로 하면 안 돼요."

그는 윤석열 대통령이 현직 대통령 신분임에도 불구하고 법의 보호를 받지 못하고 너무 불리한 상황에서 재판받고 있다고 생각한다. 모든 국민은 누구나 형이 확정되기 전까지 무죄추정의 원칙으로 보호를 받아야 하는데 대통령은 그렇지 못하다는 것이다.

"모든 국민은 형이 확정되기 전까지는 무죄추정의 원칙을 적용해야 하잖아. 헌법에도 똑같이 있어요. 근데 현직 대통령을 완전히 범죄자 취급하잖아. 예전에 박근혜도 마찬가지야."

10년 전 박근혜 대통령 탄핵 때도 온갖 흉흉한 루머가 나돌았지만 결국 재판을 통해 사실로 인정된 건 없었다. 그는 간첩도 아닌 일반 국민과 접촉했다고 국정개입 헌법위반이라는 것은 말도 안 된다고 생각한다.

"전혀 사실 무근인데도 불구하고 완전히 죽일 사람 취급하고. 이거는 우리 국민들이 정말 깊이 생각해 봐야 해요. 어떤 조사도 없이 선동에 의해 이런 일을 계속 반복할 거냐, 여기서 끝낼 거냐 나는 그 질문을 던지는 거예요."

계엄 정국으로 대통령과 국민의힘 지지율이 큰 폭으로 떨어졌고, 그 누구도 이의를 제기하며 자신의 목소리를 내는 사람이 없었다. 10년 전의 상황이 재현될 조짐을 보이고 있었다. 그런 분위기 속에서 국회에서 계엄에 대해 사과하지 않고 자신의 원칙과 소신을 지키는 '꼿꼿 문수'의 모습에 침묵하던 다수의 사람들이 용기를 내기 시작했다. 거리에서만이 아니라 정부 안에서도 내란 몰이에 굴하지 않는 사람이 있음이 확인되었기 때문이다.

윤석열 대통령 지지자들과 보수들이 더 크게 결집하기 시작했다. 사람들의 관심은 '내란이란 정권 찬탈을 목적으로 하는 것인데 이미 대통령이 정권을 잡고 있는데 왜 굳이 비상계엄을 선포했는가'에 쏠리기 시작했다.

보수 유튜버나 기독교, 시민단체를 중심으로 대통령이 왜 비상계엄을 선포했는지 주목하고 알리면서 그동안 더불어민주당이 탄핵을 남발하고 2025년 예산을 맘대로 삭감하는 등의 횡포를 일삼고 있었다는 사실이 드러났다. 거대 야당인 더불어민주당이 대통령 대행인 한덕수 국무총리까지 탄핵을 시켜버리는 사상 초유의 사태가 벌어지자 여론은 바뀌기 시작한 것이다.

한편에선 '이러다 10년 전처럼 손 한번 쓰지 못하고 정권을 넘겨줄지도 모른다'는 위기감이 고개를 들며 보수를 결집하게 했다. 다른 한편으론 무엇보다 내란죄 수사 권한이 없는 공수처의 무리한 수사 과정과 초시계까지 동원해 발언을 막는 헌법재판소의 납득할 수 없는 형식의 재판이 진행되면서 '공정'에 민감한 2030세대들이 돌아서고 있었다. 윤석열 대통령이 공정하지 않은 상황에서 재판을 받고 있다고 판단한 것이다.

2030세대들이 깨어나고 있었다. 그들은 한덕수 대행 탄핵에 이어 카카오톡 검열을 하겠다는 민주당의 이재명 발표에 경악했다. 카카오톡에 투자한 텐센트가 같은 기술로 중국의 위챗 메신저 서비스를 하고 있고, 그것이 시진핑 중공 당국에 의한 검열을 수용하고 있다는 것은 누구나 알고 있는 사실이다. 최근 들어 카카오톡에 올리는 글에도 경고와 함께 '일시적 사용 중지' 문구가 나오기 시작하는 것을 보고 사람들은 가슴을 쓸어내렸다. '우리도 홍콩처럼, 중국 본토처럼 감시받는 세상으로 들어가는 것 아닌가?' 하면서 말이다. 자유민주주의와 자유시장경제를 지켜야겠다는 공포와 각성이 2030세대를 거리로 나오게 한 것이다.

탄핵 정국에 들어서면서 언론은 자연스레 조기 대선을 염두에 두며 차기 대선주자를 언급하기 시작했고, 범보수 대권주자로 김문수 장관이 언급되기에 이르렀다. 하지만 그는 그 부분에 대해선 침묵했고, 그런 상황이 불편하고 난감하기만 했다.

"내가 별로 한 것도 없는데, 나처럼 소신 발언을 하는 사람들이 너무 없었다는 반증이겠지. 슬픈 일이에요."

그의 행보가 주목을 받기 시작하면서 현 시국에 대한 기자들의 질문이 쏟아질 때가 많았다. 그는 조기 대선에 대해선 말을 아꼈지만 대통령의 수사 과정에 대해선 문제가 있다고 생각하는 부분은 여과 없이 드러냈다.

"공수처는 내란죄에 대한 수사권이 없어요. 직권남용죄를 수사

한다고 하면서 내란죄까지 또 할 수 있다? 이렇게 유추해 권력을 행사하는 거는 안 돼요. 우리법연구회, 국제인권연구회 출신이 민주당의 이재명에게 부역하는 것밖에 더 돼요? 그러면 내란 수사는 누가 하나? 경찰이 하게 되어 있잖아요. 지금 현행법에는 경찰이 하면 되지 그걸 왜 권한도 없는 공수처가 가져와 권한 없는 체포 영장을 발부받고…. 그다음에 대통령이 구치소에 갇혔는데 가족도 면회를 금지시켰어요. 이런 사례는 없어요. 왜 부인 면회를 안 시켜줘. 그러다가 결국은 기한이 다 돼서 공수처도 빈손으로 손 털고…. 그러니까 공수처가 의미 없는 기관이라는 걸 스스로 입증해 버렸죠. 공수처는 이제 정리해야 된다고 나는 봐요."

공수처가 미결수인 대통령에게 가족조차 면회시켜 주지 않은 행태에 대해서도 있을 수 없는 일이라며 너무 비인간적인 처사라고 날을 세웠다.

"글쎄, 저도 감옥에 많이 살아본 사람인데, 또 민주당 국회의원들이야말로 감옥에 갔다 온 분이 많잖아요. 김대중 대통령도 감옥에 오래 계셨고요. 다 면회했어요. 그 면회하는 것 자체를 무슨 내란 선동, 내란 동조라고 하고…. 그냥 면회잖아요. 면회하는 게 내란 동조가 되면, 과거에 우리 면회하셨던 분, 감옥에서 사셨던 분들도 그렇게 봐야 하나? 그렇게 단정적으로 이야기할 수 있는 것은 아니잖아요. 인권의 기본은 흉악범이라 하더라도 인권이 있어요. 더구나 윤석열 대통령은 1심 판결도 아직 나오지 않았습니다. 기소만 됐을 뿐인데 유죄로 추정해서 면회도 못 하게 하는 것은 너무나 비인간적이고 가혹한 일 아니에요."

그는 대통령이 탄핵되는 비극이 더 이상 되풀이되지 말아야 하며, 그러기 위해서는 헌법재판소가 공정한 결과를 내놓아야 한다고 생각한다. 헌법재판소는 국회가 소추 사유에서 내란죄를 뺐으면 그것으로 다시 국회 의결을 해야 할 사안으로 보고 각하했어야 하는데, 그렇지 않은 것은 잘못이라고 본다. 특정 이념 편향의 재판관들이 절반 가까이 되는 그런 기관이 헌법을 수호한다는 것도 말이 안되는 일이라고 본다.

"헌재가 국민이 직선한 대통령 파면을 쉬운 일로 생각하는 것은 아닌지 모르겠습니다. 박근혜 전 대통령 때 만장일치로 파면했는데요. 그 결과가 어떻게 됐습니까? 과연 올바른 판결이었을까요? 헌재가 보다 공정하게 그리고 국민이 납득할 수 있는 절차, 진행, 결론을 내놓으시길 간절히 기도드리고 있습니다."

더 이상 우리나라에 불행한 대통령이 나오지 말았으면 하는 게 그의 간절한 바람이다.

자신은 기득권을 지키려는 보수가 아닌 자유민주주의 체제를 수호하는 의미의 보수주의자고, '행동하는 자유 우파'라고 사람들이 인식해 주기를 바란다.

2장
아스팔트 우파

대선 경선 박근혜와 맞서다

2012년 김문수 도지사는 대선을 앞두고 깊은 고민에 잠겨 있었다. '경기도지사로 남아 임기를 마치느냐, 대선 경선에 도전하느냐' 선택의 갈림길에 있었기 때문이다. 사실 그에게 대선 경선 참여에 대한 고민은 지난번에 이어 두 번째다.

"안녕하세요. 지사님. 오늘은 혼자 오셨네요."

"네, 안녕하세요?"

그는 오늘도 작은 배낭 하나를 메고 혼자 관악산을 찾았다. 고민이 있을 때마다 산에 오르는 건 그의 오랜 습관이다. 혼자 오르기도 하고 가까운 지인들과 함께 산을 오르며 생각을 정리하고 결정을 내린다. 주변 사람들의 조언을 귀담아듣기도 하지만 결정을 내리는 건 오로지 본인의 몫이다.

그의 대선 출마를 놓고 주변 사람들의 의견은 둘로 갈라졌다. '도민들이 선택해준 만큼 경기도 지사직을 잘 마치는 것이 먼저'라는 의견과, 정치권에선 '이제 좀 더 큰일을 해야 한다며 대선에 도전해 보라'는 의견이었다. 쉽지 않은 결정이었다. 양쪽 다 귀담아 들어야 하는 의견이었고, 어떤 길을 선택하든 후회는 없어야 했다. 오랜 고민 끝에 그는 대선에 도전하기로 결단한다. 3선의 국회의원 경험과 도지사를 하며 쌓은 행정 경험을 이젠 좀 더 큰일에 쓰고 싶었다. 무엇보다 그는 늘 현장을 다니며 어려운 사람들의 목소리에 귀 기울여 왔기에 진정 국민을 위한 일이 어떤 것인지 잘 알고 있었다. 그렇게 2012년 7월 12일, 그는 새누리당 대통령 후보 경선 참여를 선언했다.

"오랫동안 깊이 생각했습니다. 모든 것을 비우겠습니다. 지금 우리는 낭떠러지에 서 있습니다. 새누리당은 오만의 낭떠러지, 서민은 민생의 낭떠러지, 젊은이들은 절망의 낭떠러지에 서 있습니다. 저부터 나뭇가지를 잡은 손을 놓겠습니다. 저에게 주어진 사명을 피하지 않겠습니다. 국민만 섬기며, 국민이 행복한 선진 통일 강국을 향하여 저의 길을 가겠습니다."

당시는 이명박 정권 말기로 대통령의 친인척 비리가 불거져 도덕성이 도마 위에 올라 있었고, 대통령은 국민과의 소통도 부족하다는 평가를 받고 있었다. 그는 무엇보다 부정부패가 없는 지도자, 불통과 독선의 지도자가 아닌 가장 낮은 곳에서 국민을 섬기는 리더십이 필요한 때라고 강조했다.

그렇게 출사표를 던진 김문수는 본격적으로 당내 경선 준비에 들어갔다. 당시 새누리당의 경선 후보는 선거의 여왕이라 불렸던 박근혜와 떠오르는 신예로 주목받았던 김태호, 이명박 정권의 계승을 모토로 내세운 임태희, 안상수 등이었다. 무엇보다 그에게 가장 큰 벽은 박근혜 후보였다. 경선 분위기는 사실상 박근혜 후보와 비박 주자들 간의 공방이었다. 당시 박근혜 후보의 영향력은 대단했다. 2012년 총선을 앞두고 비상대책위원장을 맡으며 모든 공천권을 행사했고, 당명은 물론 당 색깔도 빨간색으로 바꿨다. '1인 사당화. 박근혜 당'이라는 말이 나올 정도였다. 이런 분위기 때문에 비박계 주자들은 주로 박근혜 후보에 대한 공세를 많이 폈는데 그 가운데서도 선두에 선 사람이 바로 김문수였다.

한 방송사에서 주관한 경선 후보 토론회 때의 일이다. 3분간 주어지는 모두 발언 시간에 그는 단상에 올라 박근혜 후보를 거침없이 공격했다.

"지금 새누리당은 마치 박근혜 후보 1인 당처럼 돌아가고 있습니다. 지난 총선 때도 거의 혼자서 공천권을 행사하다시피 했고, 당명도 바꿔버렸습니다. 만나기도 쉽지 않습니다. 이렇게 소통이 안 되는 사람이 어떻게 대통령이 되겠습니까?"

실제로 지난 수년 동안 같은 당 소속이면서도 그는 박근혜 후보와 이야기를 나눠본 적이 거의 없었다. 거침없는 그의 공격에 박근혜 후보의 얼굴은 연신 굳어 있었다.

사실 박근혜 후보는 그에게 있어서 단지 경선 상대로만 생각할 수 없는 남다른 존재이기도 했다. 동갑이었던 두 사람은 같은 시대를 살아왔지만 전혀 다른 길을 걸어왔기 때문이다. 어린 시절의 그에겐 범접할 수 없는 대통령의 딸이었고, 운동권 시절의 그에게는 독재자의 딸이었다. 그는 고교 시절 박정희 대통령의 3선 개헌 반대 시위를 주도했고, 이후에도 독재정권에 맞서 치열하게 싸웠다. 박정희 정권은 타도의 대상일 뿐이었다. 그렇기에 독재자의 딸이었던 박근혜 후보의 이미지는 그에게 좋을 리가 없었다.

그는 박근혜 후보를 뛰어넘기 위해 선거운동도 치열하게 했다. 토론회 준비를 하느라 참모들과 밤을 새우기 일쑤였고, 사람들을 만나기 위해서라면 어디든 달려갔다. 하지만 20일간의 열띤 선거전을 마치고 치러진 당내 경선에서 그는 박근혜 후보에게 완패했다. 박근혜 후보가 무려 86%의 지지를 얻었고, 그는 2위였지만 득표율은 6.8%에 그쳤다. 박근혜 후보에 대한 지지는 절대적이었다. 그는 대선 경선의 벽이 너무나도 높고 무거운 것임을 새삼 실감했다.

김문수는 경선 때의 치열함을 잊고 박근혜 후보의 손을 들어주면서 대선 승리를 적극 돕기로 약속했다. 이제 당내의 흐트러진 전열을 가다듬고 18대 대선 본선을 준비해야 할 때였다. 그리고 그는 다시 경기도지사 자리로 돌아왔다. 경기도지사로서 도민들과의 약속과 남은 임기 동안 해야 할 과제가 기다리고 있었다.

다시 만난 박근혜 대통령

　18대 대통령 선거를 두어 달 앞둔 어느 날이었다. 새누리당 대통령 후보로 선출된 박근혜 후보가 '경기도청을 방문하고 싶다'는 연락을 해왔다. 김문수 도지사는 다시 도청으로 돌아와 업무에 열중하고 있을 때였다.
　"선거운동으로 바쁠 텐데 여긴 어쩐 일이시지?"
　"저희 도에서 추진하는 사업과 복지 행정을 두루 둘러보신다는 일정입니다."
　그는 경선 과정에서 상대 후보에 대한 자질 검증을 이유로 박근혜 후보를 맹공격했었다. 그 일로 혹시 앙금이 남아있지는 않을까? 신경이 쓰였다. 더구나 경선 이후 둘이 직접적으로 대면할 일이 없었기에 여간 마음이 쓰이는 게 아니었다. 하지만 그의 그런 걱정은 기우에 지나지 않았다. 경기도청을 방문한 박근혜 후보는 언제 그런 일이 있었느냐는 듯 환하고 부드러운 얼굴로 악수를 청했다. 도지사 집무실에서 이야기를 나눌 때는 시종 편안한 분위기였다. 그동안 있었던 일쯤은 이미 안중에 없는 듯했다. 박근혜 후보가 먼저 말문을 열었다.
　"얼마 전 보도를 보니 경기도가 평택 고덕산업단지에 100조 원 규모의 투자유치를 했더라고요. 앞으로 3만 개 이상 일자리 창출이 된다는 소식을 듣고 굉장히 기뻤습니다. 경기도가 자랑스러워요."

2012년 박근혜 대통령 후보 경기도청 방문

　연이은 칭찬에 그는 다소 겸연쩍었지만 편하게 대화를 이어갔다.
　"그동안 경기도에 각종 규제가 발목을 잡고 있어서 투자유치가 힘들었는데, 이제 정부가 나서서 외국으로 나가려는 삼성을 설득하여 투자를 유치하고 어려운 규제를 풀어주니 하나, 둘 성과가 나타나기 시작하는 것 같습니다."
　박근혜 후보는 무엇보다 김문수 도지사가 시행해온 경기도의 복지 행정에도 많은 관심을 가졌다. 이야기를 마친 뒤 박근혜 후보는 '꿈나무안심학교'와 '무한돌봄센터'를 돌아봤다. 무한돌봄센터와 꿈나무안심학교는 그가 도지사가 된 후 저소득층 가정을 위해 정성을 기울여 만든 복지 행정 서비스다.

"아이를 맡길 데가 없어 곤혹스러운 부모가 많은데, 회사 일로 퇴근이 늦어져도 밤 9시까지 아이를 돌봐주니 부모들이 안심하고 아이를 맡길 수 있겠어요."

꿈나무안심학교를 둘러본 박 후보는 이 같은 서비스는 정말 국가에서 나서야 할 꼭 필요한 서비스 같다고 덧붙였다.

"사교육비도 절감되고, 범죄에 많이 노출된 저소득층의 나 홀로 아동을 돌봐줌으로써 범죄도 상당히 줄어들 것 같은데요? 꼭 필요한 복지 행정을 김문수 지사가 하고 계신다고 생각해요."

경기도에서 시행하는 무한돌봄센터는 위기 상황에 놓인 사회적 취약계층을 위한 복지 행정 시스템이고, 꿈나무안심학교는 저소득 맞벌이가정 자녀의 방과 후 활동을 책임지는 보육시설로 정부가 시범사업으로 시행 중인 '종일돌봄교실'을 벤치마킹하여 전면적으로 확대 시행한 것이었다. 그는 늘 어려운 사람들을 위해 일해온 자신의 진심을 박근혜 후보가 알아봐 준 것 같아 고마운 마음이 들었다.

"꿈나무안심학교를 굉장히 정확하게 알고 계시네요. 지방에 권한을 많이 주면 현장 밀착형 행정을 더 잘할 수 있습니다."

경선 이후 두 사람의 만남은 그렇게 화기애애한 분위기 속에서 끝을 맺었다. 공적인 짧은 만남이었지만 그날 이후 김문수 도지사는 박근혜 후보에게 자신이 다소 편견을 갖고 있었다는 사실을 깨달았다. 자신과는 공통점도 없고 너무나 다른 길을 살았던 박정희 대통령의 딸인 박근혜 후보. 그녀가 '남들과는 별로 대화도 나누지 않고 세상의 어려움도 잘 모를 거라'고 생각했었는데, 이렇게 개인적으로 만나 진솔하게 대화를 나눠보니 이제는 진심으로 박근혜 후보가 대통령으로 당선돼 이 나라를 잘 이끌어 주길 바라게 되었다.

소록도

2014년. 경기도지사 임기가 한 달 남짓했 때였다. 윤상현 새누리당 사무총장이 그를 찾아왔다. 당시 정국은 재보선 선거전을 앞두고 무려 15곳에서 선거를 치러야 했다. 역대 최대 규모였다.

"이번 선거에 우리 당의 사활이 걸렸다 해도 과언이 아닙니다. 김 도지사님께서 서울 동작구 지역에 출마를 한번 검토해 주셨으면 합니다."

"제가 말입니까? 저는 아직 임기도 한 달 남아있고 경기도지사직을 그만두자마자 서울 지역 국회의원 선거에 출마하는 건 옳지 않은 것 같습니다."

"그러지 마시고 당을 위해 한 번만 생각해 주세요. 당이 어려움에 처해 있으니 지사님께서 선당후사로 이끌어 주셨으면 합니다."

"어허, 그것 참…."

속 시원한 대답을 듣지 못한 윤상현 사무총장은 거듭 부탁을 하고 돌아갔다. 윤 사무총장이 그에게 출마를 권유한 곳은 서울 동작을 지역으로 국회의원이던 정몽준 의원이 서울 시장직에 도전하면서 다시 선거를 치러야 했다. 이번 재보선 선거 지역 15곳 가운데 유일하게 서울 지역으로 상징성이 큰 만큼 당에서도 사활을 걸고 있었다. 하지만 그는 선뜻 당의 뜻을 받아들일 수가 없었다.

집으로 돌아온 김문수 도지사는 아내 설란영에게 그날 있었던 일을 털어놓았다.

"당신 생각은 어때요?"

"나도 당신 생각과 같아요. 지금은 경기도지사직을 잘 마무리하고, 그동안 열심히 앞만 보고 달려온 만큼 우리가 초심을 잃지 않았는지 돌아봐야 할 때인 것 같아요. 그다음에 미래를 생각해도 늦지 않아요."

중요한 일이 있을 때면 가장 먼저 의논을 하는 사람이 아내 설란영이다. 아내이지만 평생을 동지처럼 살아온 사이이기 때문이다.

"당의 부탁을 거절하는 게 미안하지만 역시 그래야겠지요."

"네. 원래 계획대로 지사직을 마치면 봉사활동을 떠나는 게 좋을 거 같아요."

이후에도 윤 사무총장은 그에게 당을 위해 결심을 해달라고 삼고초려를 넘어 '십고초려'의 정성을 들였다. 그는 '당을 위해 도움이 된다면 무슨 일이든 해야 한다'는 생각도 있었기에 난감해했다. 그래서 그는 차선책으로 나경원 전 국회의원을 찾아갔다. 동작을 지역에 출마해 달라고 설득하기 위해서였다. 당에서는 김문수의 대안으로 나경원을 검토하고 있다는 이야기도 나오고 있었기 때문이다. 나경원 전 의원은 서울시장 보궐선거전에서 박원순 시장에게 패한 뒤 정치권 밖에서 행보를 이어왔다. 하지만 그녀 역시 어려운 상황이었다. 당시 새정치민주연합에서는 '박원순 사람'인 기동민 전 서울 부시장을 전략 공천해 놓고 있었다. 나경원이 출마할 경우 박원순 시장과 간접적으로 리턴매치를 벌이는 셈이 된다. 또한 정의당에선 노회찬 후보가 일찌감치 출사표를 던졌다. 나경원 전 의원으로서는 이번 선거에 출마해 이기면 재기에 성공하는 것이지만 패배할 경우 정치적 타격이 불가피하기 때문이다. 하지만 김문수 도지사는 나경원 전 의원만한 적임자가 없다고 생각했다.

"우리 당에서 동작을에 나갈 적임자는 나경원 의원밖에 없습니다. 국회의원도 해봤고 당에서 주요한 직책도 많이 맡아봤고, 대중적인 인기도 나 의원을 따를 사람이 없습니다. 한번 용기를 내서 출마해 다시 정치 재기에 성공하셔야지요. 저도 열심히 돕겠습니다."

나경원을 만나 설득에 성공한 김문수는 아직 공천이 확정되지 않아 어수선한 정국을 뒤로하고 퇴임 직후 소록도로 봉사활동을 떠났다. 그는 도지사 임기를 마치면 더 낮은 곳에서 봉사활동을 하며 묵은 때를 벗기고 초심을 다지겠다는 계획을 세워놓고 있었다. 그가 소록도 행을 택하자 또다시 그 이유가 무엇인지에 관심이 쏟아졌다. 그는 이렇게 답을 대신했다.

"경기도지사를 했던 제게 서울 동작을 지역은 제 자리가 아닌 것 같아요. 민생 속 더 낮은 곳에 제 자리가 있는 게 아닌가 생각해요."

'자신의 정치적 경력을 유지하기 위해 서울 지역 선거에 나서기보다는 냉정한 자기 성찰이 더욱 시급한 시기'였다는 게 그의 생각이다. 그는 소록도로 떠나며 출마에 대한 당의 요청과 압박에 종지부를 찍었다.

소록도에 도착한 그는 그곳에서 숙식하며 한센병 환자들을 돌봤다. 외부 생활과 단절된 채 고통 속에서 살아가고 있는 한센병 환자들. 혼자서는 일상이 불가능한 그들을 위해 식사 시중을 들고 배설물을 처리해주는 일도 마다하지 않았다. 누워서 생활하는 환자들에게 행여 욕창이 생길까 자세도 바꿔주며 살뜰히 챙겼다.

"도지사님은 어떻게 그렇게 얼굴 한번 찡그리지 않고 열심히 하세요? 힘들지 않으세요?"

"힘들게 뭐 있습니까? 이들이 겪고 있는 고통에 비하면 아무것도 아니죠. 좀 더 잘해주지 못하는 게 안타까울 뿐입니다."

정말 그랬다. 자신은 이렇게 건강한 몸으로 원하는 모든 걸 다 하면서 살 수 있는데, 한센병 환자들의 삶은 어떤가? 그는 건강하게 살아갈 수 있다는 사실만으로도 감사해야 한다고 생각했다. 열흘간의 소록도 봉사는 의전에 익숙해진 그의 묵은 때를 남김없이 씻어주었다. 얻은 것이 더 많았던 봉사였다.

그리고 동작을 지역에선 나경원 전 의원이 출마해 노회찬 야권 단일 후보를 이기고 당선됐다. 그도 소록도 봉사활동을 마치고 서울로 돌아와 나경원 후보의 공식 선거운동을 열심히 도왔기에, 정말 다행스러운 일이 아닐 수 없었다. 당에서도 목적을 달성했고 나경원도 정치 재기에 성공했으니 말이다.

나경원 선거운동을 도운 뒤 다시 음성 꽃동네로 향했다. 또다시 그곳에서 사람들과 일상을 함께하며 봉사활동을 이어나갔다. 봉사

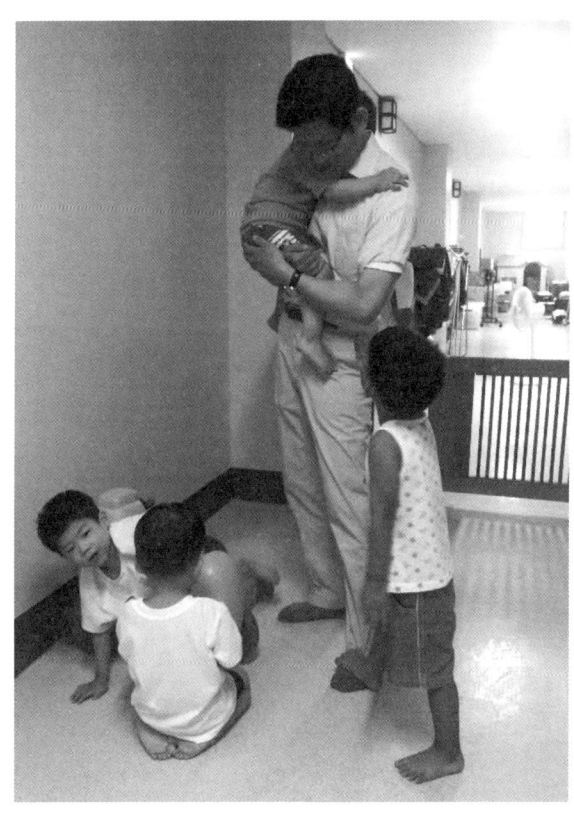

2014년 음성 꽃동네 봉사활동

활동을 하는 중 한국을 방문한 프란치스코 교황이 그곳을 찾아온 덕에 잠시나마 교황을 만나 뜻깊은 시간을 갖기도 했다. 그는 항상 보다 더 낮은 곳으로 가야 한다고 생각한다. 그들과 어려움을 함께 하며 '국민의 뜻을 깨우치기' 위해서다. 대학 시절 노동 현장에서 노동자들과 함께할 때도 3선 국회의원을 할 때도 그리고 도지사를 하면서도 그가 가장 우선했던 것은 바로 '더 낮은 곳으로 가서 국민의 마음을 바로 이해하는 것'이었다. '국민의 마음을 이해하지 못해 제대로 국민을 받들지 못하면 때가 묻은 것'이다.

그 한결같은 마음은 지금까지도 간직하고 있다. 그가 무수히 많은 선택의 순간에도 가장 먼저 생각했던 것은 늘 국민이었다. 국민의 뜻이 무엇이고, 국민이 더 잘 살기 위해 어떤 선택을 해야 하고, 자신은 무엇을 해야 하는지가 바로 그것이었다.

가장 아픈 선거

2015년, 김문수 위원장과 아내 설란영은 경북 대구로 향했다. 내년에 치러질 국회의원 총선에 출마하기 위해서였다. 하지만 아내 설란영의 표정이 밝지만은 않았다.

"남들은 대구 수성구가 여당의 텃밭이라며 당신 정도면 그렇게 쉬운데 말고 수도권 험지에서 출마해야 한다는 말들이 많던데요?"

"당내에서 그런 의견도 있긴 해요. 하지만 지금 그곳 상황이 좋지 않아서 나를 그곳에 추천한 거지. 거기 무너지면 다른 지역도 줄줄이 무너진다고 말이에요."

대구로 향하는 김문수 위원장의 마음도 편치는 않았다. 그가 대구 수성갑 지역에 출마를 결심한 건 당의 간곡한 권유 때문이었다. 당시 당은 '진박 논란'과 '공천 파동'으로 내분을 겪고 있었고, 국민에게는 따가운 눈총을 받고 있었다. 대구 경북 물갈이론이 제기되면서 유승민 의원을 비롯한 중진의원들이 줄줄이 공천에서 탈락할 위기에 놓여있었다. 대구 수성갑에서 2선을 지냈던 이한구 의원은 출마를 포기한 후 은퇴를 준비하고 있었다. 당시 공천위원장이었던 이한구 의원이 이 지역의 출마를 포기한 건 당 내부의 분위기도 있었지만 지역 민심과도 무관하지 않았다.

처음엔 압도적 지지율로 국회의원에 당선됐던 이한구 의원의 지지율은 재선을 거치면서 반토막이 났고, 19대 총선을 앞두고서는 이 지역 출신의 새정치연합 김부겸 전 의원에게도 밀리고 있었다. 주로 중앙 정치 무대에서 활동하던 이한구 의원이 지역구를 잘 챙기지 않았다는 측면도 있었지만, 3선 의원으로서 이곳에서 두 번이나 출마해 낙마했던 김부겸 전 의원이 4년째 민심을 다지며 지지율을 끌어올리고 있었다. 이런 상황에서 당의 중진이며 대구 수성을 지역구의 주호영 의원이 김문수 전 도지사에게 간곡하게 부탁했던 것이다.

"지금 이곳 민심이 좋지 않아요. 여론조사 결과를 봐도 그렇고, 당의 분위기도 그렇고, 자칫해서 이 지역을 야당에 내주면 다른 지역도 무너질 위험이 있어요. 마침 이곳이 고향이니까 당을 위해 김 전 도지사님 같은 분이 나와서 이 지역을 지켜주셔야 합니다."

"…네. 제가 고민해보겠습니다."

"여론조사를 해보니 김 전 도지사님이라면 해볼 만한 걸로 나와요. 꼭 결심을 해주세요."

이한구 의원 역시 '출마 안 해도 좋으니 고향에 내려오시면 한 번 놀러 오라'고 하면서 그에게 손을 내밀었다. 하지만 쉽게 결심하기는 힘들었다. 부천 소사 지역에서 3선 의원을 했던 그가 자신이 살고 있는 지역구가 아닌 곳에서 출마한다는 게 스스로도 납득되지 않았기 때문이다. 게다가 지난 재보궐 선거에서 이미 당의 간곡한 부탁을 한 번 거절한 적이 있던 그로서는 단칼에 거절하기도 힘든 상황이었다. 그러던 중 경북 영천 고향에 성묘를 갔다가 우연히 대구에 있는 이한구 의원 사무실에 들르게 되었다. 그 일이 언론에 크게 보도되면서 분위기가 달라지기 시작했는데, 언론에서는 마치 그가 대구 수성갑에 출마를 결정한 것처럼 보도했던 것이다. 이런 분위기와 맞물려 당에서는 그에게 대구 수성갑 지역 공천을 결정했다.

"거참…. 난감하게 됐네…."

당 내부는 물론 일부 언론에서는 '거물급 정치인이 서울, 수도권에 출마해 치열하게 싸워야지 왜 편안한 텃밭에서 출마하느냐'며 곱지 않은 시선을 보냈고, 한편에서는 그를 걱정하는 목소리도 나왔다. '국회의원 출마는 자신의 연고지에서 해야지 타지에서는 쉽지 않다'는 것이다. 하지만 이제 주사위는 던져졌고, 그는 받아들여야 했다.

이번 선거는 그에게도 큰 의미가 있었기 때문이다. 그는 3선 국회의원을 하고 경기도지사 2번을 지내며 이른바 거물 정치인으로 성장해 있었다. 비록 지난 경선에서 실패했지만 여전히 그를 '차기 대권주자'로 보고 있었다. 그래서 그의 정치 행보는 언제나 언론이나 사람들의 주목을 받고 있었는데, 주요 관심사는 '그가 이곳에서 당선돼 여당의 텃밭인 이른바 TK의 지지를 등에 업고 대권까지 가느냐' 하는 것이었다. 그에게도 '낙동강 전선을 지키는 임무를 제대로 다할 수 있느냐 아니면 뚫리느냐' 하는 정치 생명을 건 중요한 선거였다.

국회의원 선거를 앞두고 대구 수성구로 이사를 간 김문수 위원장은 초심으로 돌아가 선거운동에 나섰다. 과거 부천 지역에서처럼 두 발로 지역 곳곳을 다니며 많은 사람들을 만나고 민심에 귀 기울였다. 15대 총선에서 처음 출마했던 부천 소사구도 자신과 연고가 없는 험지였다. 하지만 그는 두 발로 현장을 다니며 많은 사람들을 만났다. 자신이 열심히 하면 사람들이 자신의 진심을 알아줄 거라고 믿었기 때문이다. 하지만 대구 수성갑 지역은 달랐다.

"생각보다 사람들 속으로 파고 들어가기가 쉽지는 않네."

"김부겸 전 의원이 벌써 몇 년째 공을 들이고 있어 사람들 마음이 그쪽으로 많이 기울어진 거 같아요."

야당의 거물급 정치인 김부겸 후보가 4년째 민심을 다지고 있었던 데다 지난 총선과 시장 선거에서 연이어 낙마하면서 사람들 사이에선 동정론도 일고 있었다. 이미 사전 여론조사에서 이한구 의원을 앞서기 시작한 김부겸 후보의 지지율을 다시 뒤집기는 쉽지 않았다.

그러던 중 공천을 둘러싼 당의 내분은 악재로 작용했다. 공천을 못 받은 유승민 의원과 수성을 지역의 주호영 의원이 탈당해 무소속으로 출마하는 일이 벌어진 것이다. 이 지역 국회의원이었던 이한구 공천위원장에 대한 민심이 나빠지면서 여론은 김문수에게도 호의적이지 않았다. 선거운동 기간 중 여론조사 결과가 나올 때마다 참모들은 난감한 얼굴로 그에게 결과를 보고했다.

"여론조사 결과가 나왔는데 잘 치고 올라가다가 다시 차이가 벌어졌어요. 김부겸 후보를 따라잡기가 좀처럼 쉽지 않네요."

"대구 지역 신문에서는 김부겸 후보를 거론하며 이 지역에서도 야당이 한 명쯤은 당선돼야 한다는 기사를 쓰고 있어요."

아무리 열심히 해도 상황을 역전시키기는 쉽지 않아 보였다. 애초에 당에선 어려운 상황인 것은 분명했지만, 김문수라면 어렵지 않게 당선될 거라고 보고 있었다. 하지만 모든 것이 그에게 불리하게 돌아가고 있었다. 그리고 2016년 4월 치러진 19대 총선에서 그는 김부겸 후보에게 17% 차이로 결국 지고 말았다.

'거물 정치인끼리의 승부에서 김문수 완패', '대권 가도에 빨간불', '정치적으로 치명타' 그의 총선 패배를 둘러싸고 이런 기사들이 쏟아져 나왔다. 그는 참담한 심정을 감출 수 없었다.

'낙동강 전선이 뚫리고 말았네.'

그에게 있어 첫 번째 실패였고 뼈아픈 선거였다. 하지만 그는 참담함을 뒤로한 채 현실을 받아들여야 했다. 그에게 있어 정치적으로 큰 시련의 시기였던 그즈음 국가적으로도 큰 소용돌이가 서서히 몰아치고 있었다.

박근혜 대통령 탄핵

총선 패배 후 대구에서 지역구 위원장으로 지내고 있던 김문수 위원장은 언론 보도를 통해 뜻밖의 소식을 접했다. 박근혜 대통령의 비선 실세인 '최순실(최서원의 개명 전 이름)'이 실질적으로 국정을 좌지우지하고 있다는 내용이었다. 실제로 최순실의 테블릿 PC를 입수했다는 한 방송사에서는 테블릿 PC에 아직 발표 전인 박 대통령의 연설문이 있었고, 이를 최순실 씨가 교정했다며 대대적으로 보도를 했다. 이런 사실은 전국으로 일파만파 번지며 박근혜 대통령에 대한 갖가지 루머를 양산하고 있었다.

'이게 도대체 무슨 일이지?' 당 차원에서 소집한 긴급 대책회의에 참석하느라 김문수도 여러 차례 서울을 오가야 했다.

"최순실이라는 사람이 도대체 누굽니까? 그렇게 청와대를 자주 드나들었다는데 어떻게 파악이 안 되고 있었는지 답답하네요."

더구나 '최순실이 국정에 관여한 것은 물론 딸 정유라를 위해 대기업에게 뇌물을 받았다'는 보도까지 이어지며 사태는 걷잡을 수 없이 커져 갔다. 어디서 양산된 것인지 사실 확인이 안 된 입에 담기 힘든 루머까지 떠돌았다.

이른바 '최순실 국정농단 사건'은 나라 전체를 뒤흔들고 있었다. 급기야 촛불을 든 수만 명의 시민들이 주말마다 광화문에 모여 박근혜 대통령 탄핵을 외쳤고, 사건이 불거지기 시작한 지 두 달이 지난 12월 3일. 국회의원 171명은 헌법과 법률을 위반했다는 이유로 '박근혜 대통령 탄핵소추안'을 발의했다. 그리고 2016년 12월 9일 국회에서 실시된 박근혜 대통령 탄핵소추안에 대한 투표에서 299명 가운데 234명이 찬성표를 던졌다. 여당인 새누리당에서조차 국회의원의 절반 정도가 탄핵 찬성에 표를 던지며 탄핵소추안이 가결된 것이다. 국회 법사위의 증거 조사 과정도 없이 순전히 루머와 신문방송 보도에 의해서만 탄핵소추가 된 것이다. 이로써 박근혜 대통령은 헌법재판소의 선고가 있을 때까지 직무가 정지되었다.

당시 국회의원 신분이 아니라 탄핵 찬반 투표에 참여할 수도 없었던 김문수 위원장은 안타까운 마음으로 이 모든 상황을 지켜볼 수밖에 없었다. 서울을 비롯한 도심 곳곳에서 박근혜 대통령의 탄핵을 외치며 촛불을 든 시민들의 모습을 볼 때면 만감이 교차했다.

탄핵소추 이후 원외 위원장을 중심으로 관악산 모임을 만들어 대책을 찾아봤지만 달리 손을 쓸 수 없는 상황이었다. 무엇보다 국민 여론이 바닥을 치고 있어서 큰 물결을 되돌리기에는 역부족이었다. 김문수 위원장은 탄핵에는 회의적이었다. 무엇보다 탄핵소추안 내용이 사실이라고 믿기 어려웠고, 신문에 보도된 내용을 짜깁기했다는 생각을 지울 수 없었다. 하지만 이를 증명할 길이 없어 답답하기만 했다.

"아무리 생각해도 알 수가 없어. 나는 뭐 최순실이라는 사람을 알지 못하니까 그 사람이 청와대를 드나들며 무슨 불법적인 일을 하고, 사적 이익을 도모했는지 알 수가 있어야지. 그리고 간첩이 아닌 한 국민이라면 누구든지 공무원에게든 대통령에게든 만나서 말을 할 수 있는 거잖아? 그게 문제는 아니잖아요?"

"청와대에서 뭐 굿을 했다고 하는데 그것도 사실인지 확인할 방법이 없잖아요."

하지만 누가 뭐라고 해도 한 가지 확신할 수 있는 게 있었다. 바로 박근혜 대통령이 대기업에게 돈을 받았다고 하는 내용은 도저히 믿기 어려웠다.

"내가 뭐 확실히 말할 수 있는 건 박근혜가 돈을 받았다는 거는 나는 절대 안 믿어. 그 사람은 돈 받을 이유도 없고 주변에 돈 받을 사람도 없고 돈 받아서 쓸 데도 없어요. 진짜 박근혜 대통령은 나보다 더 깨끗한 사람이라는 거, 그거는 확신해."

결국 김문수 위원장은 탄핵 반대 입장에 서기로 했고 탄핵 반대 집회에 참석했다. 그 즈음 기독교와 보수단체를 중심으로 탄핵 반대에 참여하는 사람들이 조금씩 늘고 있었고, 서경석 목사가 초창기부터 탄핵 반대운동에 앞장서고 있었다.

"대통령 탄핵 과정에 석연치 않은 정황이 많아요. 뭐 jtbc에서 최순실 씨 노트북을 입수했다고 하는데 어떤 과정을 거쳐서 입수했는지도 너무 불분명합니다. 그리고 국회에서 발의한 탄핵소추안 내용도 사실이 아닌 게 너무 많아요. 이건 야당에서 박 대통령을 탄핵시키기 위해 있지도 않은 사실을 악의적으로 만들어 마녀사냥식으로 몰아가고 있는 겁니다. 이걸 두고만 보고 있으면 안 됩니다."

하지만 전국적으로 대통령 탄핵 찬성 촛불을 든 사람들이 큰 물결을 이루는 상황에서 탄핵 반대 집회의 영향력은 미미하기만 했다. 모든 보수 언론은 물론 여당에서조차 탄핵 인용을 기정사실로 받아들이고 있었다. 당에서는 자칫 대통령 탄핵과 함께 자멸한다며 비박계 의원들을 중심으로 분당을 하려는 움직임까지 보였다. 실제로 유승민 의원을 중심으로 30여 명이 줄줄이 탈당하는 사태까지 벌어졌다. 김문수 위원장에게도 탈당을 권유하는 사람들이 적지 않았다.

"지금은 어려운 시기이니 아무래도 다른 의원들과 뜻을 같이하는 게 낫지 않을까요? 지금 남아있는 사람들은 친박의원들 중심인데 위원장님은 친박도 아니잖아요."

"계속 당에 남아있다가는 박 대통령과 함께 공멸할지도 몰라요. 미래가 없어요."

하지만 선뜻 결정할 수 있는 일이 아니었다. 아직 탄핵 여부가 결정된 것도 아니었고 무엇보다 당의 이념과 비전이 맞아서 함께하겠다는 각오로 들어왔는데 대통령이 탄핵된다고 당을 버리고 떠날 수는 없었다. 그는 고민 끝에 마음을 다잡고 당에 남기로 결정했다.

하지만 비박계 의원들을 비롯한 30명의 새누리당 의원들은 탈당한 뒤 바른정당을 창당했다. 당 대표는 유승민 의원이었다. 아직 헌법재판소의 탄핵 결정도 나기 전의 일이었다. 그리고 탄핵 심판에 들어간 지 4개월 만인 2017년 3월 10일. 헌법재판소에서는 박근혜 대통령의 탄핵을 인용하고 파면을 선고했다. 이로써 박근혜 대통령은 임기를 1년 남짓 남겨두고 대통령 자리에서 물러나야 했다.

당시 헌법재판소에서 다룬 내용은 5가지였다.

1. 사인(私人)의 국정개입 허용으로 국민주권주의와 법치주의 위배
2. 대통령 권한 남용

3. 언론 자유 침해

4. 세월호 참사 관련 생명권 보호 의무 위반

5. 뇌물 수수와 관련한 각종 위배 행위

하지만 대부분은 증거 부족이거나 탄핵 사유가 안 된다는 이유로 인용이 되지 않았고 '최순실의 국정 개입에 의한 대통령의 권한 남용' 하나만 인용되었다. 그는 헌법재판소의 결정을 지켜보며 착잡한 마음을 금할 길이 없었다. 결국 밝혀진 건 하나도 없고 최순실이 국정에 개입했다는 것뿐. 박 대통령을 향한 수많은 억측과 소문은 다 루머에 불과한 것이었다. 대통령의 딸로 태어나 비극적인 사건으로 부모를 잃었고, 결혼도 안 한 채 홀로 살아오다 대통령의 자리까지 올랐지만 어렵고 힘든 일이 있을 때 정작 힘이 되어 줄 가족 하나 없었다. 모든 것을 오롯이 홀로 감내해야 했던 박근혜 대통령의 처지가 너무나 안쓰러웠다.

그때부터 그는 의문을 가지기 시작했다. 결국 '박근혜 대통령의 탄핵은 정권을 찬탈하려는 세력들이 있지도 않은 사실을 만들어 여론을 호도하고 시민들을 선동해서 만든 거대한 음모의 결과물이 아닐까.' 김문수 위원장은 뒤늦게 원통하고 답답한 심정을 가눌 길이 없었다. 그리고 아버지에 이어 불행한 대통령으로 교도소에서 지내고 있을 박근혜 전 대통령에 대한 미안함과 안타까움의 눈물을 흘렸다. 훗날 김문수 위원장이 박정희 대통령 40주기에 바친 추도사에는 박근혜 대통령에 대한 그의 절절한 마음이 잘 담겨 있다.

> "하면 된다"던 당신을 향하여, "할 수 없다"고 침을 뱉던 제가
> 이제는 당신의 무덤에 꽃을 바칩니다.
> 당신의 꿈은 식민지 시대의 배고픔과 절망에서 자라났지만,
> 역사를 뛰어넘었고, 혁명적이었으며, 세계적이었습니다.
>
> 당신의 업적은 당신의 비운을 뛰어넘어,
> 대한민국과 함께 영원할 것입니다.
> 당신의 무덤에 침을 뱉는 그 어떤 자도,
> 당신이 이룬 한강의 기적을 뛰어넘지는 못할 것입니다.
>
> 위대한 혁명가시여!
> 당신의 따님, 우리가 구하겠습니다.
> 당신의 업적, 우리가 지키겠습니다.
> 당신의 대한민국, 우리가 태극기 자유통일 이루겠습니다.
> 편히 쉬십시오.
>
> - 2020년 10월 26일 박정희 대통령 40주기 추도사 중에서

서울시장 후보

　박근혜 대통령 탄핵으로 당은 쪼개지고 분열되었으며, 2017년 5월 문재인 정부가 들어서며 정권은 야당에게 넘어갔다. 김문수 위원장에게도 힘든 시기였다. '앞으로 정국이 어떻게 변해가려나.' 모든 것이 불확실한 상황에서 김문수 역시 길을 잃고 있었다. 총선에 패배한 뒤 대구에 남아 지역구를 누비고 있지만 '탄핵당한 당'이라는 비난 속에 과연 재기에 성공할 수 있을지 의문이었다. 그러는 사이 2018년 지방선거가 코앞으로 다가왔다.

　탄핵 이후 당명을 새누리당에서 자유한국당으로 바꾸고 이미지를 쇄신하려고 노력했지만, 당은 선거를 앞두고 후보 공천에 어려움을 겪고 있었다. 탄핵의 여파로 민심이 등을 돌린 상황에서 어떤 후보가 나가도 당선 가능성을 점치기가 어려웠기 때문이다. 서울시장 후보 공천을 두고도 고민이 깊었다. 더구나 박원순 후보가 일찌감치 3선 출마를 공식화한 상황에서 그에 맞설 후보를 내기가 쉬운 일이 아니었다.

　그러던 어느 날 홍준표 당 대표가 만나자는 연락을 해왔다. 당시 김문수 위원장은 김무성, 이재오와 함께 '사회주의 개헌저지 특별위원회' 공동 위원장을 맡고 있었다. 문재인 정부가 추진하고 있는 이른바 '사회주의 개헌'을 막기 위해 설치한 기구였다. 김문수 위원장을 만난 홍준표 대표는 잠시 뜸을 들이더니 대뜸 그에게 서울시장 선거에 나가라며 설득하기 시작했다.

"아무리 찾아봐도 서울시장 할 사람이 없어요. 형님이 좀 해주소."

"내가 나서기는 좀 그런데. 당에 훌륭한 사람들 많잖아요?"

"오세훈도 안 한대, 나경원도 안 한대. 다 안 한대요. 그렇다고 아무나 내보낼 수도 없잖아요. 형님이 좀 해주이소. 다시 서울로 오이소. 내가 집 없으면 집도 구해주고 사무실도 다 구해줄테니."

애초에 당에서는 서울시장 경험이 있는 오세훈 전 시장이 거론되었고, 나경원 의원도 물망에 올라 있었다. 하지만 무상급식 투표 건으로 중도 사퇴한 오세훈은 물론 중진 거물급 의원들이 거론됐지만 모두 사양했다고 한다. 서울시장 선거를 두고 이른바 '무덤 선거'라는 말이 나올 정도였으니 당에서는 그야말로 후보를 물색하느라 골머리를 앓고 있었다.

서울시장 출마는 그에게도 쉽지 않은 결정이었다. 3선 국회의원에 경기도지사를 두 번했지만 최근에는 대구에서 국회의원 선거에 출마해 패배하지 않았던가? 여기서 다시 서울로 올라와 패배가 뻔한 시장 선거에 도전하는 것이 마땅한 일인지 판단이 서지 않았다. 하지만 어려움에 처한 당의 사정을 외면할 수도 없었다.

과연 이 선거가 자신의 정치 운명을 또 어떻게 가를지 알 수 없었다. 두려움도 컸고, 이길 자신도 없었다. 하지만 후보를 못 내면 그게 무슨 정당인가? 그는 고민 끝에 홍준표 당 대표의 부탁을 받아들이기로 했다.

출마를 결심한 그는 2018년 4월 다시 서울로 이사를 했다. 그리고 후보 등록을 마친 뒤 선거운동에 돌입했다. 총선 이후 2년 만에 다시 치르는 선거였다.

더불어민주당의 박원순, 바른정당의 안철수가 출사표를 낸 상황에서 서울시장 선거는 3파전으로 압축돼 있었다. 그는 그동안 박원순 시장이 각종 규제를 통해 서울을 하향 평준화시켰다고 판단했다. 그래서 '지나치게 억제돼 있는 서울의 재개발, 재건축 규제를 철폐하고 도시 전문가와 함께 서울을 베이징, 도쿄와 경쟁할 수 있는 세계적인 도시로 변모시키겠다'는 핵심 공약을 내놓았다. 또한 올림픽대로와 경부간선도로의 지하화를 통해 서울시의 교통난을 해소하겠으며, 그러기 위해서 올림픽대로 등 주요 도로의 정체 구간 밑에 지하도로를 뚫고 지상 공간을 녹지공원으로 활용한다는 방안을 내놓았다.

그는 각종 언론과의 인터뷰를 통해 박원순 시장의 도시 개발 정책을 정면 비판했다.

"박 시장은 서울을 발전시키는 것 자체를 적폐로 보고 있습니다. 개인의 사유재산에 대해서 무조건 강남 개발은 안 된다고 합니다. 개인이 자기의 경제활동을 하는 부분에 대해서는 그걸 악으로 보면 안 되는 것입니다."

한편으로는 매일 아침 출근길 지하철역이나 버스 정류장을 찾아 유권자들을 일일이 만나며 자신의 공약을 알리고 바닥 민심을 다지기 시작했다. 하지만 여론조사 결과가 나올 때마다 한숨이 절로 나왔다. 박원순 시장이 월등히 앞서 있어 좀처럼 차이가 좁혀지지 않았던 것이다. 더구나 선거 직전 싱가포르에서 트럼프 미 대통령과 북한의 김정은이 역사적인 정상회담을 하겠다고 발표하며 분위기는 문재인 정부와 더불어민주당에게 유리하게 작용하고 있었다. 박근혜 대통령의 탄핵 위에 엎친 데 덮친 격으로 북미회담이 선거에 악재로 작용하고 있었던 것이다.

분위기가 이렇게 돌아가자 한편에서는 안철수 후보와 단일화해야 한다는 목소리마저 나오고 있었다. 그렇게 선거가 종반으로 접어들 무렵 제3자를 통해 안철수 후보 측에서 만나자는 제의가 왔다. 김문수 위원장은 '결국 단일화 문제를 꺼내겠구나' 내심 생각을 하며 약속 장소로 향했다. 예상대로 안철수 후보는 단일화 문제를 꺼내 들었다. 그러면서 그에게 사퇴를 요구했다.

"단일화를 위해 사퇴하시죠."

하지만 그는 안 후보의 제안을 받아들일 수 없었다. 두 정당의 후보가 단일화를 하려면 사퇴를 하는 게 아니라 합당을 하는 방법이 맞다고 생각했기 때문이다.

"생각해 보세요. 둘 다 정당의 대표 후보인데 합치려면, 안 후보가 이쪽 당에 들어오면 몰라도 어떻게 한 당의 후보가 갑자기 사퇴를 합니까?"

안철수 후보는 자신의 주장을 쉽게 꺾지 않았다. 그렇지만 둘이 합쳐야 박원순 후보를 이길 수 있는 건 어쩔 수 없는 사실이었다.

"안 후보께서 우리 당에 입당하시면 내가 바로 양보할게요."

그렇지만 안철수 후보는 그런 결심을 하지 않았다. 결국 그 회동에서 두 사람은 아무런 결론을 내지 못한 채 헤어지고 말았다.

선거 직전 단일화에 대한 해프닝은 그렇게 끝이 났다. 그리고 곧바로 이어진 서울시장 선거에서 결국 박원순 시장이 월등히 앞선 표차로 당선됐다. 2위는 김문수, 3위는 안철수 후보가 차지했다. 당시의 분위기로 봤을 때 2위를 차지한 것도 그는 감사하다고 생각했다. 박근혜 대통령의 탄핵 여파로 당의 지지율이 바닥인 상태였고, 이번 지방선거도 거의 모든 지역에서 완패했기 때문이다. 광역자치단체장 선거 결과만 보더라도 17곳의 시도지사 중 더불어민주당이 14곳을 차지하고 자유한국당은 겨우 2곳에서 당선되었다.

'앞으로 나라가 어찌 될 것인지, 그리고 또 자신은 어떻게 될 것인지….'

모든 것이 위태롭게만 느껴지는 시기, 문재인 정권은 본격적으로 막을 올리고 있었다.

문재인은 김일성주의자?

'이거 해도 너무 하는데? 어떻게 이럴 수가 있지?'

문재인 정부가 출범한 취임 초기, 김문수 위원장은 새로 임명된 청와대 수석의 면면을 보면서 걱정스러움을 감추지 못했다. 김일성 주체사상에 물들어 있는 이른바 종북주사파들이 주요 자리에 너무 많이 등용되어 있었기 때문이다. 나라를 걱정하며 지인들과 모처럼 식사 모임 자리라도 갖게 되면 그의 입에서 깊은 한숨이 절로 나왔다.

"임종석은 1989년 임수경 방북 사건을 주도한 사람으로 대표적인 전대협 출신인데…."

"한양대학교 총회장 출신으로 전대협 3기 의장이었잖아요. 그때 국가보안법 위반 혐의로 징역 5년형을 선고받고 3년 6개월간 복역했을 거예요."

"국정상황실장인 윤건영도 국민대 총학생회장 출신이고, 한병도 정무수석도 원광대 총학생회장 출신으로 전대협 3기 전북 지역 조국 통일위원장을 지냈잖아요."

하승창 사회혁신수석은 연세대 사회학과 졸업 후 노동운동을 했고, 1990년에는 민족통일민주주의 노동자동맹 이른바 삼민동맹 사건으로 구속됐었다. 이렇게 문재인 정부 초대 청와대 고위직에 운동권 출신이 무려 19명, 장관직에는 4명이나 들어가 있었다.

'사회주의 운동권 출신이 너무 많아. 문재인 대통령은 정말 구제

불능의 좌익인가?'

그런데 문재인 대통령이 2018 평창 올림픽 개막 리셉션에서 스스로 좌익임을 커밍아웃하는 일이 실제로 벌어졌다. 북한의 김영남, 김여정 앞에서 '자신이 가장 존경하는 사상가는 신영복'이라고 밝힌 것이다. 신영복은 서울대 상대 출신 선배면서 통일혁명당 간부로서 간첩죄로 복역했던 사람이다. 놀라운 일이 아닐 수 없었다. 그 자리에는 미국 펜스 부통령, 아베 일본수상 등 세계 여러 나라 지도자들이 참석해 있었다. 더구나 문재인 대통령은 당시 북한의 김여정 노동당 중앙위 제1부부장이 청와대를 찾았을 때도 신영복 선생의 서화를 배경으로 기념사진까지 찍었다. 그로서는 경악할 수밖에 없는 일이었다.

'신영복이 누구던가? 그는 젊은 시절 통일혁명당 사건으로 20년간 옥살이를 한 명백한 간첩이 아니었던가' 신영복은 김문수 위원장의 대학 선배였다. 그가 사회주의 운동을 할 당시 신영복의 주변 사람들과 함께했기에 신영복이 김일성주의자라는 사실은 누구보다 잘 알고 있었다. 그런 사람을 대통령이 존경한다고 공개적으로 말을 해도 되는 것인가? 그 때문에 그는 신영복 선생을 가장 존경한다는 문재인 대통령을 김일성주의자로 볼 수밖에 없었다.

김문수 위원장은 주사파들이 이미 우리나라의 사상이념과 권력의 고지를 점령했기에 문 대통령이 과감하게 이런 사실을 세계 만방에 선포한 것이라고 판단했다.

'이 나라가 어떻게 될 것인가? 이제 어둠의 시대가 온 것인가?' 이런 그의 우려는 곧 현실로 다가왔다. 집권 이듬해인 2018년 문 정권은 헌법을 개정하려는 움직임을 보였다. 문재인 대통령은 2018년 3월 26일, 헌법 개정안을 제안했다. 헌법 전문과 기본권 관련, 지방분권과 경제 관련, 정부 형태 및 선거제도 관련 내용 등이 포함되어 있다. 그런데 개정안을 자세히 보면 우리나라의 근간인 자유민주주의에서 '자유'가 빠진 헌법으로 자칫 자유민주주의 체제를 흔들 수도 있는 것이었다. 당에서는 이를 저지하기 위해 김문수, 이재오, 김무성을 공동위원장으로 하는 '사회주의 개헌저지 투쟁본부'를 만들었다. 김문수 위원장은 이 개헌안이 대한민국의 정통성을 부정하고 있다고 생각했다.

"대한민국의 정통성을 부정하고 대한민국의 70년 헌정사를 근본적으로 부정하는 집권 세력이 지금 이 나라 헌법까지도 좌향좌로 고치기 위하여 홍위병식 흔들기를 계속하고 있습니다. 개헌안의 근본적인 저의가 대한민국의 수백 년 전통, 특히 자유민주주의 전통을 근본적으로 허물려고 하는 좌향좌 개헌입니다. 이것을 그냥 용납한다면 대한민국은 사라질 것입니다."

김무성 위원장 역시 개헌안에 사회주의 정책이 다수 포함돼 있다며 심각한 우려를 표했다.

"문재인 대통령의 개헌안을 보면 사회주의 정책이 다수 포함되어 있어서 그대로 적용했다가는 자유시장경제의 근간이 흔들리고,

우리 경제가 몰락의 길로 갈 수밖에 없습니다. 특히 노동에 대한 원칙은 동일 노동, 동일 임금이 아닌 동일 성과, 동일 임금이 되어야 하는 것이 옳은 방향입니다."

결국 문재인 정부의 개헌안은 국회의 문턱을 넘지 못했다. 재적 288석의 2/3인 192석에 미달하는 114석의 투표만 있었기 때문이다. 이렇게 김문수 위원장은 문재인 정부의 사회주의 개헌안을 저지시키고 자유민주주의를 수호하는 데 성공했다. 그렇지만 앞으로 또 어떤 일들이 벌어질지 불안하기만 했다. 김문수 위원장은 이대로 두고 볼 수만은 없다고 생각했다. 나라를 위해 자신이 무엇을 해야 할지 깊은 고민에 빠지지 않을 수 없었다.

아스팔트 우파

문재인 대통령은 집권 초부터 적폐 청산을 주요 정책 과제로 내세우며 박근혜 정부 주요 인사들을 줄줄이 구속했다. 공포정치 그 자체였다. 박근혜 대통령 구속에 이어 이명박 전 대통령까지 구속시키는 것을 보면서 그는 착잡한 마음을 금할 길이 없었다.

'죄가 있으면 벌을 받아야 하지만, 좌익 세력이 정권을 찬탈하고 사회주의 혁명을 해나가는 것이 아닌가 하는 의구심을 떨쳐버릴 수가 없었다. 김문수 위원장이 본격적으로 시위에 나선 것도 바로 이런 이유 때문이었다.

그는 거리로 나가 박근혜 전 대통령 석방을 외치는 기독교와 보수 시민단체에 합류해 시위에 나서기 시작했다. 그는 시위 대열에 합류한 뒤 연단에 올라 종북주사파를 알리고 이들이 국가를 장악하는 것을 막아야 한다며 목소리를 높이기 시작했다. 학창 시절, 시위에 나서고 노동운동을 하면서 두 번이나 감옥살이를 했던 그였다. 젊은 시절 마르크스 레닌주의와 모택동주의에 심취해 공산혁명을 꿈꾸기도 했기에 누구보다 그들의 속사정을 잘 알고 있었다. 그는 민주당 이해찬 대표, 이인영 원내대표, 심상정 정의당 대표 등 운동권 출신 대부분과 함께 같은 미래를 꿈꾸고 투쟁해 왔었다.

그는 자신의 경험상 현 정부는 김일성의 주체사상 혁명론에 물들어 있는 종북주사파가 주류를 이루고 있으며 대한민국은 이미 종북주사파와 좌파 연합에 넘어갔다고 판단하고 있었다. 그는 시위가 있을 때면 연단에 올라 이런 사실을 알리기 시작했다.

"1925년 조선공산당이 창당됐어요. 그러고 지금 100년째 돼요. 이 조선공산당은 소련과 중공이 같이 북조선을 창건한 뒤로 쇠락의 길을 걸어서 지금 저렇게 지옥이 돼 있잖아요."

"근데 우리는 어떠냐 하면, 남로당이 여기에 뿌리를 내리고 있는 거예요. 남로당 그다음에 빨치산 그다음에 인혁당, 통혁당들이…. 현재 전대협, 한총련 사람들이 다 남로당이에요. 이 잔재가 아직도 남아 우리 체제 자체를 그리 몰고 가고 있다고 나는 보고 있어요."

한국전쟁 이후 반공 민주주의를 신봉했던 우리 사회에 종북주사파가 퍼지기 시작한 것은 1980년 광주 사태를 겪으면서다. 학생운동과 민주화를 열망하던 시민들은 피의 학살과 전두환의 집권이 미국의 묵인 아래 자행됐다며, 미국 문화원에 방화를 하는 등 급속히 반미 친북 운동을 확산시켜 나가기 시작했다. 1985년엔 서울대 법대 학생 팀이 아예 해주에서 송출되는 단파 라디오 통혁당 소리 방송을 녹취해 유인물을 돌리기 시작하면서 주사파가 학생운동의 대세로 되었다.

한 언론과의 인터뷰에서 김문수 위원장은 이 주사파들의 표면 조직이 바로 전대협과 한총련이라고 지적했다.

"1987년부터는 전대협과 한총련이 20년간 전국대학학생회 조직과 학생운동을 신속하고 완벽하게 장악해왔죠. 이들은 표면 대중조직인 전대협, 한총련과 지하비밀지도조직인 혁명정당을 나누어서 조직, 운용합니다. 그리고 학생운동을 마친 운동권은 사회로 나와서 사회 대중운동으로 투신하지 않을 수 없습니다. 해마다 수천 명의 학생운동권 출신들이 자연스럽고도 필연적으로 사회 각계각층으로 투신합니다. 공장으로, 직장으로 들어갑니다. 이들이 민주노총입니다."

정치권은 물론 각계각층에 그들의 영향이 미치지 않는 곳이 없다는 게 그의 생각이다.

"나는 이 좌익을 해봤기 때문에 좌익은 5%만 들어가면 그 조직을 다 먹어요. 근데 이게 40%로 갔다면 이거는 뭐 그 조직이 완전히 장악됩니다. 좌익이 그만큼 무서운 존재들입니다."

김문수 위원장이 종북주사파가 문제라고 생각하는 이유는 대한민국의 정통성을 부정하기 때문이다. 그들은 무엇보다 이승만과 박정희의 정통성을 인정하지 않고 있다. 먼저 이승만은 미국의 앞잡이로서, 친일파와 손잡고 민족의 자주성을 팔아먹고, 자신의 사리사욕을 채우기 위해 미국이 원하는 반쪽나라 대한민국을 세웠다고 주장한다. 박정희는 만주 군관학교와 일본 육사를 졸업하고, 천황의 장교가 되어 만주에서 독립군을 토벌하다가, 해방 후에는 남로당 군사 총책으로서 비밀지하 혁명동지를 팔아먹고, 목숨을 건졌다가 다시 쿠데타를 통해 권력을 잡아서 반민중 반민족 반민주 친일친미 사대주의 정권을 운영했다고 주장하고 있다.

김문수 위원장은 자신이 운영하는 유튜브를 통해서도 자신의 이런 생각을 여과없이 전달했다.

"주사파는 이런 시각으로 체계적이고 조직적으로 움직이며 세력을 확산하고 있는데, 보수나 우파는 이에 맞설 세력도 조직도 없습니다. 심각한 문제입니다."

마침 그 시기에 문재인 정권에 반대하며 시위를 주도하고 있던 사람이 있었는데 그가 바로 전광훈 목사였다. 전광훈 목사는 청와대 앞에 천막을 치고 광야교회를 세우고 기독교 세력을 중심으로 문재인 정부에 반대운동을 하고 있었다. 전광훈 목사는 '미국에서 독립운동을 했던 기독교인 이승만이 대한민국의 대통령이 됐고, 그래서 대한민국은 '자유민주주의'와 '시장경제'를 바탕으로 세워진 기독교 국가'라고 주장했다. 그리고 하나님의 뜻으로 세워진 대한민국을 지키기 위해 한미동맹을 굳건히 하고, 북한 공산주의를 무찔러야 한다고 강조한다. 김문수 위원장은 전광훈 목사가 주도하는 기독교 세력과 합류해 청와대 앞에 천막을 치고 농성을 시작했으며 아스팔트 위에서 '자유민주주의'를 외치기 시작했다. 한편으로는 유튜브를 하면서 보수의 가치를 알렸고, 2020년에는 자유통일당을 창당해 대표가 되기도 했다. 김문수 위원장을 '아스팔트 우파'라고 부르는 이유가 여기에 있다.

하지만 현재 한국은 좌파와 우파라는 개념보다는 진보와 보수라는 개념이 통용되고 있다. 그리고 좌파가 진보, 우파가 보수라는 등식이 자리 잡고 있다. 그렇게 볼 때 김문수 위원장은 자유민주주의자이기도 하지만 '보수' 정치인으로 분류되기도 한다. 어떤 사람들은 '엄밀히 말해 우리나라에 진정한 진보도 보수도 없다'고 말하기도 한다. 사회주의권이 무너진 지금 과거의 진보 개념은 시대착오이기 때문이다.

그 역시 그런 의견에 일정부분 동의한다. 그렇지만 좌파와 우파가 아닌 진보와 보수로 양분한다면 자신은 오히려 진보주의자라고 생각하기 때문이다. 그의 시각에서 보면 대한민국에서 최초로 총선을 실시하고, 여성 참정권을 보장하고, 의무 교육을 실시한 이승만이 가장 진보적인 사람이었다. 또한 박정희 대통령은 5천 년 가난에서 우리 민족을 해방시킨 진보 중에서 참 진보인 사람이었다. 벌거숭이 붉은 산도 숲이 울창한 산으로 바꾸고, 전국을 1일 생활권으로 바꾼 진보주의자였다.

"보수는 변화를 싫어하고 기득권을 지키려는 사람들을 말하는데, 나는 그런 사람이 아닙니다. 나는 언제나 개혁을 꿈꿔왔습니다. 젊은 시절 운동을 했던 이유도 제도권에 들어와 정치를 하는 이유도 개혁하기 위해섭니다. 국민들이 좀 더 잘 사는 세상을 만들기 위해 나는 늘 변화를 원했습니다."

그런데 우리나라에서는 보수를 보는 시가에 여러 가지 문제점이 있다고 생각한다. 언젠가 논객 조갑제 씨와의 대담에서 그는 이런 생각을 드러내기도 했다.

"가장 먼저 지적해야 할 것은 보수의 이미지가 헌법에 명기한 자유민주주의와 일치하지 못하고 있다는 점입니다. 제가 겪어본 바에 따르면, 우리나라에서 '보수주의'는 마치 '군사독재의 잔재' 같은 이미지로 남아있습니다. 다시 말해 '보수주의가 자유민주주의를 유지하고 지키는 것'으로 이미지화가 되어 있지 않다는 것이지요. 이게 참, 정치인들에게는 골칫거리가 되곤 합니다."

이런 잘못된 이미지 때문에 우리 사회에서 보수주의가 대중적 호소력을 발휘하지 못하고 있다고 생각한다.

"저만 그렇게 생각하는 것이 아니라 수도권에 포진한 한나라당의 대다수 의원들도 그렇게 생각하고 있다고 봅니다. 이 말은 대한민국의 유권자들이 절반 이상 모여 사는 서울과 수도권에서 보수주의에 대해 좋지 않은 인식이 퍼져 있다는 뜻입니다."

김문수 위원장은 그때는 그랬다 해도 민주화가 이루어진 이후에도 보수주의 이미지가 독재 옹호자처럼 형성된 원인이 바로 친북 세력 때문이라고 지적했다.

"지난 시절 군부 독재와의 투쟁 과정 중 우리 사회에서 알게 모르게 커다란 성장을 이룬 친북 세력이 있습니다. 그들은 대한민국과 보수 세력에 대한 혐오감을 증폭시키기 위해 끈질긴 노력을 멈추지 않고 있습니다. 대한민국의 보수 세력이 자유민주주의를 보다 높은 수준으로 실현하고, 이질적 민주주의의 공격으로부터 자유민주주의를 지키는 세력이라는 점을 정확히 이해하도록 보수 진영은 보다 진지하고 적극적인 노력을 전개해야 합니다."

그런 면에서 김문수 위원장은, 자신은 기득권을 지키려는 보수가 아닌 자유민주주의 체제를 수호하는 의미의 보수주의자고, '행동하는 자유 우파'라고 사람들이 인식해 주기를 바란다.

조국, 내로남불 끝판왕

　문재인 정권이 균열을 일으킨 건 2019년. 문 대통령이 민정수석이었던 조국을 법무부 장관에 지명하면서부터다. 그에 대한 온갖 비리가 터져 나오기 시작했고, 특히 배우자 정경심의 자녀 입시비리와 사모펀드 관련 범죄 의혹은 사람들의 분노를 자아내기에 충분했다. 하지만 조국은 모든 혐의를 부정했고, 문재인 대통령은 그의 장관 임명을 철회하지 않고 오히려 강행하려는 움직임을 보였다.

　김문수 위원장은 문재인 정부의 좌편향에 대해 깊은 우려를 하고 있었지만 이렇게 도덕성에 문제가 많은 사람을 장관에 임명하는 것은 또 다른 차원에서 문제가 있다고 생각했다. 사람들도 만나기만 하면 자연스레 이 문제를 거론하며 분노했다.

　"운동권이라는 사람이 이건 완전히 엉터리예요. 너무 도덕성에 문제가 많아요."

　"나도 자식을 둔 부모로서 아들, 딸을 대학에 보내기 위해 문서를 위조하고, 허위 경력 증명서를 만들고 이건 좀 너무한 거 같아요."

　"엄마, 아빠 찬스를 쓸 수 없는 젊은이들이 볼 때 어떻겠어요. 상대적인 박탈감을 느낄 수밖에 없을텐데, 너무 불공정하잖아요."

　그 역시 이런 지적에 전적으로 동감한다. 사회주의자라면 대중을 위한 혁명을 꿈꾸기에 더 깨끗하고 더 청렴해야 한다고 생각한다. 그런 면에서 조국은 엉터리라는 것이다. 조국은 과거 '남한 사회주의 노동자 동맹', 이른바 사노맹 사건에 연루돼 6개월간 옥살이를 했다. 국가보안법 위반 혐의였다. 사노맹은 노태우 대통령 시절인 1989년 11월 서울대 학도호국단 단장 출신인 백태웅과 노동자 시인 박노해 등이 중심이 돼 출범한 조직으로 '사회주의를 내건 노동자계급의 전위 정당 건설과 사회주의 제도로의 사회 변혁을 목표'로 했다. 그러나 1991년 4월 박노해 시인이 검거된 데 이어 백태웅 중앙 상임위원장 등 40여 명 가까운 인물이 잇따라 구속되면서 해체됐다. 당시 안기부는 사노맹이 전국에 노조 50여 개와 대학 40여 곳을 거점으로 조직원 1천230명을 두었다고 발표했다.

백태웅의 서울대 법대 1년 후배인 조국은 사노맹의 산하 기구인 '남한 사회주의 과학원' 강령연구실장을 맡아 반국가적 이적 활동을 한 혐의로 1993년 6월 구속돼 6개월간 옥살이를 한 것이다. 이런 경험을 반영하듯 조국은 꾸준히 국가보안법 폐지에 목소리를 내왔다. '사회주의 공산주의 등 특정 사상을 펴는 것만으론 처벌해서는 안 된다'는 것이었다.

김문수 위원장은 이런 사람이 대통령 민정수석을 한 것도 문제였지만 법무부 장관이 된다는 건 있을 수 없는 일이라고 생각했다. 정의를 구현하고 집행하는 중대한 역할을 하는 법무부 장관 자리에 어떻게 그런 사람을 앉힐 수 있단 말인가? 더구나 조국은 가족이 웅동학원을 사유화하고, 사기 소송으로 재산을 빼돌리고, 본인도 자녀들의 진학을 위해 허위 스펙을 위조하고, 민정수석이라는 지위를 악용해 감찰 무마를 지시하고, 정부 사업을 수주하려 한 의혹까지 받은 정의와는 가장 거리가 먼 사람이었다 이에 분노한 국민들도 조국 반대를 외치기 시작했다.

먼저 조국 규탄대회를 시작한 곳은 대학교였다. 서울대학교를 비롯해 고려대학교, 부산대학교에서 재학생과 졸업생들이 조국 법무부 장관과 그의 딸 조민에 대한 의혹을 제기하면서 진상규명을 촉구하고 나섰다. 이 가운데 서울대에서는 조국 후보자를 직접적으로 비판하며, 조국 후보자의 사퇴를 촉구했다. 이에 호응하여 청와대 영빈관 앞 길거리에서 가장 먼저 '조국 반대' 천막 농성을 시작한 사람은 전광훈 목사였다. 김문수 위원장도 바로 이에 합류해 청와대 영빈관 앞 거리에서 별도로 천막 농성을 하며 조국 장관 임명 반대 시위를 이어갔다.

하지만 각계각층의 반대에도 불구하고 문재인 대통령은 결국 조국을 법무부 장관에 임명했고, 국민들의 저항은 더 거세게 일기 시작했다. 김문수 위원장은 조국 장관의 퇴진을 요구하며 청와대 분수대 앞에서 삭발식을 거행했다.

"이건 도저히 용납할 수 없는 일입니다. 어떻게 국민들의 요구를 이렇게 무시할 수 있습니까. 그런 사람을 법무부 장관 자리에 앉힌다면 우리 젊은이들에게 어떻게 공정을 말할 수 있겠습니까?"

김문수 위원장은 전광훈 목사와 함께 조국 규탄대회를 이끌었다. 조국 규탄집회는 대학생들과 정치권, 기독교 보수단체 등이 연합을 이루며 그 규모가 점점 커졌고, 급기야 문재인 정권퇴진 운동으로 이어졌다. 10월 3일 개천절과 10월 9일 한글날에는 조국 퇴진을 요구하는 범 보수권 집회가 광화문 일대를 뒤덮었고, 청와대 앞으로 행진하며 문재인 대통령을 압박했다. 김문수 위원장은 그동안 박근혜 대통령 탄핵과 적폐 청산 등으로 수세에 몰렸던 우파들이 사회주의 개헌 저지 성공에 이어 드디어 할 말을 하기 시작했다고 생각했다. 시위에 나온 사람들도 그의 생각과 다르지 않았다.

"그동안 문재인 정권이 해온 소득주도 성장론, 최저임금법, 52시간 근로제, 기업활동 탄압, 원자력발전 중단, 4대강 보 해체 등으로 대한민국의 활력을 크게 떨어뜨린 게 사실이잖아요."

"어디 그뿐인가? 북한에 대한 굴종주의로 대한민국을 핵 위험 아래 무방비로 놓이게 했고, 지뢰를 제거해 침략 루트를 열어주었잖아. 위험천만한 일들을 수도 없이 해왔지."

"이 모든 것에 대한 국민들의 불만이 차곡차곡 쌓여왔는데, 정의와는 거리가 먼 사람을 법무부 장관에 임명하자 마침내 불만이 터져 나오기 시작한 겁니다."

조국 법무부 장관에 대한 부정적인 시각은 젊은이들이 한층 더 심했다.

"그는 사고는 사회주의자이지만 막상 행동은 그렇지 못했던 것 같아요. 너무 모순적이라고 생각해요."

"그건 모순적인 게 아니에요. 시장경제에서 금기시되는 사기 소송으로 재산을 빼돌리기나 하고, 스펙도 위조하고…. 그게 말이 안 되는 거죠. 불법을 저지르고도 인정을 안 하다니 너무 뻔뻔한 사람이죠."

조국 사태가 대학가는 물론 사회 전반으로 들불처럼 번지자 이를 견디지 못한 문재인 대통령은 조국을 결국 사퇴시킬 수밖에 없었다. 국민의 반대를 무릅쓰고 법무부 장관으로 임명한 지 35일 만이었다. 김문수 위원장은 당연한 결과라고 생각했다. 그리고 조국 일가에 대한 수사가 진행되기 시작했다. 자녀 입시 비리와 관련한 업무방해, 허위공문서 작성·행사, 유재수 전 부산시 경제부시장에 대한 감찰 무마에 대한 것으로 직권남용, 두 자녀 장학금 부정 수수와 관련한 청탁금지법 위반, 청와대 민정수석 재임 때 사모펀드 보유와 관련한 공직자윤리법 위반 등이었다. 당시 조국 사건을 수사했던 사람이 바로 윤석열 검찰총장이었다. 2019년 7월에 검찰총장에 취임하면서 윤석열 총장은 이렇게 말했다.

"저는 우리가 형사법 집행을 함에 있어 우선적으로 중시해야 할 가치는 바로 공정한 경쟁질서의 확립이라고 생각합니다. … 권력기관의 정치·선거 개입, 불법자금 수수, 시장 교란 반칙행위, 우월적 지위의 남용 등 정치 경제 분야의 공정한 경쟁 질서를 무너뜨리는 범죄에 대해서는 추호의 망설임도 없이 단호하게 대응해야 할 것입니다."

윤석열 총장에겐 조국 법무부 장관과 같은 범죄자는 결코 용납

할 수 없는 사람이었다. 윤 검찰총장이 문재인 정권에 맞서면서 김문수 위원장은 정치적으로 윤석열 검찰총장과 연대 아닌 연대의 길을 걷게 되었다.

2020년 1월, 김문수 위원장은 전광훈 목사와 함께 행동하는 자유 우파의 염원을 하나로 모아 자유통일당을 만들고, 1월 31일 용산 백범기념관에서 창당대회를 열었다. 이 자리에서 김문수 위원장이 당 대표로 선출됐다.

"광화문 애국 세력과 1천600여 개 자유 우파 시민단체가 하나로 결집하고 있습니다. 시민단체와 애국 세력을 하나로 묶어 문재인 주사파 정권퇴진 운동에 매진하겠습니다."

김문수 위원장은 이제 '아스팔트 우파'로서 새로운 정치를 만들어 나가겠다'고 포부를 밝혔다. 그렇지만 행동하는 자유 우파를 기성 정당과 대통합시키려는 그의 구상은 현실화되지 못했다. 곧 4월 국회의원 총선이 다가오고 있었고, 정치권은 이합집산하며 새로운 정치 지형을 만들어 가고 있었다. 그리고 2020년 2월 17일 자유한국당은 유승민의 새로운 보수당 등과 결합하여 미래통합당을 만들었다.

2021년 박원순 시장의 자살 이후 치러진 4월 보궐선거에서 오세훈 전 서울시장이 출마해 당선되었다. 과거 탄핵당이라고 비난을 받았던 자유한국당도 미래통합당을 거쳐 국민의힘으로 당명을 바꾸며 다시 국민의 지지를 얻기 시작했다. 국민의힘은 30대의 젊은

이준석을 대표로 뽑아 참신한 모습을 보였고, 윤석열 전 검찰총장을 영입하여 2022 대통령 후보로 옹립했다.

　김문수는 비록 당적은 가지고 있지 않았지만, 자유 우파 세력들과 함께 2021년 4월 오세훈 서울시장 보궐선거와 세대교체 차원에서 이준석 당대표 선출, 정의를 바로 세우고 공정과 상식을 구현할 검찰총장 출신 윤석열 대통령 후보의 선거운동을 거들고 나섰다. 정치권에도 다시 새로운 바람이 불기 시작하고 있었다.

집안 형편이 어려웠지만 문수는 그런 환경에 아랑곳하지 않고 꿋꿋하게 자신의 길을 가기 시작했다.

3장

배고픈
시골 아이의 꿈

유교적 전통에서 자라난 아이

김문수가 나고 자란 곳은 경북 영천시 임고면 황강리라는 시골이다. 14대째 경주 김씨 성을 가진 사람들이 모여 사는 집성촌이었는데, 다른 성씨를 가진 사람은 손에 꼽을 정도로 적었다. 그나마도 이 마을로 장가든 사위들이었다.

"문수야, 빨리 옷 입고 서둘러 가야지. 어른들 기다리신다."

졸린 눈을 비비며 눈을 떠보니 그의 형과 누나들은 벌써 옷을 다 차려입고 있었다. 큰집으로 제사를 지내러 가야 하는 날이다. 하루 종일 뛰노느라 피곤했는지, 문수는 깜빡 잠이 들어 있었다. 어머니는 제사 준비를 해야 했기에 벌써 큰집에 가셨고, 아버지도 문중 손님을 맞느라 바쁘실 터였다. 문수는 얼른 옷을 챙겨 입고 형, 누나들을 따라나섰다. 문수네 7남매가 종종걸음 도착한 큰집엔 벌써 음식 냄새가 가득했다. 어머니를 비롯한 여자들은 부엌을 드나들며 음식을 내기에 바빴고 남자들은 의관을 갖추고 제사 준비를 하고 있었다.

사실 어린 시절 문수에게 제사를 지내는 일은 너무나 지루하고, 재미없는 일이었다. 제사를 지내는 내내 웃고 떠들어서도 안 되고 자세를 흐트러뜨려서도 안 된다. 어른들을 따라 조상님께 절을 하고 또 해도 끝이 없었다. 무릎이 아프고 좀이 쑤셔 견디기 힘들었지만 참아야만 했다. 그래도 어렸을 때부터 일 년에 스무 번도 더 하는 일이다 보니 이젠 문수에게도 제사를 지내는 일은 일상이 돼버렸다. 게다가 제사가 끝나면 고기와 쌀밥을 먹을 수 있었고, 어머니는 남은 제사음식을 챙겨와 찌개를 끓여주셨다. 그래서 어린 문수는 제삿날을 손꼽아 기다리곤 했다.

선조 중에 큰 벼슬을 한 사람이 없는 집안이긴 하지만, 유교 전통을 지키는 일은 아주 엄격했다. 그래서 미 을 사람들 대부분이 옛것을 지키고 보존하는 일을 옳다고 여겼다. 1980년대까지 마을에 서당이 있었는데 마을 어른들은 아이들에게 《명심보감》이나 《사서삼경》 같은 한문을 가르치곤 했다. 문수의 아버지도 전형적인 유교 전통을 신봉하는 가장이었다. 그래서 어린 시절부터 엄한 집안에서 옛날식 교육을 받으며 자랐다.

아버지는 자식들에게 엄격한 편이었다. 자식들에게 큰 소리를 내거나 매를 든 적은 없지만, 그렇다고 자상하게 자식을 챙기는 법도 없었다. 어린 시절 그는 한 번도 아버지 등에 업혀본 적이 없었다. 사람들 앞에서는 맘대로 웃지도 못했다. 남자들이 응석을 부리거나 헤프게 웃고 다니는 것은 남자답지 못한 경망스러운 행동이라는 게 아버지의 생각이었다. 그래서 밥을 먹을 때도, 사람들 앞에서도 늘 점잖고 의젓한 모습을 보여야 했다. 어릴 때의 그런 버릇이 어쩌면 지금까지도 남아있어서 늘 진지한 사람, 다소 딱딱한 인상을 주는 사람이 된 건지도 모른다.

부모님과 큰형, 첫째, 둘째 누나

아버지는 종손 아닌 종손

그의 아버지는 일제시대에 중학교까지 졸업하고 청년 시절엔 경주 김씨 신라 왕릉을 관리하는 말단 공무원 능참봉을 했다. 그러다가 면서기까지 했고 해방 후에는 부면장을 지냈는데, 1946년 10월 1일 폭동 당시 많은 사람들이 맞아 죽고 집이 불타고, 산으로 도망가는 아픈 현실을 경험했다. 당시의 심적인 충격 때문에 부면장을 그만두고 공민학교 교사를 하다가 문수가 태어날 즈음엔 정미소를 운영했다. 부자는 아니었지만 조상으로부터 물려받은 땅과 20여 칸이 넘는 큰 집이 있어서 그럭저럭 먹고사는 데는 지장이 없었다.

아버지는 큰집 종손이 아니었는데도, 문중 일을 도맡아 했다. 집안의 관혼상제를 챙기는 일은 물론이고, 아버지가 버는 돈도 대부분 문중의 비석을 세우고, 족보를 만들고, 종갓집을 수리하는 등 문중 일에 쓰였다. 선조들이 남긴 상소문 같은 것을 찾아서 일일이 문집으로 만들어 보관하기도 했다. 아버지가 문중의 대부분의 역할을 하다 보니 외지에서 손님이 찾아와도 종손 집에서 묵는 게 아니라 아버지를 찾아 문수네 집으로 올 정도였다.

한번은 이런 일이 있었다. 종갓집 할아버지가 면사무소를 찾아가 발칵 뒤집어놓은 것이다.

"이 사람들아! 우리가 경주 김씨 종갓집이라서 이때까지 한 번도 세금을 낸 일이 없는데, 이게 뭐냐고."

큰집 할아버지 손에는 각종 세금 고지서가 들려 있었다. '여태 나오지 않던 세금 고지서가 왜 갑자기 나온 거냐, 이건 뭔가 잘못된 거다'라는 게 큰집 할아버지의 주장이었다. 사연을 알고 보니 아버지가 면사무소에 근무할 당시 큰집으로 가야 할 각종 세금 고지서를 미리 챙겨서 냈던 거다. 그래서 한 번도 세금 고지서가 큰집으로 가는 일이 없었는데, 아버지가 면사무소를 그만두게 된 뒤 미처 챙기지 못한 고지서가 큰집으로 날아간 것이었다. 문수 아버지가 미리 챙겼던 걸 까맣게 모르던 큰집 할아버지는 김씨 종손집이라 세금이 면제된 줄 착각했던 것이다. 문수 아버지는 그렇게 큰집 일이라면 내색 않고 내 일처럼 처리했었다.

하지만 늘 문중 일과 큰집 일에 신경 쓰느라 한 집안의 가장으로서는 거의 빵점에 가까웠다.

"아니, 지금 쌀이 다 떨어져 가는데, 이번 달에도 월급을 다 써버렸다니. 그럼 애들 끼니를 다 어떻게 하라고요."

"벌써 떨어졌어? 기다려봐. 이번에 큰집 수리하는 데 돈을 좀 보태느라 그렇게 된 거니까."

문수는 어린 시절 어머니와 아버지가 자주 말다툼하는 것을 보며 자랐다. 가정을 등한시하는 아버지 때문에 어머니의 고생이 이만저만이 아니었기 때문이다. 어머니는 열여섯 살 꽃다운 나이에 아버지에게 시집을 와 7남매를 낳았다. 문수는 그 가운데 여섯째, 아들로는 셋째였다. 어머니는 제사 지내랴, 집에 찾아오는 손님 모시라 7남매를 돌보는 일까지, 하루도 허리를 펼 날이 없었다. 게다가 아버지는 종갓집 종손에게는 꼬박꼬박 용돈까지 보내주면서 집이나 가족들을 위해서는 돈을 쓰지 않았다. 때문에 어머니는 늘 생활고에 시달려야 했다.

어린 시절 문수에게 비친 아버지의 모습은 늘 그랬다. '우리 가족의 아버지가 아닌 문중의 아버지, 자식 일, 집안일보다 문중의 일을 더 먼저 챙기는 아버지.' 그래서 그는 남자는 집안의 사사로운 일보다는 바깥일에 더 신경 써야 하는 거라고 생각했다. 다만 아버지가 '왜 좀 더 큰 나랏일을 위해서가 아닌 문중만을 위해서 일하시나' 하는 의문이 가슴 한편에 자리 잡고 있었다.

문수의 놀이터는 안채와 사랑채

고향 마을 황강리는 마을 뒤로는 범방산이 있고, 그 아래로 강이 흐르는 아름다운 곳이었다. 동네 한가운데 큰 연못가에는 아름다운 정자가 있었는데 주변에 큰 아름드리나무가 있어서 언제나 시원한 그늘을 만들어줬다. 문수네 7남매는 여름방학 때 강변에서 물장구를 치며 놀았고, 곤충을 잡으러 들로 산으로 돌아다니느라 시간 가는 줄 몰랐다.

하지만 어린 문수는 밖에서 뛰노는 것보다 집에서 노는 걸 더 좋아했다. 다른 형제들에 비해 내성적인 성격이기도 했지만, 그보다는 여러 개의 방과 마당이 있는 큰 한옥이 좋아서였다. 문수네 집은 안채와 사랑채가 따로 나뉜 전통 한옥이었다. 그는 사랑채에서 책도 읽고 여름에는 시원하게 낮잠도 자고 어머니가 이리저리 다니시며 바쁘게 일하는 모습을 지켜보는 것도 좋았다. 2, 3일에 한 번씩은 그 넓은 곳을 청소하느라 애를 먹기도 했지만 문수에게 사랑채는 마음의 고향 같은 곳이었다.

아주 가끔은 아버지가 어린 문수를 앞에 앉혀놓고 《명심보감》이나 《소학》 같은 유교 경전을 읽어주시곤 했는데, 뜻은 잘 몰랐지만 여러 번 큰 소리로 낭송하곤 했다. 그걸 보고 흐뭇해하시던 아버지의 눈길을 잊을 수가 없다. 그때까지만 해도 그는 가난에 대해서는 생각해 본 적이 없었다. 어머니는 늘 자식들 끼니 걱정을 하느라 마음 편한 날이 없었지만 어린 시절 고향집에서의 기억은 문수에겐 즐겁고 행복한 일들만 가득했다.

그가 고향집을 떠나 영천 읍내로 이사를 한 건 4살 때 즈음이었다. 처음엔 친척뻘 되는 부잣집의 행랑채에 세를 얻어 살았다. 그러다 아버지가 전쟁 후에 다시 교육청 공무원으로 근무하게 되면서 영천역 근처 연밭이 있는 변두리에 자그마한 집을 지어 이사했다. 요즘으로 말하면 국민주택 정도의 수준이었는데, 고향집만큼 좋지는 않았지만 공무원이었던 아버지의 월급으로 아홉 식구가 그런대로 먹고 살만 했다.

　문수네 7남매는 성격도 제각각이었고, 학교 성적도 제각각이었다. 그 가운데 둘째 누나는 아주 공부를 잘했다. 영천 중학교에 다녔던 둘째 누나는 정말 지독하게 공부했다. 그 집에 작은 골방이 하나 있었는데 한번 공부를 시작하면 그 방에 들어가 문을 잠가놓고 날이 새도록 나오지 않을 정도였다. 그 덕에 전교에서 1등을 놓친 적이 없었다. 오죽하면 문수의 누나였던 '김숙랑'을 따라잡겠다고 벼렸던 남학생들이 한두 명이 아니었다. 문수는 그 누나와 여러 면에서 가장 많이 닮았다. 사실 그는 초등학교에 들어갈 때만 해도 자기 이름을 쓸 줄 몰랐었다. 하지만 어린 문수는 조용한 편이라 남의 눈에는 잘 띄지 않았지만 뭐든 시작을 하면 끈기 있고 집중력이 있었다. 그래선지 집에서 공부를 봐주는 사람도 없었고, 또 '공부하라'고 잔소리하는 사람도 없었는데 2학년이 되면서 두각을 나타내기 시작했다. 일제고사에서 영천군 전체 1등을 한 것이다. 처음엔 별로 말도 없고 어수룩해 보였던 문수가 예상외로 두각을 나타내자 선생님들도 문수에게 관심을 갖기 시작했다.

　문수는 가끔 안채와 사랑채가 있는 고향집이 그리웠지만, 친구가 많은 학교생활도 즐거웠고, 공부도 재미를 붙여갔다. 고향을 떠난 뒤에도 아버지는 여전히 문중 일로 바빴고, 그 때문에 어머니의 불만도 여전했지만 모든 것이 서서히 제자리를 잡아가는 듯했다.

빚보증으로 풍비박산된 집

초등학교 4학년 때였다. 학교를 마치고 집으로 돌아온 문수는 부모님 손에 이끌려 이삿짐 차에 몸을 실었다. 어린 마음에도 '무언가 심상치 않은 일이 생겼구나' 하는 불안한 마음이 들었다.

"우리 어디로 가는 거예요?"

"……."

어머니는 한숨만 내쉴 뿐 말이 없으셨다. 가슴이 철렁 내려앉았다. 알고 보니 문중 일이라면 발 벗고 나섰던 아버지가 친척 집에 빚보증한 게 잘못돼서 살던 집을 내주고 이사를 가게 된 것이었다.

아홉 식구가 도착한 곳은 영천 읍내에 있는 판자촌이었다. 다 쓰러져가는 10여 채의 집들이 다닥다닥 붙어있었는데, 누가 누구네 집인지 분간도 하기 힘들었다. 집 안으로 들어가자 부엌 하나에 손바닥만 한 방 한 칸이 나왔다. 이삿짐을 다 내려놓을 수조차 없었다. 문수네 7남매를 더욱 실망시킨 건 영천 읍내 한가운데인데도 유독 그 판자촌에만 전기가 들어오지 않았다는 것이다.

"뭐야, 전기불도 안 들어오잖아?"

"이런 데서 아홉 식구가 어떻게 살아."

누나와 형들은 부모님 눈치를 보며 볼멘소리를 했고, 남동생은 급기야 울음을 터뜨렸다. 웬만한 일에는 주눅이 들지 않던 문수도 '아, 우리 집은 진짜 가난하구나' 하는 열등의식이 처음으로 생겼다.

아마 그때부터였을 것이다. 문수는 친구네 집에 놀러 가는 일은 있어도 절대로 친구를 집에 데려오는 일은 없었다. 선생님의 말을 잘 듣는 문수였지만 가정방문 기간만 되면 이리저리 선생님 눈치를 보며 피하기에 바빴다.

당시 교육 공무원이었던 아버지의 월급은 빚으로 꼬박꼬박 차압돼 나갔다. 그야말로 하루 한 끼 해결하는 게 어머니로서는 가장 큰 걱정거리가 됐다. 자식이 한두 명도 아니고 일곱이다 보니 어머니가 팔을 걷어붙일 수밖에 없었다. 하지만 명색이 양반가라 어디 가서 장사를 하거나 내놓고 돈벌이를 할 수도 없는 형편이었다. 그래서 어머니가 고심 끝에 선택한 게 삯바느질이었다. 평소에도 바느질 솜씨가 정갈한 어머니는 주변 사람들을 통해 알음알음으로 일거리를 받아왔다. 낮에는 집안일과 문중 일에 허리 펼 날이 없었던 어머니는 늘 밤늦게까지 재봉틀 앞에 앉아 있는 날이 많았다. 한 손으로는 재봉틀을 돌리고 한 손으로는 박음질을 하며 쉴 틈 없이 바느질을 했다. 그럴 때면 어린 문수와 동생은 어머니 옆에서 잔심부름을 했다. 학교에서 돌아와 숙제를 마치고 나면 마땅히 할 일도 없고 나가서 놀 데도 없었던 문수는 어머니 옆에서 재봉틀도 돌려주고, 바느질이 끝나면 다리미질도 도왔다.

"오늘도 또 갱죽이야? 나도 쌀밥 먹고 싶어."

밥상엔 언제나 멀건 갱죽이 올라왔다. 쌀이나 보리가 없어 나물로 만든 멀건 죽이었다. 막내가 투정을 부리면 누나가 어머니 눈치를 보며 동생을 쥐어박기 바빴다. 그마저도 배불리 먹은 날이 많지 않았다. 수제비라도 나오면 어린 형제들의 눈빛에 생기가 돌았다. 살림이 얼마나 어려웠으면 아버지 생일상조차 차린 일이 없었다.

그렇게 어렵던 시절에도 가끔은 잘 먹을 수 있는 날이 있었다. 종갓집에 제사 지내러 가는 날이나 집에 손님이 오시는 날이었다. 집안 형편이 아무리 어려워도 집에 손님이 오면 아버지는 꼭 식사 대접을 하게 했다. 그러면 어머니는 어디서 구했는지 밥상에 간고등어를 올렸다. 요즘이야 쉽게 먹을 수 있는 음식이지만 당시 시골에선 간고등어만큼 귀한 게 없었다. 어쩌다 손님이 물린 상에 간고등어가 남으면 바로 그날이 문수와 형제들에게는 잔칫날이었다.

전깃불이 안 들어오는 문수네 집에선 저녁이면 호롱불을 켜야 했다. 7남매가 늘 둥근 밥상을 펴놓고 호롱불 아래서 공부를 해야 했다. 좁은 상 위에서 책장을 넘기고 자리 다툼을 하다 보면 실수로 호롱불을 넘어뜨리기 일쑤였다. 그럴 때면 석유가 흘러내려 책장을 적시는 일도 많았는데 아무리 말려도 석유 냄새는 쉬이 가시지 않았다. 다음 날 학교에서 책장을 펴면 교실에서 석유 냄새가 진동할 정도였다.

"어? 이게 무슨 냄새지? 석유 냄새 아니야? 어디서 나는 거야?"

냄새를 기가 막히게 맡는 반 친구 녀석들이 수선을 떨 때마다 문수는 민망해 고개를 숙였던 적이 한두 번이 아니었다. 가난했기에 경험해야 했던 기억들은 어린 마음에 차곡차곡 상처로 남았다.

둘째 누나의 눈물

가정 형편이 어렵다 보니 부모님은 아이들 교육에 제대로 신경 쓰지 못했다. 게다가 아버지는 아들은 고등학교까지 보냈지만 딸들은 중학교만 겨우 보내는 정도였다. 가정 형편도 문제였지만 유교적 사고방식 때문이었다.

하루는 학교를 마치고 집으로 돌아왔는데, 둘째 누나가 울고 있었다. 전교 1등을 놓치지 않았던 둘째 누나는 경북여자고등학교 입학시험을 치러서 합격 통지서를 받았던 터였다. 당시 경북여고는 대구에 있는 명문 고등학교로 영천시에서도 한두 명 합격할 수 있을 정도였다. 그런데 누나가 워낙 성적이 뛰어나다 보니 선생님들은 당연히 합격할 수 있으니 응시해 보라고 권했고, 공부에 욕심이 많았던 누나도 시험에 응시했던 것이다.

얼마 후 합격 통지서가 왔고, 누나는 정말 좋아했다. 그런데 그 사실을 안 아버지가 반대를 하고 나선 것이다. '집안 형편이 어려우니 고등학교는 가지 말라'는 것이었다. 아버지는 사실 자식 일에 그렇게 완강하게 반대하는 일이 많지 않았다. 아버지의 반대에 부딪치자 누나는 울면서 합격 통지서를 찢어버렸다. 그리곤 얼마나 서럽게 울던지…. 어린 마음에도 그런 누나가 너무 안쓰러워 자신도 모르게 함께 눈물을 흘렸다. 당시 둘째 누나의 모습을 그는 아직도 아프게 기억하고 있다.

결국 이 사정을 알게 된 작은아버지가 등록금을 대줘서 누나는 겨우 경북여고에 진학할 수 있었다. 누나는 고등학교에서도 공부를 잘했지만 대학은 꿈도 꾸지 못하고, 고등학교만 졸업한 뒤 대구로 가서 전화국에 취직을 했다.

그런 가정 형편에 문수라고 누가 더 신경 써줄 리는 만무했다. 문수는 교과서 외에 참고서나 문제집 같은 것을 사서 풀어본 적이 없었다. 그런데도 학교에서 여전히 성적이 뛰어났다. 문수의 가정환경을 잘 알고 있는 담임선생님은 그런 문수를 기특해하고 예뻐했다.

문수가 5학년 때의 일이었다.

"문수야 이리 와봐. 이거 한번 풀어볼래?"

담임선생님 손에는 문제집 하나가 들려 있었다.

"원래 교사용으로 나온 문제집인데, 너 정도면 풀 수 있을 거야. 한번 풀어봐."

"감사합니다. 선생님."

문수는 교과서 외에 이런 문제집은 처음 접해보는 것이었다. 문수는 늦게까지 교실에 남아 문제집을 풀다 가곤 했다. 그런데 신기하게도 문제가 술술 풀리며 어렵지가 않았다. 혼자서 하는 공부였지만 점점 공부에 재미를 붙였다. 이후에도 담임선생님은 문수에게 종종 문제집을 건네줬다. 그런 일들이 결국 실력으로 쌓였던 것일까? 문수는 경북중학교에 합격할 수 있었다.

당시 경북중학교는 영남지방의 명문 학교로 이름이 높았는데, 영천시에서 경북중학교에 합격한 사람은 다섯 손가락 안에 꼽을 정도였다. 집안 형편이 어려웠지만 문수는 그런 환경에 아랑곳하지 않고 꿋꿋하게 자신의 길을 가기 시작했다.

경북중학교 입학식 때 아버지와 함께

넌 인생관이 뭐야?

　문수는 중학교에 다니기 위해 부모님과 떨어져 대구로 왔다. 말하자면 영천에서 대구로 유학을 온 셈인데, 당시 대구에는 전화국에 다니는 둘째 누나가 살고 있었다. 문수보다 일곱 살이나 많은 누나와 자취하며 중학교 시절을 보냈다.

　경북중학교는 대구를 비롯해 인근에서 수재들만 모인다는 명문 학교였다. 그런데 손꼽아 기다리던 첫 등교는 이내 실망으로 바뀌었다. 학교 상황이 말이 아니었다. 입학시험을 치른 뒤 학교에 불이 나 교실이 모두 불타 없어진 것이다. 그 바람에 여섯 반이나 되는 학생들이 교실이 아닌 강당에 모여 함께 수업을 받아야 했다. 강당이라곤 하지만 임시로 만들어놓은 가건물이었다. 수백 명의 학생들이 한데 모여 수업을 받자니 제대로 수업이 진행될 리가 없었다. 나중에는 교실 세 곳을 만들어 두 반씩 수업을 진행했다. 기대를 잔뜩 품은 중학교 생활은 그렇게 조금은 실망스럽게 시작됐다.

　10대 시절의 문수는 가난 때문에 열등감은 있었지만 공부에 있어서만은 남에게 뒤지지 않았다. 말이 없고 조용한 편이었던 그는 늘 자신의 이야기를 하기보다는 친구들의 말을 들어주는 편이었다. 하지만 그는 가끔 엉뚱한 행동을 해 친구들을 어리둥절하게 만들곤 했다. 그는 반 친구들을 주의 깊게 관찰하다가 한 명씩 학교 뒷마당으로 불러냈다. 사실 그곳은 주로 불량한 학생들이 모여 싸움질이나 하던 곳이었다. 문수에게 호출을 받은 친구들은 의아해했다.

"왜 문수야! 무슨 일이야?"

그런 친구들에게 문수는 불쑥 수첩과 볼펜을 꺼내 들고 물었다.

"너는 이 세상을 살아가는 이유가 뭐야? 인생관 같은 거 말이야."

이제 갓 중학생이 된 아이들에겐 참으로 난해하고 기이한 질문이었다. 제대로 답변하는 친구들이 있을 리가 없었다. 그래서 친구들 사이에선 그의 행동이 기이하게 여겨졌지만, 그 시절 문수에겐 꽤 진지한 문제였다.

10대 시절의 문수는 또래 아이들이 일상적으로 하는 행동들이 유치하다고 생각했다. 철없이 몰려다니며 장난이나 치고, 부모님께 투정 부리고, 교회를 다닌다며 여자 친구를 만나는 행동들이 '아주 웃기는 짓'이라고 생각했다. 대신 그는 세상 돌아가는 일, 또 인간은 왜 사는지 같은 제법 철학적인 것에 관심이 많았다. 그의 중학 시절 일기장을 들여다보면 그런 진지함이 고스란히 드러난다.

> 요즘 들어 나는 굉장히 무질서한 생활을 하고 있다. 참으로 한심하다. 어떠한 일이 있더라도 규칙적인 생활을 하지 않으면 안 된다. 그때그때의 일시적인 감정을 꾹 참고 꾸준히 노력하는 그 태도가 매우 중요하다.
>
> -1966. 8. 4

아침에 가자마자 재봉이에게 맞았다. 어제까지만 해도 정답던 사이인데. 나의 지나친 농담과 그의 공연한 오해로 인하여 둘 사이는 금이 갔다. 어떻게 해서든 내가 먼저 사과를 해야 할 것 같다. 모든 것이 내가 경솔한 탓이지 별 것 없다. 모든 일에 신중을 기해야만 하겠다.

-1966. 8. 16

최선태. 그는 참 프라이드가 센, 내가 좋아하는 친구다. 그는 마치 범과 같아서 칭찬해주면 좋아서 어쩔 줄을 모른다. 난 그런 인간이 좋다. 그렇다고 내가 그렇게 되기를 원하는 건 절대 아니다. 다만 내가 그를 사랑하는 건 단지 그의 행동, 즉 그의 센 프라이드 그것뿐이다.

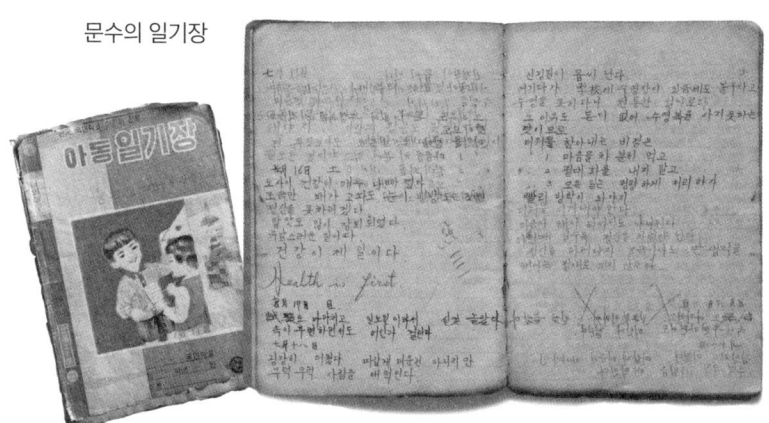

문수의 일기장

집안 분위기 탓에 원래 진지한 면모가 많은 문수였지만 중학교에 다니면서 그런 면은 더욱 두드러졌다. 학교 분위기 때문이었다. 경북중학교는 학생들에게 단순히 공부만 가르치는 게 아니었다. 경북중학교는 명문이라는 자부심이 대단했다. 학생들에게도 명문 학교에 다니고 있는 만큼 엘리트 의식을 가져야 하며, 앞으로 이 사회를 이끌어갈 인재가 돼야 한다는 분위기를 만들었다. 문수는 그런 분위기에서 중학교 과정을 마치고, 경북고등학교에 합격했다.

당시 경북고는 경기고 다음으로 서울대학교 합격률이 높았던 만큼 학생들의 자부심 또한 대단했다. 당시 국회의장이었던 이효상 씨도 경북중고등학교 출신이었다. 그는 개교기념일에는 직접 학교까지 내려와 축사를 하며 후배들을 독려하곤 했는데 그 내용이 꽤나 거창했다.

"여러분이 바로 대한민국을 이끌어 갈 인재들입니다. 큰사람이 되기 위해 노력해야 합니다. 이 나라의 미래요, 희망이요, 등불이라는 것을 잊어서는 안 됩니다."

문수는 실제로 그렇게 돼야 한다고 생각했다. 10대 시절부터 '인간은 왜 사느냐'는 식의 철학적인 것에 관심이 많았던 탓일까? 그는 점점 개인적인 일보다는 사회문제와 나라 돌아가는 일에 더 관심을 쏟기 시작했다.

첫 데모 그리고 무기정학

문수는 고등학교에 입학한 뒤 '수양동우회'라는 대구 시내 남녀 고등학생 연합 동아리에 가입했다. 수양동우회는 도산 안창호 선생에 대해 공부하고 그 뜻을 받들자는 취지로 만든 동아리였다. 그때까지만 해도 사회의식은 아직 미미한 수준이었지만 그는 동아리 회원들과 경북대학교에서 자주 모임을 갖고, 밤늦게까지 발제도 하고 토론도 하며 사회의식을 키워 나갔다. 방학이면 농촌으로 봉사활동도 갔다. 문수가 고등학교에 다니던 1960년대 후반은 박정희 대통령이 3선 개헌을 추진하고 있던 때로 '국가와 민족'에 대한 거대 담론이 사회 전체를 휩쓸고 있을 때였다. 지금보다 그런 분위기가 더 강했다. 그의 관심도 자연히 나라 돌아가는 일에 쏠릴 수밖에 없었다.

"진정한 철학자들은 땅이 아닌 하늘을 보고 걸었다는데 우리도 그래야 하지 않을까?"

방과 후 단짝인 태권이와 하교할 때면 그는 늘 하늘을 보며 걷곤 했다. '과연 우리는 어떻게 살아야 할 것인가' 하는 주제로 얘기를 하다가 그들은 헌책방을 자주 들렀다. 그곳에서 《사상계》를 구해 읽으며 토론하곤 했다. 단순한 지적 허영 때문만은 아니었다. 《사상계》는 당시 박정희 독재정권에 맞서 싸우는 양심 세력을 대변하는 잡지로 고(故) 장준하 선생이 사재를 털어 만든 종합교양잡지였다. 3공화국 당시 자유 언론 주장에 앞장서는 바람에 《사상계》 발행인들은 정치 탄압의 수난을 당하기도 했다.

당시 이런 분위기 때문에 사람들은 정치 참여를 꺼렸고, 학생들 사이엔 '죽어라 공부해서 좋은 대학에 가는 게 사는 길'이라는 묘한 분위기가 형성돼 있었다. 하지만 문수는 2학년이 되면서 동아리 활동을 그만두었다. 남녀 연합 동아리였던 '수양동우회'는 그가 생각하기에 시간이 갈수록 진지함이 사라지고 사교 중심으로 바뀌어 가고 있다고 생각했기 때문이다.

대신 그는 여전히 헌책방을 들러 《사상계》를 구해 읽었고, 친구들과 사회 전체를 휩쓸고 있는 정치 상황에 대해 자못 진지하게 토론을 하기도 했다. 못 입고 못 먹던 시절, 명문 고등학교에 들어갔지만 그의 관심사는 '어떻게 하면 좀 더 열심히 공부해서 좋은 대학에 갈 수 있을까' 하는 개인적인 것이 아니었다.

문수가 모범생이라는 틀에서 처음으로 일탈한 것은 1969년 고3 때의 일이다. 그의 인생에 있어 첫 일탈이자, 앞으로의 인생을 가름할 전주곡과도 같은 사건이 벌어졌다. 박정희 정권의 3선 개헌 문제로 나라 안이 시끄러웠던 9월 어느 날, 한 친구가 그를 불렀다.

"문수야, 오늘 저녁에 시간 있어? 중요한 모임이 있는데 너도 같이 갔으면 해서."

"별일은 없는데 무슨 일이야?"

"가보면 알아. 이따가 보자."

분위기상 대강 알 것도 같아 그는 더 이상 묻지 않았다.

그날 저녁, 친구를 따라 도착한 곳은 건물 2층의 한 사무실이었다. 문을 열고 안으로 들어가니 담배 연기가 자욱했고, 학생들은 열띤 토론을 벌이고 있었다.

"지금 나라 돌아가는 게 점점 가관이야. 3선 개헌은 말도 안 된다고 생각해. 지금 대학생 형들도 다 들고 일어날 태세야."

"너희들도 3선 개헌은 반대하지? 우리가 먼저 나서서 반대하자. 가만히 앉아있을 수는 없잖아."

아직 고등학생이었지만 아이들의 표정은 더없이 진지했다. 문수 역시 망설일 이유가 없다고 생각했다. 그날 문수를 비롯해 그 자리에 모인 경북고등학교 학생들은 3선 개헌 반대 시위를 결정했다. 그리고 시위를 어떤 식으로 할 것인지 구체적인 논의에 들어갔다.

다음 날 경북고등학교의 각 교실에선 묘한 긴장감이 흐르고 있었다. 어제 모였던 아이들이 각 반으로 돌아가 반 친구들에게 이런 사실을 알리고 비밀리에 단체 행동을 하기로 했기 때문이다. 약속 시간이 되자 누가 먼저랄 것도 없이 각 교실에서 학생들이 쏟아져 나왔다. 교사들도 어떻게 말릴 틈 없이 순식간에 벌어진 일이었다. 그렇게 학교 운동장에 모인 아이들은 교문을 나와 대구시 명덕 로터리에 있는 2.28 기념탑까지 함성을 지르며 뛰어갔다. 학교 측도 교사들도 무슨 일인지 할 말을 잃은 채 지켜볼 수밖에 없었다. 그렇게 2.28 기념탑에 모인 아이들은 '3선 개헌 반대한다' 내용의 성명서

경북대학교에서 경북고등학교 친구들과 함께

를 읽고 바로 해산했다.

이 사건으로 학교는 발칵 뒤집혔다. 시위의 주모자를 색출하느라 교사들이 혈안이 됐다. 아니나 다를까? 다음 날 학교에 가자마자 담임선생님으로부터 호출이 왔다. 담임선생님은 문수를 보며 타이르듯 말했다.

"문수는 모범생인데, 네가 먼저 나섰을 리는 없다고 생각해. 누가 시위를 주도한 건지 말해."

"……."

담임선생님은 이미 어제 저녁 모임이 있었고, 그가 그 모임에 참석했다는 사실도 알고 있었다. 문수가 좀처럼 입을 열지 않자 담임선생님은 그를 회유하기 시작했다.

"지금 이 사건으로 학교 측은 굉장히 난감한 상황에 빠져 있어. 그래서 단호하게 대처한다는 입장이야. 괜히 안 좋은 상황에 휘말리지 말고, 주모자 이름만 말해. 그러면 너는 빼줄게."

"저는 어제의 행동이 잘못됐다고 생각하지 않습니다. 우리가 무슨 죄를 지었다고 생각하지 않아요. 오히려 잘한 일이라고 생각합니다."

뜻밖의 대답에 담임선생님은 버럭 화를 냈다.

"야! 너는 상황이 이런 데도 반성의 기미도 없냐? 선생님이 이렇게까지 말하는데."

그러자 그는 오히려 반문했다.

"반성할 게 뭐가 있습니까? 교과서에도 나와 있는 얘긴데요. 3선 개헌은 나쁜 거 아닙니까? 선생님은 인정 안 하십니까?"

담임선생님은 설득과 회유가 안 되겠다고 판단했는지 더 이상 말이 없었다. 하지만 다음 날 등교를 하니 상황은 달라져 있었다. 담임선생님은 그를 불러 이렇게 말했다.

"미안하다. 너는 무기정학이야. 집에서 좀 쉬어라."

"……."

그는 그렇게 무기정학을 당했다. 나중에 알고 보니 이 일로 정작 무기정학을 받은 학생은 서너 명에 불과했다. 시위를 주동하고 모의한 아이들도 나름대로 요령 있게 빠져나갔는데, 그런 요령을 부릴 줄 몰랐던 문수는 난생처음 무기정학을 당한 '불량 학생'이 되고 말았다.

당시 경북고등학교 선배들 가운데 이른바 '데모꾼'들이 많았다. 1960년 자유당 정권의 부정선거에 항의하여 대구 지역 학생들이 주도했던 '2.28 학생운동'은 서울에서 대학을 다니던 선배들이 고향에 내려와 있다가 당시 학생회 회장을 끌어들여 벌인 일이었다. 아무튼 이 일에 휘말려 문수는 다른 학생들 네 명과 함께 학교에서 쫓겨나는 신세가 됐다. 그에게 닥친 첫 번째 시련이었다.

도대체 내가 뭘 잘못했지?

문수는 고등학교 3학년 시절, 대구 시내에 사는 작은아버지 댁에서 지내고 있었다. 중학교 시절 아버지가 공직을 그만두면서 여러 번 이사를 했는데, 생활이 더 어려워지자 문수네 가족은 대구 변두리인 신암동 새마을 금호강변 사격장 근처 산속으로 이사를 가야 했다. 그곳에 고향의 문중 장학계에서 지은 장학관이 있었는데, 그 장학관은 대구로 유학 온 고향 학생들에게 기숙사 역할을 했다. 그 기숙사 관리인 자격으로 문수네가 이사를 간 것이다. 그런데 장학관이 외딴곳인 데다 학교까지 통학하는 데 시간이 너무 많이 걸려 고등학교 3학년이었던 문수는 대구 시내 학교에서 가까운 작은아버지 댁으로 옮겨왔다. 문수는 사촌 형과 동생이 있는 방에서 생활하며 고3 입시 준비를 하던 중 무기정학을 당하게 된 것이다.

먹고살기 바빴던 가족들에게 문수의 무기정학은 사실 큰 걱정거리가 아니었다. 그가 공부 잘하는 모범생이라는 사실은 알고 있었지만, 언제나 자기 할 일은 스스로 알아서 했기에 믿고 있었던 건지도 모른다. 다만 같이 사시던 작은아버지가 그날 밤 건넛방에 있던 그를 불렀다. 작은아버지는 문수의 모든 상황을 이미 알고 있었다.

"문수야, 이리 와봐. 너 무기정학 받았다며? 후회 안 하냐?"

작은아버지는 딱 한마디 물으셨다.

"후회할 게 뭐 있습니까? 마땅히 해야 할 일을 했을 뿐인데요."

"그럼 됐다. 잘했다."

작은아버지만이 문수를 걱정해주고 격려해주었다.

말은 그렇게 했지만 막상 무기정학을 당하고 보니 현실은 답답하기 짝이 없었다. 자신의 행동에 후회한 적은 없지만, 그는 미래에 대한 불안감으로 처음 힘든 시간을 보내야 했다. 마땅히 갈 데도 없고 할 일도 없었던 그는 함께 정학당한 친구들과 어울려 어린 마음에 쌓인 울분을 달래느라 처음으로 술도 마시고 담배도 피워봤다.

"우리가 뭘 정말 잘못한 건가? 분명히 3선 개헌은 잘못된 거라고 교과서에도 나와 있잖아."

"배운 대로 했을 뿐인데 우리가 잘못됐다고 하면, 도대체 뭐가 옳다는 거야?"

뭔가 부당한 것 같았고, 또 혼란스러웠다. 문수는 혹시 '자신이 잘못한 일'이었는지 집에서 사회 교과서를 차근차근 읽고 또 읽었다. 하지만 아무리 읽어봐도 자신의 생각과 행동에 틀린 것은 없었다. 후회하지 않는 행동이었지만, 왜 이런 현실을 마주해야 하는 건지 당황스럽기만 했다.

힘든 시간을 감내하고 있던 어느 날, 학교에서 연락이 왔다. 정학을 당한 지 2주 만이었다. '한 번은 봐줄 테니 다시는 그런 행동을 하지 말라'는 경고와 함께 복학하라는 것이었다. 문수는 안도의 숨을 내쉬었다. 문수의 첫 일탈은 그렇게 끝이 났고, 그는 다시 일상으로 돌아왔다. 곧 대학 입학시험일이 다가오고 있었다. 문수는 이때부터 자신이 옳다고 생각하는 일에 대해선 유불리를 따지지 않고 소신대로 행동했다. 그리고 그것은 그의 삶의 원칙이 되었다.

서울대 상과대학 '신식' 학과에 입학

1970년 1월. 그해 겨울은 유난히 추웠다. 두려움과 설렘으로 서울 가는 열차에 몸을 실은 그는 우여곡절 끝에 서울대 상대를 지원하고 대학 입학시험을 치르러 가는 길이었다. 원래 책을 많이 읽고 세상 돌아가는 일에 관심이 많았던 그는 막연하게 철학과나 사학과를 진학하려 했다. 하지만 그는 예상치 않게 서울대 상과대를 택했다. 당시만 해도 그에게 경영학과는 생소하기만 했다. 집안엔 회사에 다니는 사람이 하나도 없을 정도로 소위 '신식'과는 거리가 멀었었다. 워낙 집안 분위기가 유교 경전을 병풍 삼아 살아가고 있을 때라 문수 역시 그런 생각을 해본 적이 없었다. 그렇다고 딱히 진로를 상담해 줄 사람이 있는 것도 아니었다. 그런 그가 상과대학을 택한 건 '소재환'이라는 친구 아버지의 권유 때문이었다.

진로에 대해 고민하던 문수가 친구네 집에 놀러 갔을 때다.

"어? 문수 왔구나. 너는 성적이 좋으니 서울대학교에 원서를 넣을 거지? 학과는 어디를 지원할 거니?"

"네, 아직 결정한 건 아닌데 뭐 철학과나 사학과를 지원할까 생각하고 있어요."

친구 아버지는 학교 선생님이었다.

"그래? 밥 굶기는 딱 좋겠네! 요즘은 시대가 많이 바뀌었어. 취직을 위해서는 경영학과나 경제학과 같은 상대가 좋을 거야. 우리 재환이도 경영학과에 갈 거다. 너도 한번 잘 생각해 봐."

이때부터 경영학과에 대해 고민하기 시작했다. 게다가 같은 방에서 살던 사촌 형도 영남대 경영학과에 다니고 있어서 역시 경영학과를 권했다. 결국 문수는 '아, 경영학과에 가야 국가 경영도 하고 회사 경영도 하는 구나' 하며 서울대 경영학과에 원서를 냈다. 당시 경북고등학교에서는 스무 명 넘게 서울대 상대를 지원했다.

처음 도착한 서울은 너무나 복잡하고 낯설었다. 길을 찾기도 힘들고 사람도 너무 많아 모든 게 너무 생소하고 복잡했다. 한마디로 사람 살 데가 못 되는 도시라는 느낌이 들었다. '앞으로 이 도시에서 살 수 있을까?' 서울은 참 정이 가지 않는 비정한 도시 같았다. 약속 장소엔 그의 바로 위의 형이 마중 나와 있었다. 공부는 잘했지만 가정 형편 때문에 일찌감치 대학 진학을 포기한 영수 형은 2년 전, 대구상고를 졸업하고 서울 마포의 한 회사에 경리로 취직해 있었다.

"오느라 고생 많았지? 그런데 자식! 이게 뭐야? 추운데, 옷 좀 단단하게 껴입고 오지."

추운 날씨에 변변한 외투 하나 걸치지 못한 채, 시험을 보겠다고 상경한 동생의 모습이 안쓰러웠나 보다.

"이까짓 추위 가지고 뭘. 그런데 형은 서울 물 좀 먹었다고 몰라보겠는데?"

"그러냐? 그나저나 어디가 좋을지 몰라서 아직 방은 안 잡았는데, 학교 근처가 좋겠지?"

형은 문수에게 따뜻한 여관을 잡아 푹 쉬게 한 뒤 시험을 보게 하고 싶었다. 그런데 문수는 그럴 생각이 없었다.

"그냥 형이 묵고 있는 데로 가. 아무 데서나 자면 어때?"

영수 형은 서울 생활을 시작한 지 얼마 되지 않아서 모은 돈이 없었다. 그래서 아직 따로 방을 얻지 못하고 공원들이 지내는 기숙사에서 생활하고 있었다. 기숙사라곤 하지만 연탄을 피우던 시절이라

아랫목 정도만 냉기가 가실 뿐 냉골인 데다 이불도 넉넉지 않았다. 형은 그런 곳에 시험 보러 온 동생을 재울 수 없어 '방을 얻자'고 했지만 문수도 고집을 꺾지 않았다.

"너 시험 보러 왔는데, 괜히 감기 걸려 고생하지 말고 형 시키는 대로 해."

"됐어. 형이 먹고 자는 곳인데, 나라고 못 잘 게 뭐 있어. 객지에서 형편도 어려운데 괜히 쓸데없이 돈 쓸 필요 없어."

결국 문수의 고집대로 그는 형의 기숙사에서 묵었다.

"형이라고 변변히 해준 것도 없는데…."

이불도 넉넉지 않은 냉방이라 형은 미안해했지만 정작 그는 편안하게 잠자리에 들었다. 낯선 서울에서 형의 기숙사만큼 마음 편한 곳이 또 있었을까? 그는 형의 걱정과는 달리 다음 날 서울대학교 입학시험도 무난히 치를 수 있었다.

문중의 별

김문수는 그해 서울대학교에 합격했다. 그가 서울대학교에 합격했다는 소식이 알려지면서 그의 고향 영천시 황강리 경주 김씨 문중에선 경사가 났다. 문중에서 처음으로 서울대학생이 나왔기 때문이다. 고향 어른들이 보기엔 서울대 합격은 조선시대 과거에 합격해서 성균관에 들어간 것이나 다름없었다. 문수에 대한 문중 어른들의 기대와 격려는 대단했다. '이제 우리 문중에서도 훌륭한 사람이 나오겠구나!' 하며 그를 쓰러져가는 문중을 일으켜 세울 '문중의 별'로 생각했다.

어른들의 기대를 한 몸에 받은 스무 살의 문수는 서울로 상경했다. 맨발에 검정 고무신, 그리고 군복을 물들인 검정 바지. 문중의 별로 떠오른 귀한 몸이었지만 그의 대학 생활은 화려하게 시작되지 않았다. 당시 2만 원 하던 입학금은 일찌감치 고등학교를 졸업하고 고향에서 수리조합에 다니며 양계장을 하던 큰 형이 대줬다. 하지만 다들 어려운 형편에 더 이상 손을 벌릴 수는 없었다. 앞으로는 모든 걸 스스로 해결해야 했다. 그는 학비며 생활비를 자급자족하기 위해 서울 친척 집에서 입주 아르바이트를 하며 학교에 다녔다. 당시에는 시골에서 올라온 명문 대학생들이 적지 않은 돈을 받으며 입주 아르바이트를 하는 경우가 많았다. 그 돈으로 학비며 용돈까지 해결할 수 있을 정도였다.

하지만 그는 막상 경제적인 문제보다 서울 생활의 부적응으로 더 어려움을 겪어야 했다. 시골에서 가난하게 자란 그에게 서울 생활은 모든 게 너무나 달랐다. 아이를 가르치기 위해 입주한 가정은 서울에서 웬만큼 사는 집이었다. 식탁에는 늘 하얀 쌀밥에 평소에도 먹어보기 힘든 반찬들이 올라왔다. 그런데도 툭하면 아이들을 데리고 외식을 하거나 손님을 초대해 특별한 요리를 내곤 했다. 아이들은 아직 어린 데도 용돈을 받아 사고 싶은 것을 마음대로 샀다. 돈에 구애받는 일이 없었다. 단 한 번도 용돈이란 걸 받아본 적이 없는 그는 상상도 못해 본 일이었다.

판잣집에서 살 때의 열등의식이 서울 생활로 더욱 심해졌다. '아, 서울 사람들은 웬만한 시골 갑부들보다 훨씬 잘사는구나' 하며 완전히 주눅이 든 생활을 할 수밖에 없었다. 더구나 서울 사람들과 사투리가 심한 자신과는 말도 제대로 통하지 않아 애를 먹기 일쑤였다. 그는 시간이 갈수록 '서울은 자신과 같은 촌놈이 적응하기 힘들고 답답한 비정한 도시'라는 생각을 떨쳐버릴 수가 없었다.

다행히 경북고 출신으로 함께 유학을 온 친구들이 그의 힘든 서울 생활에 위로가 돼주었다. 고등학교 시절부터 그와 친하게 지내던 친구들은 문수를 포함해 모두 여섯 명. 그 가운데 다섯 명이 문수와 함께 서울대학교에 진학했고, 한 명은 연세대학교에 진학했다. 그들의 우정은 대학에 가서도 변치 않았다.

"문수야, 너무 그렇게 풀이 죽어 있지 말고 우리도 미팅도 하고 여행도 가고 그러자! 힘들게 공부해서 대학에 들어왔는데…."

여섯 명이 모이면 항상 이세희가 분위기를 주도했다. 그는 기타도 잘 치고 노래도 잘하는 다재다능한 친구였다.

"미팅은 무슨…. 서울 여학생들이 어디 우리 같은 시골 사람을 좋아하겠나?"

서울대학교 재학 시절

"그래서 이번 여름방학에 대구에 내려가면 경북대 여학생들과 미팅하기로 다 얘기가 돼 있어. 어때? 괜찮지?"

문수를 비롯해 김정근, 황정연, 소재환, 박정기 등 다른 친구들은 그야말로 공부만 아는 모범생이라 그 친구가 잡아끌어야만 어쩌다 한 번 미팅 자리에 나가곤 했다. 하지만 모두가 여자 친구 한 번 사귀어보지 않은 순진한 시골 청년들이라 여학생들 앞에서 말 한마디 제대로 못하고 돌아오기 일쑤였다. 문수도 마찬가지였다.

그래서 그들은 여자 친구 사귀는 일보다는 여섯 명이 어울려 여행 떠나는 것을 더 좋아했다. 신촌역에서 만나 교외선을 타고 행주산성을 다녀오기도 했고, 방학 때는 송정리 해수욕장이나 무주 구천동으로 길지 않은 여행을 떠났다. 바닷가에서 밤새도록 기타를 치며 노래를 부르고, 친구들과 미래를 얘기하며 하얗게 밤을 지새우기도 했다. 그렇게 여섯 명이 함께한 그 시간들은 그의 인생에서 처음 맛보는 낭만 시대요, 행복한 시간들이었다. 하지만 문수에게 그런 시간은 결코 길지 않았다.

대학에 출세나 하려고 왔습니까?

문수가 여섯 명의 친구들과 조금씩 멀어지게 된 건 이미 신입생 시절부터였다. 그는 학교생활에 별로 관심이 없어 수업을 빼먹기 일쑤였다. 강의 내용도 기대에 미치지 못했지만 시험을 볼 때면 더욱 그런 마음이 들었다. 시험 시간에 나누어주는 시험지엔 주관식, 객관식도 아닌 괄호 안에 단답형의 답을 채우는 문제는 왜 그리 많은지, 그는 대학 시험이란 게 이렇게 한심한 건가? 회의가 들었다. 그렇게 학교생활에 흥미를 잃어가고 있을 무렵, 교양과목을 듣기 위해 강의실에서 수업을 기다리고 있을 때였다. 선배들이 동아리 회원을 모집하기 위해 현재 서울산업대학교가 있는 공릉동 교양과

정부 강의실로 찾아왔다.

"여러분은 대학에 출세나 하려고 왔습니까? 고시 공부하느라 세상과 등지고 지내며 학점이나 잘 받으려고 공부합니까? 머리 좋아 일류 대학에 들어와서 입신양명하는 게 그렇게 중요합니까? 지금 이 나라가 얼마나 어려운 상황인데 이렇게 손 놓고 있을 겁니까? 우리 같은 젊은이들이 이래서야 되겠습니까."

그는 정신이 '확' 드는 것을 느꼈다. 눈에 불꽃을 탁탁 튀기면서 말하는 그 선배의 연설은 힘이 있었고 감동적이기까지 했다. 서울 생활과 대학 생활에 적응하지 못하고 있던 그에게 뭔가 숨통을 터주는 느낌이었다. '아 저 사람하고는 뭔가 함께해볼 수 있겠구나' 하는 조금은 낭만적인 생각으로 그는 동아리에 가입했다.

그때 그를 감동시킨 연설의 주인공이 나중에 16대 국회의원을 지낸 심재권 선배였다. 그는 인간적이고 매력이 넘치는 사람이었다. 그래서 별 망설임 없이 그가 주도하는 '후진국 사회연구회'에 가입했다. 일종의 운동권 동아리였는데, '나라를 걱정하는 젊은이들이 모여 뭔가 바꿔보자'며 만든 것으로, 주로 문리대 학생들이 주축을 이루고 있었다. 기본 모토는 '행동하는 민족주의'로 시위를 할 때도 제일 앞줄에 서곤 했다. 하지만 철저한 사회운동 이론보다는 개인적인 결단이나 서로의 인간적인 유대를 중시하는 면이 강했다. 1970년대 초반 학생운동 동아리는 주로 그런 성향이었다. 체코 출신의 역사학자인 '한스콘의 민족주의 사상'의 영향을 많이 받은 탓이었다. 한스콘은 중세 이후에 등장한 민족주의가 현대적인 이념이 될 수 있다는 확신을 갖고 있었다. 게다가 민족주의는 대중을 선동하는 데 아주 효과적이었다.

민족주의란 개개인의 충성심은 마땅히 민족과 국가에 바쳐야 한다는 집단적인 심리 상태로 '내셔널리즘'으로 정의한다. 때문에 민족주의 세례를 받으면 당당해져 자신의 잘못도 쉽게 인정하지 못하고 마치 독립투사라도 된 듯한 착각에 빠져들게 만든다. 당시 많은 학생들이 민족주의란 이름 아래 반일, 반미 데모를 하고 동아리 활동을 했다.

대학 시절의 문수 역시 그랬다. 1970년 교련 반대 시위를 주동하면서 데모 대열에 합류한 그는 반일 시위 등 시국 사건과 관련한 데모에 적극적으로 가담하기 시작했다. 아직 체계적이고 확고한 신념은 정립되지 않은 상태였지만 정의를 향한 순수한 열정으로 동아리 활동을 하고 강연회를 쫓아다녔다.

당시 대학생들은 크게 두 부류로 나뉘었다. '문수처럼 집안 형편이 어려운 수재들' 그리고 '별로 생계 걱정 없이 공부하다 들어온 학생들' 이들은 또 이렇게도 나뉘었다. '학점을 잘 받아 좋은 직장에 취직해 집안에 보답하고 출세도 해야 한다고 생각하는 학생들', 반대로 사회 분위기가 그런 만큼 '이 사회의 여러 가지 모순을 해결해야 한다고 생각하는 학생들.' 물론 고시 공부만 열심히 하는 시골 출신 수재들도 다수였다. 주로 후자의 학생들은 학교에 와서 수업을 듣고, 안 듣고 이런 것에 관심이 없었다. 문수 역시 후자의 부류에 속하는 학생이었다.

용두동 빈민촌

동아리 활동에 열을 올리고 있던 어느 날, 그는 선배들과 빈민촌 실태조사를 나갔다. 서울 용두동의 빈민촌이었다. 그는 그곳에서 충격적인 현실을 마주해야 했다. 그곳은 그가 살아왔던 판잣집보다 훨씬 열악한 서울의 빈민가였다. 비참하고 음침하고 스산한 동네였다. '서울에도 이런 곳이 있다니' 그는 충격에 빠졌다.

그는 실태조사를 하는 동안 용두동에 방을 얻어 자취 생활을 했다. 그곳의 비참한 현실을 좀 더 가까이 지켜보기 위해서였다. 용두동 빈민촌은 청계천 옆 하천부지에 생겨난 판자촌이었다. 화장실도 공동 화장실을 이용했는데, 청계천 위의 수상 가옥처럼 임시로 지어놓은 수상 화장실이었다. 아침마다 화장실을 가려는 사람들이 한 줄로 쭉 늘어서서 기다려야 했는데, 얼마나 엉성하게 지어놓았는지 안에서 볼일을 보는 엉덩이가 훤히 보일 정도였다. 여자들도 같은 화장실을 이용해야 했기에 죽을 맛이었다.

그의 눈에 비친 그곳 사람들의 삶은 한마디로 너무나 비참했다.

그는 그곳에서 생활하면서 서울 빈민촌 사람들의 삶이 얼마나 보잘 것없고 비참한 것인지 충격으로 받아들일 수밖에 없었다.

용두동 같은 빈민촌은 서울 곳곳에 널려 있었다. 정부가 판자촌을 철거하면서 경기도 광주시 국유림을 깎아 산꼭대기에 '인위적으로 철거민 달동네'를 만들어놓고 주민들을 강제 이주시키고 있었다. 군데군데 벌건 흙더미가 보이고 군용 텐트가 쫙 깔려 있어서 마치 포로수용소를 방불케 했다. 그 과정에서 시 당국과 철거민 사이에 목숨을 건 투쟁이 벌어지고 있었다. 얼마나 굶주린 사람이 많았는지 '산모가 굶주림을 견디지 못해 자기가 낳은 애를 삶아 집안 식구가 나누어 먹었다'는 끔찍한 소문이 나돌 정도였다. 그는 그런 현실을 지켜보면서 말할 수 없는 충격과 아픔에 휩싸였다. 삶의 터전을 잃어버린 힘없는 주민들의 분노와 절규, 눈물을 보면서 그는 가슴 저 밑바닥에서 뜨거운 무엇이 올라오는 것을 느꼈다.

그가 어렸을 때부터 갖고 있던 가난에 대한 열등감을 떨쳐버릴 수 있었던 것도 바로 서울 빈민촌에서의 경험 때문이었다. '모두가 잘 먹고, 잘 사는 비정한 도시가 서울이라고 생각했는데 이런 곳이 있었다니….' 그는 가난한 게 결코 창피한 일이 아니라 사회구조적인 모순에서 비롯될 수 있다는 것, 그리고 자신보다 더 비참하고 힘들게 살아가는 사람들이 많다는 사실을 깨달으면서 비로소 가난을 부끄럽게 생각했던 열등감에서 벗어날 수 있었다.

이때의 충격적인 경험은 그의 삶에 큰 획을 긋는 결정적인 역할을 한다. 돌이켜보면 이때의 생각은 불완전한 것이었지만 그가 어려운 집안 현실을 뒤로하고 본격적으로 사회운동에 뛰어든 것은 이런 비참한 사회문제를 해결해야 한다는 소박한 신념 때문이었다.

'이게 국민을 보호하고
지켜줘야 할 국가라는 것인가.'
그는 가슴이 답답해져 오는 것을
느꼈다.

4장

공장 노동자가 된
명문대생

첫 위장취업

1971년, 대학교 2학년 여름방학이었다. 동아리 선배가 다른 학생 2명과 함께 그를 불렀다. 선배는 그들에게 처음 듣는 제안을 했다.

"너희들, 공장에서 노동자로 한번 일을 해볼 생각 없어? 그동안 농촌에도 가보고 탄광촌에도 많이 가봤지만, 공장 노동자들의 삶은 어떤지 한 번도 체험해 본 적이 없잖아. 이번에 너희들이 해보면 좋겠는데…."

"그러면 저희가 공장에 취직해서 다니는 겁니까?"

"아무래도 그런 형식이 되겠지?"

당시만 해도 농촌 봉사활동인 농활은 많이 알고 있었지만 공활, 즉 공장 활동은 없었다. 선배의 제안은 공활, 이른바 '위장취업'이었다. 그때까지만 해도 위장취업이라는 개념은 없었다.

"하지만 이건 절대 비밀이야. 가족은 물론 친구들에게도 절대 말을 해선 안 돼!"

당시 공활을 처음 제안한 사람은 김근태 선배였다. 그는 학생운동을 하다 강제징집된 후 막 복학을 했는데, 김문수에겐 최고참 선배였다. 선배들이 공활을 계획하게 된 계기는 얼마 전인 1970년 11월, 청계천 피복 노동자 전태일이 분신자살을 하는 충격적인 사건 때문이었다. 김문수는 기꺼이 선배들의 제안을 받아들였다.

그는 영등포 도시산업 선교회를 통해 드레스 미싱 공장을 소개받았다. 지금의 구로공단 대우중공업 자리인데, 당시 그곳에 미싱 공장이 있었다. 그를 비롯해 상과대에 다니던 이영훈과 이채언 그리고 김재근이 함께 취직하기 위해 그곳을 찾았다. 물론 대학생이라는 신분을 속인 채였다.

"몇 살이지? 몸은 건강하고? 이 일을 해본 경험은?"

관리직원으로 보이는 한 남자가 몇 마디 물어보더니 바로 일을 해도 좋다고 했다. 당시만 해도 위장취업 개념이 없고 하루에도 여러 명이 들락거리는 자리라 신분 조사 같은 건 하지도 않았다. 그는 미싱의 몸통을 만드는 부서로 배정받았다. 작업은 단순했다. 드릴로 미싱 머리 부분에 구멍을 내면 되는 작업이었지만, 깜빡 한눈을 팔거나 졸기라도 하면 손을 다치기 십상이었다. 장갑을 끼고 해도 손을 다치는 사람들이 많았다. 그 공장에선 미싱뿐만 아니라 시계도 조립했는데 노동자들의 수가 700명 정도였다.

김문수는 공장 근처에서 자취하며 공장에 다녔다. 하루에 10시간씩 일했고, 쉬는 날은 일주일에 하루였다. 작업은 단조로웠지만 공장 노동자의 삶은 참으로 곤욕스러웠다. 주물을 받아서 가공하는 일을 맡게 되면 너무 무거워 힘들었고, 작업 환경은 열악했다. 단조롭고 단순한 작업이 하루, 이틀 그리고 한 달 가까이 이어지면서 그는 열패감에 시달렸다. 군말 없이 묵묵히 일하는 노동자들을 보면서 그들의 삶이 답답했고 한편으론 그 인내심과 강인함이 존경스러웠다. 이 답답한 공간에서 단조로운 일을 한 달, 365일 아니 평생 하고 살 수 있을까? 그는 자신할 수 없었다. 게다가 한 달 일하고 받은 월급은 형편없었다. 한 달 생활비는커녕 시내에 나올 차비가 없어서 차장에게 통사정해서 나온 적이 한두 번이 아니었다.

공활은 그에게 새로운 고민을 안겨주었다. 그들의 열악한 상황이 마음에 자리 잡기 시작한 것이다. 가난에 이골이 나 있는 그였지만 공장 생활은 새로운 충격이었고, 앞으로 '내가 가야 할 길이 이것은 아닐까?' 하는 막연한 의무감마저 들었다. 그렇게 대학교 2학년 때의 공활은 그의 인생에 커다란 방향을 제시하는 전환점이 되었다.

강제징집

한 달간의 공활을 마치고 학교로 돌아온 1971년 8월 말, 그는 호되게 앓기 시작했다. 고열이 나면서 아팠지만 감기 몸살로 여겨 대수롭지 않게 넘기려 했다. 그런데 며칠이 지나도 별 차도가 없고 오히려 증세가 심해지자 결국 고향집으로 내려갔다. 영천 읍내에 있는 병원에서 입원 치료를 받았는데 알고 보니 장티푸스에 걸렸던 것이다. 공장에 다니면서 마셨던 물에 문제가 있었던 것이다. 초기에 제대로 치료하지 않은 탓에 무려 석 달을 고생했다. 열이 40도를 오르내리면서 코피가 터져 목구멍으로 흘러 들어가 질식할 뻔하기도 했다. 고열 때문에 식사도 제대로 못해 몸은 말라가고 있었다. 설상가상으로 10월 15일 학교에서 '제적 조치'가 됐다는 연락이 왔다.

1971년 4월 대통령 선거에서 박정희가 3선 대통령에 당선되었다. 당시 대학가에서는 박정희 정권의 총체적 부정선거에 대한 반대가 잇따르고 있었다. 사회적으로는 강력한 개발경제의 부작용이 나타날 즈음이었다. 1970년에는 청계천 피복 노동자 전태일이 분신자살을 했고, 청계천의 도시빈민 2만 세대가 성남으로 강제 이주를 당하는 등의 일이 벌어지면서 민심이 들썩이고 있었다.

대학가에서는 연일 교련 반대와 정부의 부정부패를 규탄하는 연합 시위를 벌였는데 그때마다 김문수는 행동 대장 역할을 했다. 평상시엔 조용하고 말이 없는 그였지만 어려운 일이 닥쳤을 때는 뒤로 빠지지 않고 언제나 앞장을 섰다. 특히 노동자나 빈민 등 어려운 처지에 놓인 사람들 일에는 더 적극적이었다.

위기의식을 느낀 정부는 결국 1971년 10월 15일 위수령을 발동하고 주요 대학에 군인까지 주둔시키기에 이른다. 그 바람에 서울대학교의 '후진국 사회연구회'를 비롯한 주요 동아리를 강제로 해산시키고 전국에서 대학생 174명을 무더기로 제적시켰다. 당시 신문에 그 명단을 발표했는데, 그 가운데 김문수의 이름도 있었다. 당시 함께 활동했던 학생들도 대여섯 명 제적 조치를 당했는데 주로 고학년보다는 저학년 학생들이 많았다. 동아리에 가담한 것도 문제였지만 시위 때마다 저학년들이 맨 앞에 서 있는 모습이 많이 채증되었던 것이다. 제적을 당한 선배들이나 동아리의 핵심 인물들은 바로 군대로 끌려가는 상황이었다.

장티푸스에 걸려 병상에 누워 있던 그에게 별안간 제적 통지서가 날아오자 집안에서도 난리가 났다. 무엇보다 충격을 받은 사람은 문수였다. 아파서 요양하고 있던 그는 뒤통수를 얻어맞은 것처럼 황당한 기분이었다. 게다가 아직 몸이 회복되지 않아 병상에 누워 있었는데 국군 보안대 요원들이 집으로 찾아왔다. 그를 강제징집하여 군대를 보내 격리시키기 위해서였다. 하지만 그가 시골집에 누워 열이 40도씩 오르내리던 때라 차마 강제 연행을 하진 못했다. 대신 보안대 요원들은 '몸이 좀 나은 뒤 출두하라'는 말과 함께 입영 신체검사 통지서를 두고 돌아갔다.

며칠 뒤 문수는 채 회복되지 않은 몸을 이끌고 집을 나섰다. 어머니가 걱정 가득한 얼굴로 배웅을 했다.

"몸도 아직 다 낫지 않았는데 괜찮겠어?"

눈물을 보이는 어머니를 뒤로하고 그는 대구 국군통합 병원으로 자진 출석했다. 사복 보안 대원이 기다리고 있다가 그를 맞았다.

"너 아픈 데 없지? 잘 갔다 와라" 하며 서랍에서 징집 영장을 꺼내려고 했다.

"귀가 안 좋은데요? 검사를 한번 받아보고 싶습니다."

"뭐라고?"

보안 대원은 귀찮은 듯이 쳐다보다가 문수를 이비인후과로 데리고 갔다.

"너 뭣 때문에 왔어?"

"귀가 안 좋아서 왔습니다."

이비인후과에 있던 군인이 손바닥을 들고 때릴 듯이 달려들었다.

"이 새끼, 잘 들리는데 무슨 소리야?"

"아닙니다. 왼쪽 귀가 잘 안 들립니다."

그러자 군인은 못마땅하다는 듯 그를 군의관에게 데리고 갔다. 군의관이 그의 귀를 들여다보더니 물었다.

"수술한 적 있나?"

"중이염으로 고등학교 1학년 때 했습니다."

군의관이 신체 검사서에 뭐라고 쓰더니 같이 따라온 사복 보안 대원에게 건네주었다. 그러자 보안 대원은 몹시 난감해하더니 그에게 말했다.

"집에 가라, 이 새끼야!"

문수도 의아해서 다시 물어보았다.

"그럼, 집에 갔다가 언제 또다시 신체검사 받으러 와야 합니까?"

"너는 인마 군대 안 가도 된다. 귀가 잘 안 들려 명령도 못 알아듣고 엉뚱한 데다 총을 쏘면 어떻게 하냐? 인마! 징집 면제다."

어릴 때 시냇가에서 아이들과 물놀이를 하다가 중이염에 걸렸던 그는 고등학교 1학년 때 대구 동산병원에서 중이염 수술을 받았었다. 그런데 장티푸스에 걸려 오랫동안 앓는 바람에 중이염이 다시 도진 것이다. 군의관은 생각지도 못했던 징집 면제 판정을 내렸던 것이다.

'징집 면제'를 받은 그는 다시 집으로 돌아왔다. 그러자 어머니는 마치 죽었던 자식이 살아 돌아온 듯 반가워했다. 하지만 어머니는 이내 걱정스러운 마음이 되었다. 문수의 큰 형도 중이염으로 귀가 안 좋아 징집 면제가 되었는데, 징집 면제 판정을 받을 정도면 아예 청력을 잃을 정도로 심한 게 아닌가 하는 걱정 때문이었다.

그 집 아들 빨갱이더라

가까스로 집으로 돌아왔지만 한편에선 난감한 상황이 벌어지고 있었다. 학교에서는 퇴학당하고, 집으로는 국군 보안대까지 찾아오자 온 동네에 소문이 쫙 퍼졌다. '양반 집안의 점잖아 보이던 모범생 문수가 알고 보니 빨갱이더라'는 내용이었다. 6.25 이후 그런 일이 없던 터라 동네가 발칵 뒤집힐 정도로 큰 뉴스거리였다. 동네 사람들은 문수가 지나갈 때마다 뒤에서 수군거렸고, 그를 색안경 끼고 바라보기 시작했다. 퇴학을 당했으니 학교에도 못 가고, 몸 때문에 군대도 못 가는 상황이 됐으니 집안일이라도 도와야 했는데 그로서는 참으로 난감한 상황이었다.

가족들의 상심도 컸다. 특히 어머니는 아들의 뒷바라지를 맘껏 해주지 못해 늘 미안한 마음이었지만, 그래도 내심 문수에게만은 희망을 걸고 있었다. 좋은 대학에 들어갔으니 좋은 직장을 잡아 남부럽지 않게 살기를 바랐다. 더구나 그는 문중의 희망을 한 몸에 받고 있던 자랑스러운 아들이 아니던가? 그런 아들이 갑자기 퇴학을 당하고, 더구나 빨갱이라니. 어머니의 상심이 특히 컸다. 형들도 마찬가지였다. 서울에서 학교생활을 잘하고 있으리라 생각했는데 이런 일이 있을 줄은 생각지도 못했던 것이다. 가족 모두가 내색도 못 하고 속앓이를 해야 했다. 하지만 문수에게 대놓고 뭐라고 하는 사람은 없었다. 한편으로는 그를 믿는 마음이 있었기 때문에 '무슨 사정이 있겠지' 하면서 안타까워할 뿐이었다.

문수는 고향집에서 농사일을 돕고 서당에도 다니며 지냈다. 하지만 하루, 이틀 시간이 흘러가면서 계속 이렇게 지낼 수는 없다고 생각했다. 그래서 뭔가 의미 있는 일을 해야 한다고 계획한 것이 농민운동이었다. 그 첫 단계로 동네 사람들을 대상으로 '야학'을 해야겠다고 마음먹고 계획을 세웠다. 하지만 뜻대로 되지 않았다. 동네 사람들의 호응이 없었기 때문이다. 아직 유교적인 전통이 짙게 배어 있는 마을이라 이제 스물한 살밖에 안 된 청년이 뭔가를 한다는 것에 신뢰를 보내지 않았다. 게다가 그는 '빨갱이 짓을 하고 다니는 사람'이라는 불신감이 깊었기 때문에 그가 아무리 발 벗고 뛰어다녀도 호응을 얻을 수 없었다.

이러지도 저러지도 못한 채 서서히 지쳐가고 있을 즈음 또다시 마을에 검은 지프차가 나타났다. 이번엔 사복을 입은 사람들이 그를 찾아왔다. 그들 역시 영문을 알려 주지도 않은 채 그를 차에 태워 영천 읍내로 끌고 갔다. 문수는 영천 읍내에서 다른 차로 바꿔 태워져 대구 보안사로 끌려갔다. 그곳엔 서울대학교 상대에서 함께 제적돼 시골집에 내려와 있던 경북고 동기생 이영훈과 김재근도 이미 끌려와 있었다. 도대체 이번엔 무슨 일로 잡아들인건지 영문을 알 수가 없었다. 그들은 거기서 또다시 눈이 가려지고 수갑이 채워진 채 서울로 끌려왔다. 간판도 없는 곳이었다.

나중에 알고 보니 거기가 서울 보안사의 분실이었던 이른바 '빙고호텔'이었다. 그들은 지하 취조실로 보내졌다. 잠시 후 사복을 입었던 사람들이 군복으로 갈아입고 취조하기 시작했다. 구타나 고문은 없었지만 그가 전혀 모르는 내용만 물어봤다. 취조를 해보니 거짓말이 아니라고 생각했는지 이번엔 남산의 중앙정보부로 데려갔다. 도대체 왜 이렇게 끌려다녀야 하는지, 어떤 일에 연루된 건지 문수 자신도 도무지 가늠할 수 없는 상황이었다.

남산 중앙정보부에선 바닥에 무릎을 꿇게 했다. 그러더니 '타도'라는 유인물을 누가 만들어 배포했냐'라고 물으며 취조를 시작했다. 실제로 그는 전혀 모르는 내용이었다. '모른다'고 대답하다가 취조 과정에서 여러 번 얻어터지기도 했다. 하지만 그가 연루되지 않았다는 사실을 인정했는지 결국엔 그를 풀어줬다. 차비까지 주면서 돌아가라고 했다.

이제 겨우 스물한 살, 대학교 2학년 제적생인 그에게는 혹독한 경험이었다. 마음 한편에선 공권력에 대한 적대감이 스멀스멀 올라오기 시작했다. '이게 국민을 보호하고 지켜줘야 할 국가라는 것인가.' 그는 가슴이 답답해져 오는 것을 느꼈다.

안병직 교수와의 만남

다시 고향집으로 돌아왔지만 막막했다. 학교도 갈 수 없고 농민운동도 더 이상 진전되지 않는 현실이었다. 한동안 농사에 매달려 보았지만 그것도 아니었다. 농사를 짓는 것 자체는 좋았지만 막상 밀 한 되박을 팔아보니 커피 한 잔 값도 안 됐다. '이건 아니다' 싶어 다시 서울로 올라왔다. 서울에 와서 아르바이트를 하며 제적된 학생들과 어울려 뭔가를 해보려고 진로를 모색해 보기도 했다.

"너는 앞으로 어떻게 할 건데? 계속 이렇게 지낼 순 없잖아?"

"이대로 대학을 포기할 순 없어. 혹시 복교 조치를 내리지 않을까?"

"아니, 박정희 정권에선 절대 복교 조치는 하지 않을 거야."

대부분의 학생들은 '복교 조치'가 내려지기를 기대했지만 당시 박정희 정권에서 그건 불가능하다는 판단이었다. 위수령 발동 당시 박 대통령은 특별 담화를 통해 '제적과 복교 조치를 반복하지 않고 영원히 대학 사회에서 격리시키겠다'고 강력한 의지를 천명했기 때문이다. 그래서 복교 조치는 꿈에도 생각지 못했다. 다른 학교로 다시 입학하는 사람들도 있었지만 그의 마음엔 지난여름 공활의 경험이 마음 깊이 자리 잡고 있었다. 지금은 박 전 대통령이 근대화를 성공시킨 위대한 지도자였다고 생각하게 되었지만 그때는 정말 원수 같은 독재자로만 여겨졌다.

그는 생각 끝에 먹고살기 위해 노동자가 돼야겠다고 결심했다. 하지만 막상 일자리를 구하려니 쉽지 않았다. 신문을 뒤져 일자리를 구하는 곳을 찾아가 보았지만 막상 그를 채용하겠다는 곳은 없었다. 생각보다 크고 무거운 현실의 벽에 부딪친 그는 처음으로 진한 좌절감을 맛보았다. 열심히 공부하며 앞만 보고 달려왔던 지난 삶과는 너무나 다른 현실이 기다리고 있었던 것이다.

모든 것이 혼란스러웠다. 과연 대학에서의 길지 않았던 삶은 무엇이었을까? 사회운동을 하며 가려던 길은 무엇이었을까? 이젠 접어야 하는 걸까? 이런 의문들이 끝없이 그를 괴롭혔다. 앞으로 어떻게, 무엇을 하면서 살아야 하는지 고통과 방황의 시간이 이어졌다. 삶의 좌표를 잃어버린 채 방황하던 그 즈음, 그에게 손을 내민 사람이 있었다. 서울대학교의 안병직 교수였다. 그는 1970년대 서울대학교 상대 학생들의 정신적 지주 역할을 하며 학생운동을 지원하고 있었다. 그는 종종 시위하는 학생들 앞에 나서서 '운동은 감정적으로 하는 게 아니다. 이론으로 무장하라'는 충고를 아끼지 않았다. 그런 그를 개인적으로 만나게 된 건 제적 조치 이후였다.

"문수 군, 꼭 대학을 나와야 하는 건 아니야. 공장에서 일을 해도 되고, 그러면서 노동운동이나 혁명을 할 수도 있어. 혁명이라는 게 꼭 대학에 다니면서 해야 할 필요는 없어."

어두운 터널을 걷고 있는 듯한 그에게 안 교수의 조언은 한 줄기 빛과도 같았다.

"그렇다면 이제 어떤 식으로 해야 합니까? 혼자서는 방법을 찾을 수가 없습니다."

"기술을 배우는 것도 방법이고, 다시 공장에 취직해서 일하는 것도 방법이야."

그는 고민스러웠다. '내가 과연 그 길을 오롯이 갈 수 있을까?' 열악한 환경에서 하루 종일 묵묵히 일하던 노동자들, 공활을 다녀온 뒤 늘 목에 가시처럼 걸렸던 그들의 모습이 다시 꿈틀거리며 되살아났다.

안 교수에게 문수는 특별한 제자였다. 늘 시위대 앞에 서서 두려움 없어 보이던 문수는 자랑스러우면서도 안쓰러운 제자였다. 노동운동이 가시밭길인 줄 알면서도 기꺼이 제자를 그 길로 보내야 했던 마음도 편치 않았다. 하지만 어린 나이에도 신념이 투철하고 어려운 사람들에게 마음을 쏟는 문수를 보면서 반드시 노동자들을 위해 살 수 있을 거라 확신했다. 그래서 대학 제적 후 방황하는 제자에게 망설임 없이 '너라면 할 수 있다. 세상을 바꾸기 위해선 그 길로 나가라. 핍박받은 노동자를 위해서 일하라'는 충고를 할 수 있었다. 당시 안병직 교수와의 만남은 문수의 삶에 커다란 획을 긋는 계기가 되었다.

청계천 피복 노동자 전태일의 분신자살 이후 1970년대의 학생운동은 크게 두 가지 방법으로 진행됐다. 하나는 직접 노동자 속으로 들어가 그들과 생활하면서 그들의 의식을 변화시키는 것이었고, 다른 하나는 자신의 일을 따로 하면서 학생운동을 이끄는 것이었다. 문수는 전자에 해당되는 셈이었다. 비록 제적당해 더 이상 대학생은 아니었지만 그가 마음에 품고 있던 혁명은 여전히 그의 몫으로 남아있었다. 그는 소위 말하는 빨갱이 물이 든 건달도 아니었고, 잠시 낭만적인 생각으로 혁명을 선택했던 건 더더욱 아니었다. 그는 혁명을 통해 세상이 달라질 수 있다고 믿었다. 그래서 그 길을 선택했고, 이제는 직접 노동자가 되어 그 길을 가기로 마음먹은 것이다.

어설픈 '또또사'

그가 분신자살한 전태일의 어머니 이소선 여사와 그의 가족들을 만나게 된 건 바로 그 직후였다. 한 선배의 소개로 알게 된 그들은 창동의 한 판잣집에서 어렵게 살아가고 있었다. 청계천 피복 노동자였던 전태일 분신 사건 이후, 노조의 움직임이 활발해지고 있었다.

당시 그곳엔 전태일의 어머니 이소선 여사와 남동생, 여동생 등이 함께 살고 있었는데, 노조 간부들은 그 판잣집을 아지트 삼아 나름대로 노조 활동을 해나가고 있었다. 문수 역시 그들과 어울려 밤을 새는 일이 많았다. 그의 역할은 일단 노조 간부들에게 한자와 사회과목 그리고 일반 상식을 가르쳐주고 용어를 해설해주는 일이었다. 근로기준법이나 상식 책 같은 데에는 한자가 많았기 때문이다. 초등학교 졸업 학력이 대부분인 사람들이라 그들에게 일종의 맞춤형 야학 교사 노릇을 했다.

그렇게 생활을 이어가던 문수도 노동자로 살기 위해 재단사가 되기로 마음먹었다. 그는 먼저 청계천 신평화시장 꼭대기에 있는 복장학원에 다니며 재단을 배우기 시작했다. 그리고 동대문시장에 취직했지만 그곳에선 재단 일은 시키지 않고 하루 종일 옷에 구멍을 내는 일만 시켰다. 똑딱단추를 달기 위한 작업이었는데, 그걸 '또또 치는 일'이라고 하면서 그 일을 하는 사람은 '또또사'라고 불렀다.

하지만 마음먹는다고 다 잘하는 건 아니었다. 공부도 잘하고 머리도 좋다고 자부하는 그였지만 '또또를 치는 일'만은 영 서툴렀다. 초등학교만 나온 열댓 살 먹은 아이들도 손이 보이지 않을 정도로 정확하고 빠르게 하는데, 그는 아무리 해도 서툰 실력이 늘지 않았다. 엉뚱한 곳에 또또를 쳐 옷에 구멍을 내기 일쑤였고, 일이 밀려 재단사에게 온갖 구박을 받는 일이 많았다. 참으로 난감하고 당황스러운 상황이 아닐 수 없었다.

그는 당시 창신동에서 은행에 다니는 바로 위의 영수 형과 자취하고 있었다. 형이 보기에 동생 문수의 모습은 늘 변화무쌍했다. 모범생인 줄만 알았던 동생이 학교에서 제적당하고 한동안 방황하는 것 같더니, 어느 날부터는 아침 일찍 나가서 밤늦게 들어오기 시작했다. 그리고 언제나 파김치가 돼서 돌아오는 동생의 온몸은 늘 실밥투성이었다. '도대체 무슨 일이지?' 궁금했지만 한 번도 동생에게 무얼 하고 다니는지 묻지 않았다. 물어도 구체적으로 답변을 해주는 법이 없었기 때문이다.

학교 다닐 때도 그랬다. 방학이면 한동안 사라졌다가 돌아온 동생이 수돗가에서 광부복 같은 걸 빨고 있었다. 얼마나 시커먼 물이 많이 나왔는지 동생은 그 옷을 빨고 또 빨았었다. 하지만 그때도 묻지 않았었다. 그냥 동생을 믿었기 때문이다.

문수 역시 그렇게 늘 자신을 믿고 지켜봐 주는 형이 고맙고 미안했다. 학생운동을 하기에 비밀에 부쳐야 하는 일이 많아 문수는 가족에게조차 아무런 말을 해줄 수 없었다. 그리고 이제 학생도 아니고 사회인이 된 처지라 마냥 형에게 얹혀살 수 없는 일이었다.

온갖 구박을 받으며 또또사로 일을 한 지 한 달이 됐을까. 사장이 그를 불렀다.

"어이 김 씨, 이리 좀 와봐."

그곳에선 이름도 없이 김 씨, 이 씨 이런 식으로 부르는 게 관행이었다. 그가 '김 씨'라고 쓰인 노란 봉투 하나를 내밀었다. 그 안에는 만 원이 들어있었다.

"아무래도 김 씨는 안 되겠어. 집에 가든지 다른 데를 알아보든지 해. 여기서는 더 이상 같이 일 못 하겠어."

미안해하는 듯하면서도 완강한 어조였다. 문수 역시 이 일이 맞지 않아서 다른 데를 알아보는 게 낫지 않을까 생각하고 있었지만 막상 나가라고 하니 말문이 막혔다. 하지만 "알겠습니다" 하며 뒤돌아설 수밖에 없었다. 허망했다. 하루 종일 죽어라 일을 했는데 월급이 단돈 만 원이라니. 이 돈으로는 생활비는커녕 굶어 죽기 십상이었다. 하지만 고사리 같은 손을 움직여 기술자가 되겠다며 열심히 일하고 있는 어린 공원들의 모습이 눈에 밟혔다. '그 아이들은 이 돈도 쪼개서 고향집에 보내고 있는데….'

그는 다른 곳에 일자리를 알아봤지만 사정은 마찬가지였다. 손이 굼뜨고 어설픈 그를 반기는 곳은 없었다. 몇 번의 일자리를 전전하다 이번엔 재단 보조로 취직을 했다. 그랬더니 이번엔 죽어라 다림질만 시켰다. 그 일을 '시아게'라고 하는데 한 3일 정도 일하니 이번엔 재단사의 불만이 터져 나왔다. '넌 도저히 이쪽엔 소질이 없는 것 같으니 다른 일을 알아 보라'고 권했다. 한숨이 절로 나왔다. 그는 한동안 고민 끝에 자동차 정비 기술을 배우기 시작했다. 그러던 어느 날 뜻밖의 소식이 전해졌다.

복학 그리고 수배 생활

1973년, 동기들이 4학년이 되었을 무렵 뜻밖에도 복교 조치가 내려졌다. 한창 자동차 정비 기술을 배우고 있는데 고향집에서 연락이 온 것이다. 집에서는 또 한 번 난리가 났다. 행여 아들이 마음 상할까 내색을 한 적은 없었지만 복교가 된다는 소식에 어머니는 어렵게 등록금을 마련해 한걸음에 달려왔다.

"문수야, 네가 무얼 하든 엄마는 너를 믿는다. 하지만 대학만은 꼭 졸업해라."

좀처럼 아들에게 이래라 저래라 하는 법이 없는 어머니였지만 그때만큼은 더없이 강경했다. 문수가 대학만은 졸업하는 게 어머니의 유일한 바람이었던 것이다. 그런 집안의 기대를 알고 있던 문수는 심경이 복잡했다. 처음 제적을 당했을 때만 해도 대학에 대한 미련이 많이 남아있었지만, 노동자로 살기로 마음먹은 후 미련을 버렸기 때문이다. 반드시 복학할 필요는 없다고 생각했다. 게다가 자동차 기술을 배우며 어느 정도 재미도 붙여가고 있었고, 이론 시험도 합격한 상태였다. 그는 다시 고민에 빠졌다.

함께 제적당했던 친구들은 모두 복학을 선택했다. 그의 친구들도 무조건 복학을 하라고 조언했다.

"문수야, 미련 남기는 짓은 하지 마라. 일단 졸업은 하는 게 좋지 않겠니? 그러면서도 그 길을 갈 수 있는 거 아니야?"

그는 몇 날 며칠을 잠도 못 자고 번민하며 방황했다. 혁명가의 길을 가겠다는 결심을 꺾은 건 아니었지만 마음 깊숙한 곳엔 안락한 삶에 대한 미련이 남아있었다. 가난한 시골 출신의 수재였던 그로선 자신의 성공을 바라는 가족들의 바람도 외면할 수 없었다. 노동자 생활을 계속해야 한다고 자기 암시를 하고 있던 문수는 고민 끝에 결국 복교하기로 마음을 먹었다. 하지만 노동자의 길을 가겠다는 생각엔 여전히 변함이 없었다.

우여곡절 끝에 다시 학교에 돌아왔지만 문수는 다른 학생들처럼 대학 생활을 할 수는 없었다. 노동자 생활을 꿈꾸던 자신의 세상과 대학생들의 삶은 괴리감이 너무나 컸다. 일반 대학생들의 생활이나 문화가 너무나 고급스럽고 세상 물정 모르는 철부지 같아 보였던 것이다. 그가 대학을 다니던 '70년대 대학가는 청바지에 통기타로 대변되는 낭만적인 문화가 서서히 자리를 잡아가고 있었다. 대부분의 학생들은 어렵게 공부해 좋은 대학에 들어온 만큼 좋은 직장을 얻어 보장된 미래를 살겠다는 꿈을 꾸고 있었다. 그런 상황에서 그는 혼자 이방인이 된 느낌이었다. 하지만 누구를 원망할 수도 없었다. 애초에 그런 낭만적인 대학 문화가 유치하다고 생각했고, 그런 삶에 큰 가치를 두지 않았던 건 바로 자기 자신이었기 때문이다. 그리고 자신처럼 이 사회의 모순을 바꾸겠다며 같은 길을 걸어왔던 선배와 동료들이 그의 옆을 지켜주고 있지 않은가.

그는 자연스레 다시 동아리 활동을 시작했다. 후배들에게 문수는 데모하다 제적을 당했던 '꼴통 선배'로 통했다. 그 역시 동아리 후배들을 지도하며 진지한 대화를 나눠보았지만 모두 관념적인 생각으로 운동을 할 뿐, 진정으로 자신과 통하는 사람이 없다는 생각이 들었다. 노동자들의 삶과 현실을 온몸으로 체험했던 그에겐 학교생활도 동아리 생활도 부질없어 보이기는 마찬가지였다. 때문에 복학을 해서도 학교생활에 재미는 붙이지 못하고 있었다. 그러던 중 그는 복학생 선배들의 권유로 민청학련 일에 가담하게 된다.

그가 복학할 당시 국내 정치 상황은 최악으로 치닫고 있었다. 1973년 8월, 일본 동경에서 김대중 납치 사건이 발생했다. 중앙정보부의 공작에 의해 벌어진 이 사건의 여파로 반정부 분위기가 확산되고 있었고, 2학기에 들어서면서 대학생들은 물론 고등학생들까지 들고 일어나 '유신 반대'와 '반정부 반독재' 시위에 나서는 상황이었다.

재야의 분위기도 심상치 않았다. '1973년 12월 장준하, 백기완 등 재야인사 20여 명이 '개헌 청원 100만인 서명 운동'을 선포했다. 이에 박정희 대통령은 1974년 1월, 긴급조치 1, 2호를 발동하고 일체 개헌 논의를 금지했고, 이를 위반한 사람을 심판할 '비상군법회의'까지 설치했다.

당시 문수는 유신 반대를 위한 물밑 작업을 하고 있었다. 바로 그것이 '전국민주 청년학생 총연맹' 일명 '민청학련'을 만드는 것이었다. 전국 연합체가 필요하다는 판단 때문이었다. 그의 역할은 유인태 등과 함께 전국 대학을 돌며 조직을 만드는 것이었다. 하지만 나라 돌아가는 상황이 심상치 않자 안병직 교수는 그에게 이 일에서 손을 뗄 것을 권했다.

"문수야, 요즘 분위기가 심상치 않아. 이쯤에서 손을 떼는 게 좋겠어. 이대로 가다간 보나마나 또 잡혀가서 고생은 고생대로 하고, 노동운동이고 뭐고 끝일 수도 있어. 그런 삶을 반복하다 보면 건달밖에 더 되겠니?"

"하지만 제가 하던 일이 있는데, 마무리는 해야 하지 않겠습니까?"

"어차피 궁극적인 목적은 노동운동을 통해서 혁명을 하는 것 아니냐. 더 큰 걸 생각해야지."

그는 안 교수의 충고를 받아들여 자신이 하던 일을 후배 김병곤에게 물려주고 신변 정리에 들어갔다. 하던 분야에서 손을 떼기가 쉬운 일은 아니었지만 그는 다시 공장에 들어갈 준비에 몰두하고 있었다. 그런데 손을 떼자마자 일이 터졌다.

박정희 정권은 '민청학련'이라는 불법단체가 불순 세력의 조종을 받고 있다며, 긴급조치 4호를 발동해 학생들의 수업 거부와 집단행동을 일절 금지했다. 그리고 민청학련의 배후 세력으로 인혁당 계열과 조총련 계열을 지목했고, 그 과정에서 180명을 구속 기소했다. 박정희 정권은 비상군법회의를 거쳐 인혁당계 23명 중 8명을 사형시켰고, 민청학련 주모자급에겐 무기징역을 선고했다. 나머지 피고인들은 최고 20년형에서 집행유예까지 선고했다.

이때 가담했던 사람들이 이철, 김지하, 윤보선 전 대통령, 김동길 교수, 지학순 주교 등이었는데 웬만한 인사들은 다 구속됐다. 이들은 1975년 몇몇 인혁당 관계자를 제외하곤 형 집행 정지로 풀려났다. 당시 이 사건에 휘말렸던 문수 역시 수배자 신세가 됐다. 경찰에 먼저 잡혀간 후배들이 어쩔 수 없이 선배들의 이름을 대야 했기 때문이다. 그는 창동의 한 단칸방으로 도망가 고시 공부를 하는 학생으로 위장해 숨어 지냈다. 하지만 서슬 퍼런 경찰의 수색은 대단했다. 집집마다 다니며 수배자들을 색출하는 바람에 거의 집 밖으로 나가지 못한 채 지내야 했다. 그렇게 4개월쯤 지났을까? 대대적인 색출 작업은 비로소 잠잠해지기 시작했다.

가슴에 묻은 어머니

긴 수배 생활 동안 그는 가족들과도 연락을 끊고 지낼 수밖에 없었다. 문수는 자신을 걱정하고 있을 가족들을 안심시키기 위해 먼저 형에게 연락했다. 그런데 형에게서 청천벽력 같은 소식을 들었다.

"넌 괜찮다니 다행인데, 사실 어머니가 좀 많이 아프셔."

"무슨 소리야? 어디가 어떻게 아프신데?"

"위암 말기래. 오래 못 사실 것 같다. 어머니는 네 걱정만 하시는데. 한번 내려가 봐."

"……."

늘 그 자리에 계실 줄 알았던 어머니가 위암이라니. 그는 하늘이 무너져 내리는 기분이었다. 잘난 자식 됐다고 남들한테 부러움을 받았지만, 정작 그 아들에게 효도 한번 받아보지 못한 불쌍한 어머니였다. 그는 서둘러 고향집으로 향했다. 수배 중이었지만 그런 건 이제 아무래도 좋았다.

어머니는 앙상하게 마른 모습으로 누워 있었다. 없는 살림에 대가족을 챙기느라 손에 물이 마를 날이 없었던 어머니는 자식 앞에서도 누운 모습을 보인 적이 없었다. 그는 왈칵 눈물이 쏟아졌다.

"난 괜찮다. 네가 고생이 많았겠구나."

어머니는 그의 건강한 모습을 확인하고서야 안도의 숨을 내쉬었다. 어머니는 병색이 완연한 모습이었다. '어쩌다가 병을 이렇게 키우도록 병원 한번 안 가셨을까?' 늘 당신 것은 뒷전이고 남편과 자식, 문중 일이 먼저였던 어머니였다. 자식이 일곱이나 있으면 무엇 하나? 늘 고생하시는 어머니가 안쓰러웠지만 어머니에게 살가운 말 한마디 해드린 적이 없었다.

그는 처음으로 자신을 자책했다. '내 자신이 이렇게 나약하고 아무짝에도 쓸모없는 존재였던가?' 정작 어머니를 위해 할 수 있는 일은 아무것도 없었다.

그는 이것저것 자료를 뒤지고 정보를 얻어 위암에 좋다는 약초를 캐러 다녔다. 굼벵이가 암에 특효라고 하기에 낡은 초가지붕에 사는 굼벵이를 잡아다 볶아드리기도 했다. 할 수 있는 일은 다 해보리라 마음을 먹었지만 어머니 병세는 점점 나빠지기만 했다. 어머니는 '더 이상 고생하지 말라'며 그의 손을 잡아주었다.

이듬해 정월달 어머니는 결국 세상을 떠났다. 뼈만 앙상하게 남은 어머니는 마지막으로 '문수야 안아줘' 하셨다. 새털처럼 가벼웠던 어머니는 그의 품에 잠시 안겼다가 마침내 아버지의 품에서 돌아가셨다. 열여섯 살에 김씨 문중에 시집와 죽도록 고생만 하던 어머니는 그렇게 자식들 효도 한번 제대로 받아보지 못한 채 세상을 떠났다.

어머니 장례를 치르면서 그는 심경이 복잡했다. '다른 사람들처럼 집안을 일으켜 모두 행복해질 수 있는 길을 찾았더라면', '어려

어머니와 아버지

운 사람들을 위해 산다면서 정작 가장 사랑하는 가족은 지켜주지 못했구나' 하는 자책감이 몰려왔다. '내가 과연 잘하고 있는 것인가' 잠시 혼란스러웠다. 하지만 자신이 옳다고 생각하는 길을 포기할 수는 없었다. 힘들었지만 결코 자신이 선택한 길을 후회한 적은 없었다. 그는 장례를 마친 뒤에도 어머니 묘소 앞에서 오랫동안 눈물을 흘릴 수밖에 없었다.

그의 품에는 얼마 전 어머니에게서 받은 편지 한 장이 소중히 간직돼 있었다.

무심한 이 어미는 그날 무사히 도착해 대구 와서 있다 보니 너희들이 어떻게 지내는지 걱정이 끝이 없구나. 못난 어미는 생활비 부칠 능력이 못되고 보니 너희들에게 부끄럽기만 하구나.

문수야, 이제 학교에 다니겠지. 모쪼록 열심히 다니기 거듭 부탁한다. 내가 오는 날 서에 문의하였는데 니가 학교에 가나 안 가나 하고 물어보니 등록하여서 6일부터 학교에 잘 다닌다고 답하였단다. 그럼 너희 형제 별고 없이 잘 지낼 줄 믿는다. 그럼 너희들 몸 건강하고 사이좋게 지내는 게 어미의 소원이고 축원이다.

4월 10일 고내꼴서 어미가

어머니가 문수에게 보낸 편지

너무나 가난한 살림이었기에 자식들 뒷바라지를 제대로 해주지 못하는 것을 오히려 미안해하던 어머니였다. 행여 아들이 학교에 다니고 있지 않을까, 노심초사하는 마음을 서툰 글씨로 써서 보낸 편지가 어머니의 유언이 돼버렸다. 그는 색이 누렇게 바랜 어머니의 편지를 아직도 소중히 간직하고 있다.

보일러공이 되다

민청학련 사건 이후 문수는 또다시 학교에서 제적된 상태였다. 다시 진로에 대해 고민해 봤지만 학교로 돌아갈 일은 없을 것 같았다. 결국 그는 공장으로 돌아가는 것이 맞다고 생각했다. 노동자의 길을 가겠다는 생각엔 변함이 없었기 때문이다. 그는 주변 사람들과 상의 끝에 보일러 기술을 배우기로 했다. 복학 전에 열심히 배웠던 자동차 기술은 실기시험에서 떨어져 결국 자격증을 따지 못했다. 공장 생활을 하기 위해 시도했던 것들이 실패를 거듭하면서 그는 다소 의기소침해져 있었다. 하지만 보일러 기술은 학원을 좀 다녔을 뿐인데 쉽게 자격증을 딸 수 있었다.

1975년 봄. 그는 정식으로 취직을 했다. 첫 직장은 종로6가에 있던 실내 수영장이었다. 자동차 정비나 재단사 일은 그렇게 애먹였는데, 보일러 일은 적성에 맞았나 보다. 당당히 보일러공으로 10개월간 수영장에서 일했다. 점점 일에 자신감이 생기자 그는 벽제에 있는 판자공장과 작은 공장 몇 군데를 다니며 일을 익혔다. 그리고 다음 해 2월, 개봉동에 있는 한일공업주식회사라는 비교적 큰 회사에 입사했다. 도루코 면도날로 유명한 회사였는데, AAA 상표를 단 지퍼도 생산하고 있었다. 처음으로 그럴싸한 직장에 들어간 셈이다. 그는 보일러 조수로 월급 5만 원을 받았는데, 기존의 직장에서 받은 월급의 두 배가 넘는 좋은 조건이었다.

보일러실 근무자는 그를 포함해 4명이었다. 기관장은 낮에만 근무하고 나머지 3명이 3교대 근무를 했다. 그가 근무하는 보일러실은 온수도 나오고 따뜻해서 공원들 중에도 반장급 정도가 머리도 감고 쉬기도 하는 아지트 같은 곳이었다.

하지만 그가 입사하기 전 보일러실에서 사고가 있었다. 그때까지 보일러 일은 격일제 2교대이다 보니 철야 근무를 해야 했다. 그런데 철야 근무를 해야 할 보일러공이 낮에 잠을 자지 않고 화투를 치며 놀다가 정작 밤 근무 때 졸아서 그만 사고를 낸 것이다. 보일러가 터져 보일러공은 그 자리에서 목숨을 잃고 보일러실은 엉망이 돼버렸다. 문수가 그 자리에 후임으로 들어간 거라 더 긴장하며 일을 해야 했다. 매사에 원리 원칙을 중요시하는 데다 성실한 편이었던 그는 직장 생활에 잘 적응해갔다.

일에 대해 점점 자신감이 생겨날 무렵이었다. 당시에 제조업체들의 환경오염 문제가 심각하게 제기되면서 관계 당국은 회사 내에 공해 관리사를 두도록 법으로 규정했다. 처음 실시하는 생소한 시험이니만큼 어렵고 까다로운 시험이었다. 그가 다녔던 회사에서도 직원들에게 '공해 관리사 자격증을 따라'고 권유했고, 많은 직원들이 시험에 응시했고, 문수 역시 시험에 응시했다. 어차피 이 길을 가려고 마음먹었던 데다 공부라면 자신이 있었기 때문이다.

그런데 시험 결과는 놀라웠다. 한일공업에서 유일하게 시험에 합격한 사람은 김문수뿐이었다. 공과 대학을 졸업한 사람들도 줄줄이 떨어졌던 시험이라 회사 사람들에겐 놀랍고도 의아한 일이었다.

"야, 자네 대단한데? 어떻게 좋은 대학 나온 똑똑한 사람들도 다 떨어졌는데 자네가 붙었지?"

사실 회사 사람들에게 문수는 말이 없고 성실한, 그리고 시골에서 고등학교만 졸업하고 올라온 평범한 보일러공에 지나지 않았다. 다만 몇몇 사람은 그가 경북고등학교를 졸업했다는 사실을 알고 있었기에 머리는 좋은 청년 정도로 인식하고 있었다. 그때까지도 그가 서울대학교 학생이었고, 데모하다가 제적당한 수재라는 사실을 알고 있는 사람은 없었다.

공해 관리사 시험에 합격한 덕에 그에 대한 인식이 달라지기 시작했다. 이내 발령도 났다. 일개 보일러공 보조에서 공무과로 영전된 것이다. 그리고 보일러 집진기와 폐수처리장 등의 공해방지 공사는 모두 그에게 맡겨졌다. 이례적인 일이었다. 한번 해볼만 하다고 생각한 그는 팔을 걷어붙이고 처음으로 맡겨진 새로운 일에 무섭게 몰두했다.

순박한 시골 청년으로만 여겨졌던 그에 대한 주변의 시선이 달라지면서 공원들 사이에선 일종의 기대감 같은 게 생기기 시작했다. '한번 공원이면 영원한 공원'인 줄 알았는데, 문수의 모습을 보면서 대리만족을 하거나 '공원 중에도 저런 사람이 나올 수 있다'는 사실에 내심 박수를 보내고 있었다.

하지만 개인적으로는 불행한 일들이 이어졌다. 어머님이 돌아가신 뒤 불과 2년 만인 1977년, 그는 아버지와 큰형을 동시에 잃어야 했다. 고향집에 불이 나는 바람에 생긴 불행이었다. 갑작스러운 비보에 그는 할 말을 잃었다. 그의 아버지는 평생 개인의 안일함이나 영화를 좇기보다 문중 일과 유교적인 전통을 지키며 청렴하게 살아온 선비 같은 사람이었다. 집안일을 등한시한다는 이유로 어머니와 가족들로부터는 원망을 듣기도 했지만, 그는 아버지를 한 번도 원망해본 적이 없었다. 어쩌면 사적인 일보다는 공적인 일을 중시했던 아버지의 모습을 자신이 점점 닮아 가고 있다고 생각했다.

그는 그렇게 아버지와 큰형을 떠나보내야 했다.

월급 안 주면 총파업이다

회사 생활에 자리를 잡아갈 무렵이었다. 노조 핵심 인물들이 김문수를 찾아왔다. 그들은 깨진 노조를 다시 일으켜 세우려 한다며 그에게도 참여하기를 권했다. 보일러공 출신으로 공무과에서 중대한 책임을 맡고 있던 김문수를 눈여겨보고 있었던 것이다.

당시 한일공업은 직원 1천5백 명 이상을 둔 큰 회사였다. 하지만 2년 전 결성된 노조는 회사의 탄압과 압박이 심해 사실상 유명무실한 존재였다. 노조 핵심 인물들은 거의 해직 상태였고, 말만 노조가 있을 뿐 사실상 아무런 역할을 하지 못하고 있었다. 그런 노조가 1978년, 다시 살아나려고 했던 것이다.

"사실 이 큰 회사에서 노조가 유명무실하다는 게 늘 마음에 걸렸습니다. 당연히 해야지요. 하지만 제대로 해보고 싶은데 제게도 일을 맡겨주셨으면 합니다."

조심스럽게 찾아와 말을 건넸던 그들이 문수의 반응을 보고 오히려 놀랐다. 사실 노조의 활동이 절실한 시점이었지만 회사 측에서 노조를 절대 허용하지 않는 분위기라 선뜻 나서는 사람이 없었기 때문이다. 노조에서는 20대 청년 김문수에게 교육 선전부장을 맡겼다.

예상대로 노조가 다시 활동하자 회사 측에선 발 빠르게 대응했다. 우선 일감을 외주에 하청주는 형식으로 돌려버렸다. 한마디로 일감을 줄여 직원들을 해고하려는 계산이었다. 이 과정에서 실제로 많은 조합원들이 일방적으로 해고됐다. 노조에선 회사 측에 항의도 해보고 법률적으로도 따져봤지만 회사 측 입장은 강경했다.

노동자들은 갈등할 수밖에 없었다. 잘못 하다간 일자리를 잃고 거리로 쫓겨날 판이라 노조에 가담하기를 부담스러워했다. 회사 측은 이런 심리를 이용해 '지금이라도 노조를 그만두면 불문에 붙이겠다'며 협박과 회유를 하기 시작했다. 이런 상황이 한두 달 지속되자 노조는 서서히 와해되려는 조짐을 보였다. 노조 전임자도 없는 데다 지도부는 방향성을 잃고 사측에 휘둘리는 지경이 됐다. 그는 '더 이상은 안 되겠다'는 위기의식을 느꼈다. 어쩔 수 없이 자신이 전면에 나설 수밖에 없다는 판단을 한 것이다.

당시 노사 간의 가장 큰 갈등은 월급 문제였다. 요즘처럼 월급 인상안을 갖고 줄다리기 협상을 하는 차원이 아니라 직원들이 아예 월급을 제때 받지 못했다. 제날짜에 월급을 받은 게 1년에 한두 번이나 될까? 회사 측에선 '돈이 있으면 주고 없으면 늦춘다'는 식이었다. 직원들이 그만두더라도 '언제든지 다시 뽑으면 된다'는 식으로 나왔는데, 사람 구하기가 쉬울 때라 당시 전반적인 사회 분위기가 그랬다. 때문에 직원들은 월급을 못 받아 불만스러워도 울며 겨자 먹기로 회사에 붙어있을 수밖에 없었다.

하지만 당시 노조에선 이 문제를 해결하지 못하고 있었다. 회사 측 눈치를 보며 늘 타협을 하곤 했는데 좀처럼 상황이 개선되지 않고 있었다. 게다가 회사 측에서 더 강하게 나오자 아예 노조가 와해될 상황까지 몰리고 있었다. 김문수는 이런 상황을 그냥 보고만 있을 수 없었다.

"위원장님 어깨에 1천5백 명의 생계가 달려 있습니다. 이렇게 우유부단하게 나갔다가는 회사 측에 계속 끌려다닐 수밖에 없어요. 좀 더 단호하게 밀고 나가야 합니다."

하지만 당시 노조위원장의 태도는 애매했다. 그는 보다 못해 노조위원장에게 '자신 없으면 그만두라'며 항의했다. 김문수는 기존의 다른 노조 간부들과는 달랐다. 한마디로 좀 더 행동파였다.

결국 노조위원장은 스스로 자리에서 물러났고, 김문수가 노조위원장 직무대리를 맡게 됐다. 공원들 사이에서는 '노조 운영을 맡아 뭔가 보여줄 사람은 김문수밖에 없지 않느냐'는 분위기가 돌고 있었다. 그는 위원장 직무대리를 맡자 반드시 월급 문제부터 해결해야 한다고 마음먹었다. '월급을 왜 제때 주지 않느냐'고 회사 측과 얘기도 해보고 노동부에 진정도 해봤다. 월급은 반드시 주도록 법에도 명시돼 있었지만 회사 측엔 통하지 않았다. 그는 결국 정면 돌파를 할 수밖에 없다고 생각했다.

김문수는 회사 측에 '월급을 안 주면 우리도 일손을 놓겠다'며 한마디로 집단 총파업을 하겠다고 선언했다. 당시에 이런 일은 꿈에도 생각하기 힘든 일이었다. 사회 분위기가 그랬다. 하지만 그의 정면 승부수는 어느 정도 위력을 발휘했다. 처음엔 협박과 회유를 하려던 회사 측은 노조 측이 유례없이 강경하게 나오자 당황하기 시작했다. 이미 직원들도 노조와 하나가 되어 여차하면 파업을 할 분위기라 회사 측도 손을 들 수밖에 없었다.

이렇게 해서 그가 노조위원장 역할을 맡고부터는 월급이 밀린 적이 없었다. 월급이 제때 꼬박꼬박 나오니 회사 안팎으로 그의 인기와 신뢰는 급격히 올라갔다. 회사 주변 상가나 식당 주인들까지도 좋아했다. 사실 월급이 제때 안 나오면 직원들은 외상을 갚을 수 없었고, 그렇기에 한일공업사의 월급이 언제 나오나 하는 건 주변 상인들에게도 초미의 관심사였다. 그런데 그가 노조위원장을 맡고부터는 월급이 꼬박꼬박 나오니 그의 인기는 자연히 올라갈 수밖에 없었다.

그는 노조 사무실 분위기도 바꿨다. 그 전까지는 현장 공원들이 노조 사무실에 잘 오려고 하지 않았다. 육중한 가죽 소파가 놓여 있는 노조 사무실 자체가 현장 공원들에게 권위적이었던 데다 실제로 그들이 찾아와도 행여 소파에 기름이라도 묻을까 조심하느라 편하게 앉아서 이야기를 나누지 못했다. 그는 우선 소파부터 치우고 공원들에게도 문을 활짝 열었다. 언제라도 찾아와서 고민을 얘기할 수 있는 보다 친근한 노조로 탈바꿈시켰다.

노조 활동이 본격적으로 시작되자 노조의 발언권이 세지면서 직원들이 당했던 불이익을 하나, 둘 고쳐 나갔다. 회사의 오랜 관리체계나 관행이 무너지면서 현장 곳곳에서 현장 관리자와 작업자 사이의 충돌과 갈등이 생겨났다. 당연히 회사 측에선 김문수가 눈엣가시였다. 노조에 대한 탄압도 노골적으로 심해졌고, 그 사이 해고자가 100명에 이를 정도였다.

회사 측과의 한판 승부

김문수는 회사 측에게 유례없는 강적이었다. 어떻게 해서든 그를 노조 일에서 손을 떼게 만드는 게 사측으론 시급한 문제였다. 사측의 교묘한 공작은 '1979년 노조 총회 즈음 드러났다. 노조 총회를 앞둔 어느 날, 그의 편에 섰던 대의원 가운데 한 명이 그에게 귀띔해 준 것이다.

"회사 측에서 대의원들을 일일이 찾아다니며 포섭하고 있어요. 나한테도 제의가 왔는데 벌써 절반이 넘는 숫자가 사측으로 넘어간 거 같아요."

꿈에도 생각지 못한 일이었다. 자신과 하나가 되어 일을 해왔고, 또 앞으로도 그럴 것이라 믿었던 대의원들의 배신은 충격일 수밖에 없었다. 하지만 충격과 허탈감에 빠져 있을 수만은 없었다. 어떻게든 상황을 반전시켜야만 했다.

총회는 대의원 회의를 열어 대의원들의 찬반 투표로 노조위원장을 뽑는 형식으로 진행될 예정이었다. 하지만 간부들은 물론 절반이 넘는 대의원들이 회사 측에 넘어가 김문수를 뽑지 않겠다고 서명한 것이었다. 자칫하다간 노조원들의 절대적인 지지를 받으면서도 그는 회사 측의 농간과 대의원들의 배신으로 손 한번 제대로 못 써보고 어이없이 물러나게 될 판이었다.

'도대체 어떻게 해야 하나?'

절박한 상황이었지만 시간이 없었다. 뭔가 특단의 조치가 필요했다. 그는 며칠간 밤을 새며 고민한 끝에 결단을 내렸다. 이번 총회는 대의원만 참석하는 게 아니라 전체 조합원이 참석해 투표하는 것으로 바꿔버린 것이다. 원래 노동조합법에도 조합원 총회가 원칙이고 대의원 대회로 갈음할 수도 있게 규정되어 있었다. 노조가 살 길은 그것뿐이었다.

대회 전날 그는 '총회 공고'를 냈다. 그의 갑작스러운 결정에 노조 간부들은 물론 대의원들은 '말도 안 된다'며 소동을 부렸다. 하지만 그는 노동조합법을 내세웠고 노조원들의 전폭적인 지지를 받으며 계획대로 밀고 나갔다. 노조원들의 수는 800명이었다. 그의 결정대로 총회는 진행됐다. 노조원들 가운데 회사 측에 넘어간 100명 정도가 투표를 거부하고 퇴근했고, 700명이 투표에 참석했다. 투표 결과는 놀라웠다. 그가 위원장을 맡는 것에 대해 단 2명만이 반대를 했고 나머지는 모두 찬성표를 던진 것이다. 그는 98.6%의 절대적인 지지를 받으며 위원장에 선출되었다. 총회장은 축제 분위기였다.

그의 나이 스물아홉이었다. 대학교 2학년 때 현장에서 싹이 튼 그의 신념, 노동자와 함께하는 길을 걷겠다는 그의 바람은 이제 현실이 되고 있었다. 그가 이끄는 노조는 철저하게 노동자 중심의 조합으로 탈바꿈해갔다.

"저는 만인을 위해 살려고 하는 사람인데 여자 하나 못 먹여 살리겠습니까?"
그의 배짱과 뚝심 그리고 솔직한 성격이 마음에 드셨는지 그녀의 아버지는 더 이상 아무 말이 없으셨다.

5장
사랑과 결혼

10. 26과 첫 번째 투옥

1980년 2월, 그는 여느 때와 다름없이 노조 사무실로 출근해 청소를 하고 있었다. 그런데 낯선 사람 두 명이 찾아왔다.

"당신이 김문수라는 사람입니까?"

"그렇습니다만, 무슨 일이십니까?"

"잠깐만 같이 가시면 좋겠는데요."

김문수는 직감적으로 그 낯선 사람들이 사복형사라는 걸 알 수 있었다. 그들이 주저하는 그를 데리고 간 곳은 남영동의 치안본부 대공분실이었다. 당시는 국가적으로도 큰 변혁의 소용돌이에 휘말려 있었다. 10. 26 사건으로 박정희 대통령이 시해되고 전두환이 이끄는 신군부가 전면에 등장하고 있었다. 사실상 정권을 잡은 신군부는 반정부 단체에 대해 대대적인 조사를 벌였는데, 그 과정에서 김문수가 관여했던 지하 서클도 일망타진된 것이다.

그가 조사 대상에 오른 이유는 '남민전 사건' 때문이었다. 남민전을 조사하는 중에 그가 관여했던 동아리가 얽힌 것이다. 하지만 그가 관여했던 동아리는 남민전과는 운동 방식이 달랐다. 그가 관여했던 동아리는 가두 투쟁 같은 방식보다는 국민들 스스로 판단할 수 있도록 그들을 교육하고 의식화시켜서 스스로 움직이게 하고 있었다. 그래서 그들은 노동자를 선동해 데모 대열에 세우는 게 아니라 노동자들 속으로 들어가 그들과 함께 세상을 바꿔 나가려고 했다. 그렇게 해서 혁명을 완수할 수 있다고 믿었다.

남영동 치안본부에는 이미 서울대 출신 임무현 선배를 비롯해 70여 명이 끌려와 조사받고 있었다. 취조 내용은 간단했다. '당신은 사회주의냐, 아니냐'는 것이었다. 한마디로 사회주의자들을 색출하는 작업이었다. 사실 그는 공장에 취직해 노조 활동을 시작한 이후 정치에는 무관심했다. 오로지 노조를 잘 이끌고 좋은 회사 만드는 일에만 몰두해 있었다.

무지막지하게 고문이 이어졌다. 말이 통하지 않았다. 선배들을 조사하는 과정에서 그가 동아리에 관여했다는 사실이 드러난 데다 그 동아리 역시 사회주의 성격이 있었기 때문이다. 태어나서 그 정도로 많이 맞아 본 적은 처음이었다. 얼마나 맞았는지 42일 뒤 풀려날 때까지도 엉덩이에 시퍼렇게 멍이 남아있을 정도였다.

조사실의 구조는 독특했다. 조사하면서 고문이 일상화된 듯했다. 창밖으로 뛰어내리지 못하도록 창틀을 사람 머리가 드나들기 불가능하도록 좁게 해놓았다. 1987년 박종철 군이 고문당하다가 숨진 곳이 바로 이 방들 중 하나였다.

그는 영장도 만료 기간도 없는 상태로 잡혀가 남영동에서 일주일 이상 조사받았다. 말이 조사지 잠도 안 재우고 이유 없이 구타해 견디기 힘든 시간을 보내야 했다. 그렇게 고문 수사를 당한 지 일주일이 지났을까? 그는 노량진 경찰서 유치장으로 보내졌고, 그곳에서 다시 일제 때 독립운동가들이 고문당하고 수감되었던 서대문 구치소로 보내졌다. 대학생 때도 이리저리 끌려다니며 조사받아봤지만 감옥 생활은 처음이었다. 그의 죄목은 반공법 위반. 그가 갖고 있던 책 한 권이 당시엔 금서였는데 그걸 꼬투리 삼아 구속한 것이었다.

그의 나이 서른 살. 처음 경험해 본 감옥 생활은 참으로 비참했다. 3월의 감옥 안은 서늘한 냉기가 돌아 가만히 있어도 이가 딱딱 부딪칠 정도였다. 바닥엔 가마니 같은 것을 깔아놨는데 그 위로 구더기를 비롯해 온갖 벌레들이 기어다녔다. '시체를 버리더라도 여기보다는 낫겠다'는 생각이 들 정도로 처참했다. 그곳은 지옥 같았다.

가난과 고생엔 이골이 난 그였지만, 감옥 안은 견디기 힘들었다. 당시에는 반공법을 위반한 사람들이나 한번 빨갱이로 찍힌 사람은 정치범이니 사상범이니 해서 죄가 없어도 웬만해선 석방되는 경우가 드물었다. 사회 분위기가 그랬다. 독방에 갇혀 세상과 단절된 생활이 이어졌다. 이제 겨우 자신의 길을 찾았다고 생각한 그는 크게 낙심할 수밖에 없었다.

당시 함께 잡혀간 사람들 가운데는 김정강 선배와 임무현 선배도 있었다. 김문수도 그 밑의 최하부 조직으로 모두 14명이 구속됐다.

하지만 검찰 조사 과정에서 의외의 일이 벌어졌다. 담당 검사가 조준웅이었는데, 경찰 조사와는 달리 심문 조사만 한 뒤 조사를 끝냈다. 14명 가운데 2명만 제외하고 모두 불기소 처분을 내려 전원 석방한 것이다. 당시로선 이례적인 일이었다.

구치소에서 석방된 그는 마치 호랑이 굴에서 살아나온 기분이었다. 그는 두 달 동안의 감옥 생활을 마치고 다시 노동 현장으로 돌아왔다.

서울대 출신 노조위원장

김문수가 구치소에 간 사이 회사에는 경찰이 찾아와 그가 구속된 이유를 설명하고 돌아갔다. 하지만 회사에는 온갖 소문이 나돌았다. '알고 보니 김문수는 빨갱이였더라. 대학까지 다녔던 사람인데 간첩 활동을 하다 잡혀갔다'는 내용이었는데, 회사 측에서 악의적으로 소문을 퍼뜨린 것이었다. 처음엔 충격을 받았던 사람들이 막상 그가 무죄 판정을 받고 풀려나자 상황은 오히려 역전됐다.

그때까지만 해도 그가 대학에 다녔다는 사실을 아는 사람은 아무도 없었다. 그저 명문인 경북고등학교를 나온 머리 좋고, 순박한 시골 청년 정도로 생각하고 있었다. 그런 그가 서울대학교까지 다녔던 데다 잘난 체하지도 않고 대학 다닌 티도 안 냈다는 사실이 오히려 사람들에게 좋게 인식됐다. '참 겸손하고 착실한 사람이었네. 믿을 만하네. 우리한테도 저런 사람이 필요해'라며 김문수를 보는 시각이 달라지면서 그에 대한 신뢰도는 한층 올라갔고, 노조와 현장 노동자들에게 더욱 필요한 사람으로 여겨졌다.

김문수가 구치소에서 풀려날 즈음 회사 상황은 말이 아니었다. 1월부터 시작된 임금 협상 건은 3월이 되도록 제자리를 맴돌고 있었고, 회사 측에선 그가 없는 사이 노조 간부들을 50명이나 해고했다. 노조는 그야말로 손과 발이 묶인 상태였고, 회사 측의 횡포도 심해지고 있었다. 해고자들은 김수환 추기경을 찾아가는 등 부당함을 요구하며 복직을 위해 백방으로 노력하고 있었다.

그가 풀려나 처음 출근하는 날 회사 앞에는 경찰이 나와 있었고, 회사 경비들이 김문수의 출근을 저지했다. 때문에 정문 앞에서 출근하려는 그와 아직 복직이 안 됐다며 막아서는 회사 측 사이에서 한바탕 실랑이가 벌어졌다. 그때 출근하던 직원들 수백 명이 그를 감싸고 회사 안으로 밀고 들어와 회사 앞마당에서 연좌 농성을 벌였다.

이날 연좌 농성을 시작으로 노조원들은 자연스레 '해고자 전원 복직'에 '임금 인상 30%'를 요구하며 전면 파업에 들어갔다. 김문수에 대한 조합원들의 지지도는 절대적이었다. 그에 대한 신뢰도가 높아진 만큼 그의 지도력도 빛을 발했다.

회사 측은 처음엔 '곧 현업에 복귀하겠지' 하며 반신반의했다. 하지만 파업이 일주일 동안이나 계속되며 노조원들이 좀처럼 철회할 기미를 보이지 않자 결국 손을 들어버렸다. 회사 측은 노조 측이 원하는 모든 조건을 들어줄 수밖에 없었다. 노조의 완벽한 승리였다.

김문수에 대한 소문이 주변 지역에 퍼지면서 금속노조 본부에서 손을 내밀었다. 당시 한일공업 노조는 금속노조 남서울 지부 산하에 있는 40여 개 분회 중 하나였다. 한일공업에서 유례없는 강성 활동을 보이자 김문수에 대한 소문은 남서울 지부에도 알려졌다.

"김문수라는 청년이 있는데 보통 사람이 아니다. 징역까지 갔다 온 데다 너무 똑똑하고 다루기 힘들어 회사 측도 쩔쩔매더라." 그에 대한 사람들의 이미지는 이랬다. 한국노총 금속노조 본부와 지역지부의 부패를 뿌리 뽑을 수 있는 사람으로 김문수가 적격이라는 인식이 확산됐던 것이다. 그 역시 마다할 이유가 없었다. 그는 이제 한일공업 노조라는 테두리를 벗어나 지역지부 산하의 노조 활동을 지원하는 일에 거의 밤낮없이 매달렸다.

그 즈음 사회적으로는 민주화의 열기가 한창이었다. 10.26 이후 여기저기서 민주화에 대한 목소리가 터져 나왔다. 노동운동에 몸을 담고 있는 사람들에겐 '이런 민주화의 열기를 어떻게 최대한 활용해서 노동운동에 반영하느냐'가 최대의 관심사요, 과제였다. 김문수는 일신제강, 부산파이프, 대원전기, YKK 등을 돌며 파업을 지원하고 노조 결성을 도왔다. 특히 남서울 지역 지부의 비리나 어용성을 규탄하고 금속노조의 민주화를 추진하는 데 온 힘을 기울였다.

80년 서울 민주화의 봄

'1980년 5월 17일. 김문수는 영등포역 앞에 있던 금속노조 남서울 지부 사무실에서 간부들과 철야 농성을 하고 있었다. 벌써 보름째였다. 그는 5월 초부터 전국 금속노조 본부 대회에서 어용 지도부 퇴진을 요구하며 농성을 한 데 이어 여의도 한국노총 대강당에서 열린 노동 기본권 쟁취를 위한 전국 대회를 주도하고 있었다.

그는 농성장에서 5월 17일 자정을 기해 비상계엄령을 전국으로 확대한다는 소식을 들었다. 12.12 군사 쿠데타로 정권을 잡은 전두환은 당시 문익환 목사를 비롯해 윤보선, 김대중 전 대통령과 그의 지지 세력까지 체포한 뒤였다. 하지만 노동 현장에서 노동자 처우 개선에 열성적이었던 그는 그때까지만 해도 그 상황을 대수롭지 않게 생각했다. 그게 의미하는 바가 무엇인지도 몰랐다.

다음 날인 5월 18일. 그는 동료들과 영등포 경찰서에 집회 신고서를 내러 갔다. 그런데 분위기가 심상치 않았다. 경찰서 정문엔 완전무장을 한 군인이 집총을 한 채 서 있었고, 경찰서 안에 있는 형사들도 평상시와는 달리 넋이 나간 사람들처럼 보였다.

"집회 신고하러 왔는데요."

그가 대뜸 담당 형사한테 찾아온 용건을 얘기했다.

"아니 이 사람들이 정신이 있는 거야, 없는 거야! 지금 세상이 어떻게 돌아가고 있는지 알기나 해?"

형사들이 딱하다는 듯 그들을 쳐다봤다.

"지금은 5.16보다 더 심각한 사태가 벌어지고 있어. 그렇게만 알고 돌아가. 그리고 12시 이전까지 해산하지 않으면 어떤 불이익을 당할지 나도 모르니까 알아서들 하라고."

더 이상 얘기를 나누려고도 하지 않았다. 그는 상황이 뭔가 그간의 민주화 분위기와는 다르게 돌아가고 있다고 느꼈다. 그들은 농성장으로 돌아와 비상계엄령 전국 확대 사태가 의외로 심각하다는 결론을 내리고 일단 농성을 중지하고 각자 집으로 돌아갔다. 하지만 그다음 날이 돼도 뭔가 심상치 않은 분위기만 감지될 뿐 어디서 무슨 일이 일어나고 있는지는 알 수가 없었다. 워낙 언론 통제가 심했기 때문이다. 다만 전라도 광주가 고향인 조합원들을 통해 뭔가 심각한 사태가 일어나고 있다는 사실을 미루어 짐작할 뿐이었다. 그래서 그들에겐 집으로 내려가 보라고 했다. 그 이후 광주에 대한 온갖 기이한 소문들이 떠돌기 시작했다. 잔인하고 끔찍한 이야기들이었다. 그는 절망감에 빠질 수밖에 없었다.

'과연 지금 내가 할 수 있는 일이 무엇인가.'

하지만 그런 자괴감을 느낄 겨를도 없이 눈앞의 현실은 급변하고 있었다.

당신도 삼청교육대 정화 대상자야!

신군부는 광주에서 터져 나온 민주화의 열망을 폭력으로 진압했다. 한창 달아오르던 민주화 요구를 짓밟았던 사건이었다. 이후 신군부는 '대중을 선동해 민중 봉기와 정부 전복을 획책했다'고 하면서 김대중 당시 '민주주의와 민족통일을 위한 국민연합' 공동 대표에게 내란음모죄를 적용해 사형을 선고했고, 김영삼 당시 신민당 총재는 가택연금을 시켰다. 학생운동에 대한 탄압도 이어졌다. 7월부터는 노동계에도 손을 대기 시작했다. 정국이 요동치면서 회사 측의 태도가 돌변하기 시작했다. 모든 것이 제자리를 잃어가고 있었다. 그러던 중 8월 20일. 그는 노총으로부터 뜻밖의 통보를 받았다.

"김 위원장, 아무래도 노조 지부장을 그만둬 줘야겠어."

"아니 갑자기 그게 무슨 말씀입니까? 제가 왜요? 무슨 문제라도 있습니까?"

"그게 아니라 자네가 노조 지부장직을 그만두지 않으면 삼청교육대로 끌려가게 될 거야. 정부의 명령이라 어쩔 수가 없네."

그는 뒤통수를 맞은 기분이었다. 당시 전두환 정권은 전과자들이나 폭력배들을 다 잡아들여 '사회정화 운동을 벌인다, 순화 교육을 한다'며 분위기를 잡아가고 있었다. 김문수는 처음엔 그게 무슨 의도인지 몰랐다. 더구나 자신이 그 대상이 되리라고는 꿈에도 생각지 못했다.

당시 노동계에서는 정화 대상자가 183명이었는데, 금속노조 남서울 지부에서는 그를 비롯해 5명이었다. 그 가운데는 나중에 그의 아내가 된 세진전자 노조 지부장 설란영도 포함돼 있었다. 그는 한국노총 본부를 찾아가 항의도 해보았지만 정부의 명령에 따라 어쩔 수 없이 정화 대상자로 지목하여 제출한 것이기 때문에 노조 지부장 사표를 내지 않으면 삼청교육대로 끌려간다는 답변만 들을 수 있었다.

단순한 협박이 아니었다. 실제로 남서울 지부 내에서도 구로공단에 있는 신진밸브 분회장이 7월에 회사 측이 고발해 삼청교육대로 끌려갔다. 당시 뉴스에서는 연일 삼청교육대로 끌려간 깡패들이 온갖 고생을 하며 교육을 받는 장면들이 보도되고 있었다. 언론에서는 삼청교육 대상자들이 순 깡패들이라고 보도했지만, 실제로는 운동권이나 민주계 인사들, 노조 임원 같은 사람들을 잡아들이고 있었다. 그는 괜히 맞설 필요가 없다고 생각했다. 자칫하다간 삼청교육대에 끌려가 몸까지 망쳐서는 안 되겠다는 판단에 사표를 낼 수밖에 없었다.

그는 노조 지부장 자리를 그만두고 평사원으로 돌아왔다. 노조 활동을 할 수 있는 분위기가 아니었기 때문에 그럭저럭 회사 생활을 이어가고 있었다. 그런데 10월 31일에 해고 통지서가 날아왔다. 노조 지부장 자리 사표를 내고 거의 두 달 만이었다. 부당한 처사가 아닐 수 없었다. 그는 노동부에 진정서도 내고 합법적인 복직 투쟁도 해보았지만 아무런 소용이 없었다. 세상이 달라진 것이다. 하루아침에 실업자 신세로 전락한 그는 앞으로 어떻게 살아갈 것인지, 막막한 상황에서 이러지도 저러지도 못하고 있었다.

그런데 상황은 거기서 끝난 게 아니었다. 그가 회사에서 해고된 지 한 달 만인 12월, 노조 간부 4명이 용산 삼각지에 있는 군 지하 벙커로 잡혀가는 일이 벌어졌다. 그는 해고된 상태라 미리 소식을 접하고 도망갈 수 있었지만, 수배자 아닌 수배자 신세가 되어 숨어 지내야만 했다. 붙잡혔다간 꼼짝없이 삼청교육대로 끌려가야 할 판이었다. 실제로 그렇게 용산 지하 벙커로 끌려간 사람 가운데 그의 후임 지부장이었던 이기창은 결국 삼청교육대로 끌려가 죽을 고생을 하며 다음 해 1월 계엄령이 해제될 때까지 나오지 못했다.

그저 다른 길을 선택했을 뿐

마땅히 도망 다닐 곳이 없었던 그는 친구들 집을 전전할 수밖에 없었다. 김문수의 나이 서른 살이었다. 입학 동기들은 대학을 졸업하고 좋은 직장을 얻어 단란한 가정을 꾸리고 있었다. 숨어 살아야 하는 신세가 돼서야 찾아간 친구들 집은 따뜻하면서도 어색했다.

"정말 오랜만이야. 근데 내가 괜히 찾아와 폐 끼치는 건 아닌지."
"무슨 소리야. 친구 사이에. 우리는 다 이렇게 취직해서 편히 살고 있는데 오히려 자네를 볼 면목이 없네. 신경 쓰지 말고 편히 지내."

친구들은 오랜만에 찾아온 그를 따뜻하게 맞아줬다. 하지만 그는 친구들 집에서도 맘 편히 지내지 못했다. 친구들과 가족들에게 폐를 끼치는 것이 영 마음에 걸렸기 때문이다. 그는 하루 이상을 머물지 못하고 "내일부터 오지 않을게" 하며 발걸음을 돌렸다. 친구들 역시 더 이상 그를 잡지 못한 채 '미안하다'며 고개를 돌렸다. 서슬 퍼런 5공 시절 아니던가? 만약 그를 숨겨준 사실이 들통이라도 나면 직장은 물론 앞으로 어떤 불이익을 당할지 몰랐기 때문이다.

그는 친구들 사정은 이해했지만 왜인지 서글픈 마음은 어쩔 수가 없었다. 못 입고, 못 먹던 시절, 더구나 시골 수재 출신들에겐 당연한 선택일 수밖에 없었다. 일류 대학에 들어왔으니 좀 더 열심히 공부해서 출세 가도를 달릴 수 있는 길은 마음만 먹으면 얼마든지 가능했다. 그래서 자신만 바라보고 뒷바라지해 준 가족들에게도 보답하고 집안을 일으켜 세워야 하는 책임감은 어쩌면 당연한 것이었다. 그래서 그런 친구들과 선후배들을 원망한 적은 없다. '그저 다른 길을 선택했을 뿐'이라고 그는 생각했다.

아홉 식구가 판잣집을 전전하며 제대로 끼니도 못 잇던 시절, 배고픔이 얼마나 서러운지도 경험했고, 나이 서른이 될 때까지 따뜻한 방에서 맘 편하게 지내본 적이 없었다. 형편이 어려워 대학을 포기해야 했던 형과 누나의 서러움을 누구보다 잘 알고 있었다. 어머니는 돌아가시면서도 대학만은 졸업하라고 유언처럼 남기지 않았는가? 다른 가족들이 그를 위해 양보하고 포기하고 희생을 감내했지만 정작 자신은 집안을 위해, 가족을 위해 아무것도 해준 일이 없었다. 오히려 학생운동을 한다며 대학 생활을 등한시했고, 경찰서를 들락거리며 큰 걱정만 안겨주지 않았는가.

그는 아픈 마음으로 친구들 집에서 발길을 돌려야 했다. 마음이 괴롭고 힘들 때면 한없이 걷고 또 걸었다. 하지만 자신이 선택한 길을 후회한 적은 없었다. 개인적인 출세와 명예를 버리고 가난하고 힘없는 사람들도 모두가 똑같이 잘살 수 있는 세상이 오기를 바라는 것. 그래서 운동에 뛰어들 수밖에 없었던 자신의 선택은 옳은 것이라 믿고 있었기 때문이다. 그렇게 복잡한 심경으로 친구 집을 전전하던 그가 마지막으로 숨어든 곳은 노동조합 지역 활동 때 만난 설란영. 바로 그녀의 집이었다.

시집갈 데 없으면 나한테 와요

한일공업 노조위원장 직무대리였던 김문수가 금속노조 남서울 지부에서 청년부장을 맡고 있을 때다. 어느 날 사무실에 갔더니 20대

여성이 있었다. 세진전자 노조위원장 설란영이었다. 설란영을 처음 본 그는 사치스럽지 않고 당찬 여성이라고 생각했다. 그녀는 당시 금속노조 남서울 지부 여성부장을 맡고 있었다.

"안녕하세요? 저는 한일공업 노조위원장 직무대리를 맡고 있는 김문수라는 사람입니다."

"아 네. 안녕하세요. 저는 세진전자 노조위원장 설란영입니다."

설란영 역시 김문수의 첫인상이 무척 신선했다. 한일공업 노조위원장 직무대리라며 청색 작업복을 입은 젊은이가 와서 인사를 하는데, 친절하고 맑은 사람이라고 생각했다. 그는 항상 주머니에 껌을 넣고 다니며 사람들에게 하나씩 나눠주곤 했다. 그녀에게도 역시 친절하게 말을 건네며 껌을 주곤 했는데, 그런 모습이 꼭 착한 막냇

노조위원장 시절(맨 오른쪽이 설란영)

동생처럼 선하게 느껴졌던 것이다.

대부분의 노조위원장들 나이는 40~50대로 사회 경험과 직장 경험이 풍부한 베테랑들이었다. 그런데 두 사람만이 20대의 젊은 나이여서 금세 서로의 눈에 띄었고, 호감이 생겼는지도 모른다. 그들은 일주일에 한 번 영등포에 있는 금속노조 남서울 지부 사무실에서 회의를 했다. 김문수는 당시 노조 간부들을 상대로 노동법을 강의하기도 했는데, 젊은 사람이 똑똑하고 진실하다며 사람들은 그를 좋게 평가했다. 두 사람은 노조 활동을 하며 얼굴을 마주칠 기회가 점점 많아졌는데 김문수는 그녀를 눈여겨보기 시작했다.

설란영은 그의 기준에 소위 '남자를 힘들게 할 여자'가 아니었다. 6개월가량 지켜보니 남자에게 모든 걸 의존할 것 같지 않았고, 무엇보다 자립심이 강하고 소박해 보였다. '그런 그녀라면 평생을 같이 해도 괜찮겠다'는 생각이 들었고, 급기야 설란영에게 프러포즈를 하기로 마음먹는다.

1979년 12월, 영등포 사무실에서 송년회 겸 회의를 마치고 돌아가는 길이었다. 그는 버스 정류장에서 그녀를 기다렸다. 오늘은 말을 해야겠다고 생각했다. 이미 그의 나이 스물아홉이었다. 얼마 후 사무실 뒷정리를 마친 그녀가 버스 정류장에 오자. 기다렸다는듯이 김문수가 불쑥 나타나 그녀는 잠시 의아한 표정이었다.

"설 분회장! 내가 좋은 찻집을 알고 있는데, 시간 있으면 나하고 차 한잔하고 갈래요?"

다시 회사에 가려던 그녀는 별생각 없이 그러자고 했다. 그들은 근처 다방에 자리를 잡고 앉았다. 차를 시켜놓고 그가 꺼낸 첫마디는 너무 엉뚱했다.

"설 분회장! 시집갈 데 없으면 나한테 와요."

프러포즈도 그야말로 경상도 촌놈 식으로 직설적이었다. 하지만 그녀는 별로 놀라는 기색 없이 담담하게 잘라 말했다.

"난 결혼 생각 없어요. 노조 일 하면서 결혼은 힘들지 않겠어요?"

한창 노조 일에 열중하던 그녀는 결혼은 아직 생각하고 있지 않았다. 그리고 김문수를 좋은 사람이라고는 생각했지만, 결혼 상대로 생각해 본 적도 없었다.

"당신은 친절하고 좋은 사람이니까 나보다 더 좋은 여자를 만날 수 있을 거예요."

내심 허락을 할 거라고 생각을 했던 그는 무척이나 자존심이 상했다. 하지만 내색할 수는 없었다.

"지금 당장 그렇게 말하지 말고 시간을 두고 좀 더 생각해 봐요. 내가 당신을 6개월 동안 지켜보니 당신은 분별력도 있고, 정의감도 있고, 활동적인 좋은 여자라고 생각했어요."

그는 진지하게 자신의 생각을 얘기했지만 그녀의 태도는 바뀌지 않았다. 이후에도 프러포즈를 몇 차례 더 했지만 그녀의 대답은 한결같았다.

순천의 문학소녀

설란영은 전라도 고흥에서 태어나 순천에서 자랐다. 7남매 중 셋째인 그녀는 교사였던 아버지의 성품을 많이 닮았다. 아버지는 음악을 즐기고 글쓰기를 좋아하는 감성적인 남자였다. 저녁 식사 후에는 아이들을 떼놓고 아내와 단 둘이 영화 관람을 즐기러 갈 정도로 멋을 아는 사람이었다. 어머니 역시 살림이 넉넉한 편은 아니었지만 나이가 들어도 살림에 찌들지 않고 낭만을 즐길 줄 아는 여성이었다. 설란영은 그런 안정되고 민주적인 분위기에서 자랐다. 김문수와는 전혀 다른 분위기에서 어린 시절을 보낸 것이다.

하지만 그녀에게도 시련이 있었다. 고등학교 2학년 때 어머니가 돌아가시면서 방황을 시작한 것이다. 결국 순천여고를 졸업한 그해에 대학에 실패하고 서울 친척 집에서 생활하며 재도전을 했다. 하지만 대학의 문턱은 그녀에게만 높은 것 같았다. 재수, 삼수를 했지만 연이에 대학에 낙방하면서 그녀의 상심은 커져만 갔다. 아버지를 닮아 문학을 꿈꿨던 그녀는 그때까지만 해도 무조건 대학에 들어가서 꿈을 이루고 싶었다.

그런 그녀의 인생이 180도 달라진 건 정말 우연한 계기였다. 학원에 다녀오는 길, 버스 안에서 고등학교 친구들을 우연히 만나면서였다. 친구들은 대학을 포기하고 서울 구로공단에 있는 전자공장에 다니고 있었다.

"공장 생활도 나쁘진 않지만 곧 그만두고 고향으로 내려갈 거야. 일하는 것도 괜찮고 대우도 나쁘지 않지만 뭔가 다른 미래를 준비하고 싶어서."

그러면서도 친구들은 여전히 공장 생활을 이어갔다. 서울에 변변한 친구도 없이 지내던 설란영은 그들과 어울리며 '계속 대학만 고집할 게 아니라 공장 생활이 어떤지 한번 경험해보고 싶다'는 생각이 들었다. 처음엔 단순한 호기심 때문이었다.

구로2공단에 있는 세진전자는 제품 전량을 일본에 수출하는 회사로 작업 환경이나 대우 등이 전반적으로 괜찮은 곳이었다. 수시로 직원들을 모집하고 있던 터라 그녀는 바로 취직할 수 있었다. 그녀는 주로 제품들을 검사하는 일을 맡았는데, 처음 해보는 직장 생활치고는 괜찮다고 생각했다. 성격이 활달해 사람들과 융화를 잘했던 설란영은 곧 직장 생활에 재미도 붙였다.

당시 그 회사는 직원이 500명 정도였는데, 그때까지만 해도 노조는 없었다. 그런데 그녀가 입사한 뒤 수개월 만에 사회적인 분위기를 타고 세진전자도 1977년에 노조가 결성됐다. 당시 노조위원장은 그녀보다 연배가 위인 여성이었다. 20대였던 설란영은 사실 노조에 대해 관심도 없었고, 딱히 노조가 왜 필요한 지에 대해서도 생각해 본 적이 없었다.

그런 그녀에게 제의가 들어왔다. 노조 간부를 해보라는 것이었다. 적극적인 성격에 주변 사람들과도 잘 어울리는 그녀가 노조 활동을 하기에 제격이라고 판단했던 것이다. 그때까지만 해도 설란영은 노조 간부가 그저 동료들을 대변하고 봉사하는 사람이라고만 생각했지 앞으로 자신의 삶에 어떤 영향을 끼칠지 전혀 예측하지 못했다. 그런데 다음 해 노조위원장은 그녀에게 또다시 뜻밖의 제의를 했다.

"란영 씨, 나는 일이 생겨 더 이상 회사를 다닐 수가 없어. 퇴직할 거야. 내 생각엔 란영 씨가 제격인 거 같은데 안 한다는 말만 하지 말고 한번 생각해 봐. 란영 씨는 리더십도 있고 정의로운 성격이라 잘해낼 거야."

"제가요? 저는 한 번도 생각해 본 적 없어요. 아직 노조가 뭐하는 곳인 줄도 모르고 또 제가 여기를 계속 다닐지도 모르겠고요."

사실 그녀는 계속 공장에서 일하며 살 거라고 생각하지 않았다. 문학을 꿈꾸었던 그녀는 언젠가는 다시 대학을 진학해 다른 삶을 살 거라고 생각하고 있었다. 그녀는 여러 번 거절을 했다. 하지만 노조위원장도 포기하지 않았다.

결국 그녀는 떠밀리다시피 노조위원장 후보에 올랐다. 노조위원장 후보는 청년부장이었던 젊은 남성과 설란영, 그렇게 2명이었다. 노조 간부 13명이 투표를 한 결과 청년부장 한 표를 제외하고 12표 모두 그녀를 선택했다. 세진전자의 95%가 여성이라 여성이 노조위원장을 맡는 것이 타당하다는 판단도 있었다. 그녀는 노조위원장에 선출되고도 일주일 이상을 고민했다. 당시 세진전자의 규모는 직원들이 1천 명을 넘어서고 있었고, 자신이 과연 이 일을 감당할 수 있을지 선뜻 수락할 순 없었기 때문이다.

고민에 고민을 거듭한 끝에 그녀는 결심할 수밖에 없었다. 지금의 생활도 소중했고, 또 한 번 해볼 만한 일이라 생각했기 때문이다. 이후 그녀는 대학 준비도 접어두고 노조 활동에 전념하기 시작했다. 다른 사업장들을 찾아다니고 노조 간부들을 만나면서 그녀는 이 일이 점점 자신의 일처럼 여겨졌다. 너무나 열악한 상황에서 제대로 된 대우도 못 받고 고생하는 어린 여성들을 보면서 생각이 바뀐 것이다. 자신이 그들의 대변자가 돼야 한다고 생각했다.

일반 문학 서적만 읽다가 막심 고리키의 《어머니》 같은 사회과학 문학 서적을 접하고 나니 세상이 달리 보였다. 크리스천 아카데미에서 의식화 교육도 받았다. 20대 후반, 그녀는 예상치 않게 노동운동의 길에 뛰어들어 그 일을 사명처럼 받아들이게 됐던 것이다.

수배 시절, 그녀의 집에 숨어들다

김문수와 설란영이 결정적으로 가까워지게 된 건 80년대 초, 두 사람 다 정화 대상자로 지목돼 노조위원장 자리에서 해고되면서다. 그는 직장까지 해고된 뒤 수배 생활을 이어가고 있었고, 그녀는 노조위원장직에서 물러나 현장에서 일을 하고 있었다. 설란영은 마포에서 빵집을 하는 동생과 함께 살고 있었는데 퇴근 후엔 동생을 도와 빵집에서 일을 하곤 했다.

그러던 어느 날 도피 중이었던 김문수가 빵집으로 불쑥 찾아온 것이다.

"그동안 친구들 집을 전전하며 지냈는데 친구들한테 미안해서 더 이상 안 되겠어요. 마땅히 지낼 만한 곳이 없는데 가끔 여기에 와서 좀 신세를 져도 괜찮겠어요?"

그는 오랜 수배 생활로 지쳐 보였다.

"예전엔 칫솔 하나만 달랑 갖고 다녀도 눈치 안 보고 먹고 잘 수 있었는데, 이젠 친구들이 결혼을 해선지 사정이 달라졌어요."

그렇게 말하는 그의 표정은 다소 침울해 보였다.

"그래요. 불편하겠지만 맘 편하게 지내세요."

그녀는 주변 사람들이 신경 쓰였지만 그를 받아주었다. 같은 길을 걸어왔고, 또 누구보다 그의 상황을 잘 알기에 선택의 여지가 없었다.

김문수는 그 빵집에 달린 자그마한 방에서 수개월간 숨어 지냈다. 낮에는 여전히 감시의 눈을 피해 노조원들을 만나고, 밤이 되면 다시 그녀의 집으로 숨어들었다. 어디서 위험한 일을 하고 다니는 건 아닌지, 또 언제까지 여기 있을 건지 그녀는 불편한 기색 한번 보이지 않았다. 그는 그런 그녀가 너무나 고마웠다. 그러면서 두 사람의 사이는 자연스레 가까워졌다.

가끔 그는 고마운 마음을 전하기 위해 메모를 남겼다.

'우리가 가려는 길은 험난한 가시밭길이 될 것이요. 항상 각오를 다지고 정신 무장을 해야 합니다.'

하나같이 연인에게 보내는 글이 아닌 독립운동가가 아내에게 쓴 것 같은 비장함이 느껴지는 글들이었다. 두 사람은 가장 어둡고 힘겨웠던 시절에 둘만의 사랑을 그렇게 키워나갔다.

그가 오랜 수배 생활에서 벗어날 수 있었던 것은 1981년 1월, 전두환 정권이 전국으로 확대했던 비상계엄령을 해제하면서였다. 도피 생활이 끝나면서 이미 결혼을 약속한 두 사람의 움직임도 바빠졌다. 순천에서 설란영의 아버지가 상경해 김문수와 첫 만남을 갖게 되었다. 긴 도피 생활을 했던 터라 그는 마땅한 직업이 없었다. 그래서 '장인 되실 분이 반대를 하면 어떻게 하나' 그는 내심 걱정스러웠다. 소중하게 키운 딸이 좋은 배필을 만나 고생하지 않고 잘 살았으면 하는 아버지의 마음은 다 같은 법이기 때문이다.

"자네, 앞으로 우리 딸을 어떻게 먹여 살릴 건가?"

두 사람을 앞에 앉혀 놓고 설란영의 아버지는 딱 한마디 물었다.

"저는 만인을 위해 살려고 하는 사람인데 여자 하나 못 먹여 살리겠습니까?"

그의 배짱과 뚝심 그리고 솔직한 성격이 마음에 드셨는지 그녀의 아버지는 더 이상 아무 말이 없으셨다.

청첩장 없는 결혼식, 하객은 전경들

1981년 9월 26일. 그날은 김문수와 설란영이 결혼을 하는 날이었다. 하지만 당국은 그런 사실을 믿지 않았다. 전 한일공업 노조위원장과 구로공단 세진전자 노조위원장이라는 신분 때문이었다. 그래서 관악경찰서에서 나온 경찰 닭장차(창에 철망을 씌운 전투경찰 차량) 5대가 서울대입구 사거리에서 결혼식이 끝날 때까지 비상대기하고 있었다. 당국은 이들이 결혼식을 빙자하여 혹시 시위를 할지 모른다고 판단한 것이다. 얼마 전인 1979년 11월 말 명동성당에서도 위장결혼식 사건으로 한바탕 시끄러웠던 적이 있었기 때문이다.

두 사람의 결혼식은 아주 특이했다. 결혼을 결정한 두 사람은 경제적인 여유도 없었지만, 주변 사람들에게 폐를 끼치지 않고 최대한 검소한 결혼식을 하기로 했다. 하객들이 대부분 힘든 노동자들일 것이기 때문이다. 일단 청첩장을 돌리지 않기로 했다. 그저 친분이 있는 사람들에게 봉천동의 한 교회에서 결혼한다는 사실만을 알렸다. 웨딩드레스도 입지 않기로 했다. 평소에도 사치스럽거나 화장하는 것을 즐겨하지 않는 그녀였다. 그래서 평상복인 원피스를 입었고, 김문수는 양복을 입고 결혼식을 올렸다. 그때만 해도 신부는 아버지 손을 잡고 입장을 하는 게 보통이었지만, 두 사람은 동시에 입장했다. 남녀가 평등한 민주적인 가정을 이루자는 두 사람의 약속이기도 했다. 당시엔 상당히 파격적인 결혼식이었다.

1981년 9월 26일 결혼식

두 노조위원장 출신의 결혼은 주변 사람들에게도 많은 화제가 됐다. 주례는 대한전선 노조위원장인 한달수 씨가 맡았다.

"두 사람은 동지적 관계로 앞으로도 많은 어려움이 있겠지만 함께 헤쳐 나갈 것이며 노동운동하는 사람들의 본보기가 될 것입니다."

한달수 씨는 그 교회의 장로였지만 5.17 쿠데타 당시 합동수사본부에 끌려가서 고문을 당한 민주노조 그룹의 지도자였다. 모인 하객들 또한 대부분이 노조를 하던 사람들이거나 현장 근로자들이었다. 상황이 이렇다 보니 결혼식을 빙자해 데모를 하는 게 아닌지, 전경차가 출동할 만도 했다.

누가 신혼은 달콤하다고 했나

삼청교육대에 끌려갔던 후임 노조 지부장 이기창이 풀려난 것은 그들이 결혼하기 전 계엄해제 후였다. 이기창은 만신창이가 되어 있었다. 머리는 빡빡 깎여 있었고, 골병이 들었는지 피골이 상접해 있었다. 무엇보다도 먹고살 일이 걱정이었다. 건강도 문제였지만 노조를 하다 삼청교육대까지 다녀온 이력 때문에 블랙리스트에 이름이 올라 제대로 된 직장을 잡기가 쉽지 않았다.

김문수 역시 마찬가지였다. 더구나 계속 노동운동을 하려면 직장에 매여 있기보다는 다른 대안이 필요했다. 그는 고민 끝에 봉천동 사거리 부근에 '대학 서점'이라는 조그만 책방을 차렸다. 막상 책방을 차렸지만 돈이 없어 책을 들여놓을 수가 없었다. 궁여지책으로 운동권 출판사들을 돌아다니며 책을 빌려다 겨우 책꽂이를 메울 수 있었다. 사정이 이렇다 보니 책을 팔아 밥 먹고 살기도 어려웠다. 그가 운영하는 대학서점은 주로 노동, 학생운동 전문 서점이었는데, 시간이 지나면서 책방은 노조원들이나 해고된 노동자들의 아지트가 됐다. 그곳을 근거로 서로 연락하고, 수시로 모여 논의를 했다. 그는 책을 팔아 조금이라도 수입이 생기면 이기창 씨나 다른 해고자들과 함께 생활비로 썼다. 그는 해고자들이나 노동운동가들의 맏형 역할을 도맡아 했다. 하지만 정작 벌어들이는 돈이 없어 책을 팔아 밥 먹고 살기도 어려웠다.

시인이자 노동운동가였던 박노해 씨도 그의 책방을 드나들면서 알게 됐다. 당시 군인이었던 그가 휴가라도 나오면 밥도 사주고 술도 한잔하면서 속 깊은 이야기도 나누었다. 학생운동가로 성장했던 박종운도 그 서점에 드나들었다. 박종운은 한일도루코에서 김문수와 함께 노동조합을 했었던 누나 박종숙이 소개했었는데, 그 당시 박종운은 재수 후 막 서울대에 입학한 신입생이었다. 그는 서점에서 밥도 나누어 먹고, 책도 보고, 김문수가 번역했던 8시간 노동제 등 노동 서적도 교정을 보곤 했었다. 전두환 정권은 학생운동 지도자였던 그를 잡으려다 그의 후배 박종철을 잡아다가 고문 끝에 죽음에 이르게 하는 일까지 저질렀다. 박종철의 죽음은 6월 민주항쟁의 기폭제로 대한민국 민주화의 상징이었다.

김문수와 설란영, 두 사람이 신혼살림을 차린 곳은 책방 근처의 단칸방이었다. 비록 단칸방이었지만 그에겐 고향을 떠난 뒤 처음 가져보는 따뜻한 보금자리였다. 그는 누군가 자신을 위해 밥을 짓고, 지친 몸을 이끌고 집으로 돌아가면 따뜻하게 맞아줄 사람이 있다는 사실만으로도 충분히 행복했다. 하지만 그런 달콤한 신혼 생활을 즐길 여유는 없었다.

설란영은 결혼 후에도 계속 세진전자에 다녔다. 임신한 후에도 계속 직장을 다녔는데 고생이 이만저만이 아니었다. 봉천동에서 구로공단까지 버스를 두 번 갈아타고 다녀야 하는 데다 고된 노동을 마치고 집으로 돌아와서도 쉴 틈이 없었다. 퇴근을 하면 책방 일이 기다리고 있었다. 무거운 몸을 이끌고 책방에 가보면 늘 사람들로 북적거렸다. 언제나 설거지 거리가 한가득이었고, 식사 때가 되면 음식 준비를 해야 했다.

김문수는 책방에 찾아온 많은 해고자, 노동자, 수배자들을 아주 극진하게 대했다. 끼니 때가 되면 당연히 식사를 챙겼고 차비라도 손에 쥐어 줘야 했다. 필요한 책을 가져가라며 그냥 들려 보내는 일도 다반사였다.

그런 그를 이해 못하는 건 아니었지만 가끔은 남편 김문수가 야속했다. 그래도 신혼인데, 가끔은 둘만의 오붓한 시간도 갖고 싶은 게 여자의 마음이었다. 하지만 내색할 수는 없었다. 남편의 일을 이해 못하는 그저 그런 아내라는 말을 듣고 싶지 않았기 때문이다.

신혼여행 다녀왔을 때도 그녀는 기절초풍할 뻔했다. 신혼집에 도착해 방 안에 들어오니 누군가 이불을 뒤집어쓰고 누워 있었다. 놀라기도 하고 당황해서 어쩔 줄 몰라 하고 있는데 막상 그는 태연했다. 알고 보니 남편 김문수가 수배 상태로 도망 다니고 있던 누군가에게 집 열쇠를 주고 갔던 것이다. 아직 두 사람이 개시도 하지 않은 신혼집에 낯선 사람을 들인 게 서운했지만 그때도 뭐라고 내색을 하지 않았다. 그녀도 충분히 이해할 수 있었기 때문이다. 하지만 몸이 힘들고 불만이 쌓이다 보니 결국 폭발할 때도 있었다.

"아니, 하루이틀도 아니고. 어떻게 매번 이 많은 사람들 치다꺼리를 다 해야 되냐고요."

"아니, 힘든 거 모르고 시작한 것도 아니고 뭐가 그렇게 어렵다고 화를 내요."

하지만 김문수는 화를 내는 그녀를 이해할 수 없었다. 이런 정도의 집안일은 여자가 당연히 하는 것으로 여겼던 것이다. 어렸을 때 아무리 많은 손님이 찾아와도 군소리 한마디 없이 집안일을 척척 해내시던 어머니의 영향이었을까? 어쩌면 아내는 남편이 하는 일을 무조건 따라야 한다는 가부장적인 사고가 어느 정도 남아있었기 때문인지도 모른다. 그런 그의 태도를 보면서 설란영은 이내 말문을 닫을 수밖에 없었다. 신혼 초의 부부 싸움은 늘 그런 문제였다.

아들이면 '동지', 딸이면 '동주'

이듬해 딸아이가 태어났다. 그는 아이의 이름을 '동주'라고 지었다. 아들이 태어났다면 '동지'로 지으려고 했었다. '김동지' 어떤 목적을 위해 서로 긴밀하게 맺어진 사이. 그래서 그는 '동지'라는 말이 참 좋았다.

사실 그는 아이를 낳을 생각은 없었다. 혁명을 꿈꿨기에 노동운동을 하다가 빨리 죽을 수도 있다고 생각했기 때문이다. 그래서 애를 낳아 키울 엄두를 내지 못했다. 하지만 막상 아기가 생기자 '세상에 이렇게 좋은 일이 또 있을까' 싶었다. 그래서 하나 정도는 잘 키워보자고 생각했다. 그 이상은 가장으로서의 책임과 부담감이 그만큼 커지기 때문에 노동운동에 지장을 줄까 봐 곤란하다는 생각이었다. 무엇보다 두 사람 모두 바깥일을 해야 하는 상황에서 아이를 맡길 데가 없었기 때문이다.

동주가 생기고 설란영은 아이를 맡길 데가 없어 직장에 사표를 내야 했다. 그녀가 직장을 그만 둔 뒤 육아와 집안일에 전념하자, 김문수는 책방을 아예 그녀에게 맡기고 본격적으로 노동운동에 가담하기 시작했다. 그의 책방은 5공 시절 늘 형사들의 감시를 받고 있었다. 혹시 책방에 모여 불온한 짓이라도 할까 봐 형사들이 늘 책방을 드나들며 그는 물론 그곳에 드나드는 사람들을 그림자처럼 따라다니며 감시했다. 노조원들에 대한 감시와 탄압은 유신시대보다 훨씬 심했다. 자그마한 꼬투리라도 잡히면 '반공법 위반'이라며 쥐도 새도 모르게 끌고 가는 일이 다반사였다. 그래서 그 역시 형사들의 감시의 눈을 피해가며 조심스럽게 활동을 이어나갔다.

그가 다시 활동을 시작한 건 성남 '만남의집'에서였다. 만남의집은 분도 수녀원에서 노동자들이나 해고자들의 권익을 위해 만든 시설이었다. 그가 만남의 집과 처음 인연을 맺은 것은 친구 최혁배의 소개로 '노동법 강의'를 맡고부터였다. 김문수의 노동법 강의는 노동자들에게 인기가 많았다. 노조위원장 출신이었던 그는 무엇보다 공장 노동자들에게 아주 쉽고 피부에 와닿게 그리고 노동 현장 실정에 맞는 강의를 했다. 때문에 수녀님이 그를 아주 귀하게 대해주었다.

당시 김문수는 그곳에서 이영숙 소피아 수녀님을 만났다. 모든 걸 잃다시피 한 채 해고자 신세가 되어 낯선 곳을 전전해야 했던 사람들에게 수녀님은 어머니와도 같은 존재였다. 김문수 역시 마찬가지였다. '내가 왜, 무엇 때문에 이런 고난을 당해야 하는가! 내 한 몸 편하자고 선택한 길이 아닌데…. 왜?' 끝없는 회의가 밀려오고 서러움에 복받쳐 힘들었을 때 소피아 수녀님은 늘 말없이 따뜻한 손을 내밀어 주었다. 수녀님은 그를 '모세'라고 불렀다. 김문수의 이니셜을 딴 것이기도 하지만, 이스라엘의 종교적 지도자이자 영웅이었던 모세처럼 큰일을 하라는 뜻이기도 했다.

그는 성남 만남의집에서 근로자들에게 노동법도 강의하고, 상담도 해주며 새로운 길을 모색했다. 한편으로는 성남 지역 해고자들을 위해 노조 결성을 도왔다. 만남의 집은 종교시설이다 보니 수배자들이나 운동권 학생들이 군부의 눈을 피해 숨어들 수 있었던 곳이다. 아무리 서슬 퍼런 5공화국이었다고 해도 종교시설만은 맘대로 뒤질 수 없었기 때문이다.

다시 노동운동을 시작한 그는 집안 살림은 아내에게 맡긴 채였고, 아내에게 뒷돈까지 받아쓰는 처지였다. 결혼은 했지만 그의 머릿속에는 여전히 노동운동 그리고 혁명의 길을 가야 한다는 생각이 지배하고 있었다.

서슬 퍼런 5공 아래서

5공화국의 해고노동자들에 대한 탄압은 교묘하고도 끈질겼다. 전두환 정권은 해고노동자들이 현장에 발붙이지 못하도록 전국의 사업장에 재취업 금지 리스트를 돌렸다. 1983년 말, 사업장에 돌려졌던 1천여 명의 블랙리스트가 발견되면서 삶의 끝에 선 해고노동자들의 분노와 울분은 극에 달했다.

인천을 비롯한 익산 지역의 해고자들이 블랙리스트 철폐 투쟁을 벌였지만 뚜렷한 성과를 내지 못한 채 막을 내렸다. 이런 일련의 사건들로 노동운동권은 폭압적인 정치권력과 맞설 수 있는 조직의 필요성을 절감하기 시작했다. 하지만 군부의 감시가 심해 경인 지역, 원풍모방, 동일방직, 청계피복 등 해고자들이 모임을 갖는 자체가 쉽지 않았다. 김문수는 감시의 눈을 피해 1970년대 민주노조 핵심 간부들과 영등포 도시산업 선교회나 노량진 가톨릭 노동청년회 본부 같은 종교단체의 그늘에서 은밀한 모임을 가졌다. 가끔은 변두리 중국집이나 관악산 기슭 같은 사람들의 눈에 많이 띄지 않는 곳에서 만남을 갖고 노동운동의 새로운 방향과 발판을 구축해야 한다는 공감대를 형성하기에 이르렀다.

'1984년 3월 10일 근로자의 날이었다. 서울 홍제동 성당 본당에 해고노동자들이 하나, 둘 모여들기 시작했다. 김문수를 비롯한 학생 출신의 현장 취업자들과 민주노조의 핵심 간부들도 있었다. 그곳에 모인 사람들은 '더 이상 이대로는 안 된다'는 위기의식과 다시 힘을 모아 노동 현장의 목소리를 내야 할 때라는 공감대를 갖고 있었다. 1970년대 이후 꽁꽁 얼어붙었던 노동운동권이 다시 자신들의 목소리를 내기 시작한 것이다.

그들은 그날 '한국 노동자 복지 협의회'를 만들었다. 한국노총의 영향권에서 벗어나 해고노동자들과 당시 민주노조 그리고 기독교와 천주교 등이 다 함께 힘을 합쳐 만든 단체였다. 당시 원풍모방의 노조위원장으로 해고된 방용석 전 노동부장관이 위원장을 맡았고, 김문수가 부위원장을 맡았다.

서슬 퍼런 5공화국 아래서 노동운동은 다시 고개를 들기 시작했다. 한노협은 노동법 개정운동을 전개했고, 기관지《민주노동》을 만들어 선전, 홍보 작업도 펴나갔다. 일반 노동자들을 대상으로 임금체불, 퇴직금, 산업재해, 부당노동행위 상담, 신규 노동조합과 노동자 간부들을 대상으로 교육 사업도 했다. 특히 이런 교육 사업은 반응이 좋았다.

그는 한국 노동자 복지협의회 일을 하면서 한편으론 최한배나 박노해 등 노동 현장에 들어가 있던 후배들을 만나서 상담 활동도 했다. 서슬 퍼런 5공이었지만 노동운동의 불씨는 그렇게 다시 피어나고 있었다. 노조에 대한 탄압은 유신시대보다 훨씬 심했지만 다시 노조도 만들어졌다.

1984년 5월, 구로공단에 있던 대우어패럴은 직원이 3천여 명 되는 대규모 봉제 공장이었다. 최한배, 김준용, 심상정 등이 중심이 돼 노조를 만들었다. 이를 신호탄으로 구로공단의 주요 공장에서도 속속 노조가 결성되었는데, 김문수는 이런 신규 노조 결성을 적극적으로 도왔다.

어떻게 아이를 탁아소에 맡겨?

김문수가 다시 노동운동에 전념하던 1980년대 중반, 설란영은 동주를 돌보느라 사실상 2선으로 물러나 있었다. 활발하게 노조 활동을 해오던 그녀로서는 답답한 상황이 아닐 수 없었다. 어려운 여건이었지만 설란영은 현장에서 물러난 여성 노조 간부 출신들과 대학 출신 여성 운동가들과 모임을 갖고, '한국여성노동자회'를 결성했다. 이들은 가정주부로서 현실적인 문제부터 해결하자는 데 의견을 모았다.

한창 현장에서 활동하다가 결혼을 하고 아이를 낳으면 일을 계속할 수 없고 손발이 묶일 수밖에 없는 현실이었다. 그래서 생각해 낸 게 바로 '아이를 맡길 수 있는 곳'을 만들자는 거였다. 당시만 해도 탁아소, 어린이집 같은 개념이 없었을 때다.

설란영을 비롯한 한국여성노동자회에서는 탁아소를 만들기로 합의하고 실행에 옮기기로 했다. 모두 동주 또래의 아이를 가진 사람들이었다. 처음엔 매일 맡기는 '일탁' 방식으로 하자는 의견이 나왔다. 하지만 노동운동은 밤에 긴밀하게 해야 할 일들이 많이 생겨 별 효과가 없으니 월요일에 맡기고 토요일에 데려오는 '주탁' 방식으로 하는 것이 현실적이라는 의견이 지배적이었다. 그런데 문제는 자금이었다. 모두가 먹고살기 빠듯한 상황이라 갹출을 하기도 힘들었다. 그때 이 사업에 적극 나서준 사람이 바로 김문수였다.

1985년, 그는 청계피복 노조와 함께 '전태일기념사업회'를 만들고 사무국장 자리를 맡아 일을 하고 있었다. 회장은 문익환 목사였다. 그는 성남 만남의집의 사업을 위해 외국에서 모금돼 들어오는 자금으로 전태일기념사업회 건물도 사고, 청계천 노조 사무실도 마련했다. 고등학교와 대학교 동창으로 NCC 간사로 있던 최혁배와 영아와 유아들을 위한 탁아사업에 힘을 쏟기 시작한 것도 그 즈음이었다.

그는 동주를 낳고 나서 육아를 책임져줄 사람이 없어 사표를 내야 했던 아내의 상황을 누구보다 잘 알고 있었다. 여성들이 육아의 책임에서 벗어날 수 있어야 사회적 활동과 경제적 활동이 가능하다는 것을 이해하고 있었다. 그는 탁아소 사업을 위한 첫걸음으로 설란영이 속해 있는 한국여성노동자회 자녀들을 대상으로 탁아소를 만들었다.

광명시 철산동에 아파트를 얻어 원장을 두고 교사까지 선발했다. 이제 아이들만 맡기면 되는 상황이었다. 그런데 예상치 못한 일이 벌어졌다. 함께 아이들을 맡기자고 팔을 걷어붙였던 한국여성노동자회 회원들이 막상 아이를 맡길 수 없다고 나온 것이다.

"시부모님이 반대해요. 아이를 엄마가 키워야지 어떻게 남의 손에 맡기냐고 난리예요."

"남편이 절대 안 된대요. 북한도 아니고 어떻게 그런 곳에 맡겨서 아이를 공동으로 키우냐고. 안 되겠어요."

당시만 해도 탁아소 하면 북한을 연상하던 때라 사람들의 시각은 아주 부정적이었다. 15명 가운데 14명이 그랬다. 탁아소에 맡겨진 아이는 단 한 명, 이제 세 살 된 동주뿐이었다. 설란영 만이 애초의 계획대로 동주를 탁아소에 맡기고 책방도 하고 남편을 도우며 다시 노동운동을 할 수 있었다. 하지만 이렇게 해선 탁아소를 운영할 수 없었다.

탁아소 사업은 자칫 실패할 위기에 몰렸다. 궁여지책으로 생각해낸 것이 주탁을 일탁으로 바꾸고, 철산동에 사는 운동권 부부들에게도 탁아소를 개방하자는 것이었다. 당시 철산동에는 운동권 출신의 교사들과 재야 운동권의 부부들이 많이 살고 있었다. 이들에게도 탁아소를 개방하고 아이들을 매일 아침에 맡겨 저녁에 찾아가는 형식으로 운영하자고 했다. 다행히 호응이 좋았다. 그렇게 해서 탁아소는 자리를 잡아갔고, 그곳을 기점으로 전국 주요 공업 지역으로 확장해 갔다. 구로공단과 청계피복 공장을 비롯해 부평, 대전, 대구, 부산, 마산 등지에 10여 개의 탁아소가 만들어졌다.

언제나 투쟁의 선봉에 서서
민주화를 외쳤던 자신이
이런 변혁의 시기에 갇혀 있어야
한다는 사실이 마음을
답답하게 만들었다.

6장
두 번째 투옥과 무너진 꿈

민주화 운동의 주역이 된 노동운동

1985년, 노동 현장은 다시 뜨거워지기 시작했다. 대우자동차가 파업했고, 구로공단에 있던 대우어패럴 김준용 노조위원장이 구속되면서 구로공단도 속속 동맹파업에 동참했다. 철권 정치였지만 화산폭발의 징조가 나타나고 있었다. 생존을 건 노동자들의 파업이 이어졌고, 한편에선 수천 명의 해고자가 발생했다.

하루아침에 일터를 잃은 근로자들은 갈 곳을 잃었다. 그들의 딱한 처지를 너무나 잘 알고 있던 김문수는 그들에게 잠자리와 식사 그리고 만남의 자리로 청계천 근처에 있던 전태일기념관을 제공했다. 그들에겐 함께 대책을 세우고 행동할 수 있는 근거지가 절실하게 필요했다. 해고노동자들은 이때부터 전태일기념관에서 구속자 석방과 복직 투쟁을 벌이기 시작했다. 하지만 이렇게 산발적으로 움직여서는 죽도 밥도 안 될 게 너무나 뻔했다. 수많은 해고자들을 담아낼 조직이 절실히 필요한 상황이었다.

바깥일이 바쁘게 돌아가다 보니 그는 집에서 보내는 시간이 점점 줄어들었다. 새벽에 나오면 밤늦게 들어가는 일이 다반사였고, 며칠씩 집에 못 들어가는 일도 많아졌다. 바쁘기는 설란영도 마찬가지였다. 바쁜 부모를 둔 덕에 동주는 주중에는 탁아소에 맡겨져야 했다. 때문에 주말이 되어야 동주 얼굴을 잠깐 볼 수 있을 정도였다. 그는 한창 엄마, 아빠의 사랑을 받고 자랄 나이의 동주에게 참 미안하다는 생각을 떨칠 수가 없었다.

"동주는 엄마, 아빠와 떨어져 탁아소에서 지내도 괜찮아?"
"네…."
눈망울이 큰 동주는 무슨 생각을 하는지 고개를 끄덕였다.
"엄마 아빠와 떨어져 있는 데도?"
"음…."
"뭐가 좋아?"
"거기는 친구도 많고, 원장님도 있고, 선생님도 있고, 재밌는 놀이도 많이 하고…."

아빠, 엄마가 늘 바쁜 탓에 혼자 지내는 일이 많았던 동주는 그래서 탁아소가 좋았나보다. 그의 미안한 마음을 씻겨주기라도 하듯 동주는 밝게 잘 자라주고 있었다.

1985년 8월 25일. 청계피복 노동조합 사무실은 전에 없이 결연한 분위기가 감돌고 있었다. 김문수는 심상정을 포함한 학생운동권 출신 노동자들과 구로공단 지역에서 어용 노조를 민주화하려다 해고된 노동자들과 함께 모여 노동운동의 방향을 모색하고 있었다.

"지금 노동 현장은 노동3권이라는 기본적인 권리마저 무시되고 있습니다. 지금과 같은 정치 상황에서는 단순한 노동운동만으로는 안 된다고 생각합니다. 노동운동권도 이제는 정치적인 민주화를 위해 앞장서야 합니다."

사람들의 의견이 쏟아졌다. 기존의 단체와는 달라져야 한다는 것이다. 김문수 역시 '노동운동은 하나의 부문 운동이 아니라 사회 전반의 변혁 운동으로 이루어져야 한다'고 생각했다. 이날 그들이 모여 탄생시킨 조직이 바로 '서울노동운동연합', 즉 서노련이었다. 서노련은 처음으로 정치적 노동운동을 시도한 조직이었다. '군사독재 반대 투쟁'을 주요 활동 목표로 내걸었다. 때문에 서노련은 출범과 동시에 공안당국의 집중적인 감시 대상이 됐고, 실제로 위원장이었던 민종덕이 구속되기까지 했다.

그런 상황에서 김문수는 전태일기념사업회 사무실을 서노련의 사무실로 제공하고, 서노련의 지도위원으로 활동하기 시작했다. 공안당국의 감시가 심했지만 여전히 노조 결성과 노조 활동을 지원했고, 《서노련 신문》을 만들어 배포했다. 상황이 이렇다 보니 김문수에 대한 공안당국의 감시가 더 심해진 건 어쩌면 당연한 일인지도 모른다. 그는 언제 공안당국에 끌려갈지 모른다는 불안함 속에서 집에도 들어가지 못한 채 숨어 지내다시피 했다. 노동운동권의 이런 움직임은 당시 정국 상황과 맞물려 또 다른 불행을 예고하고 있었다.

'1985년 당시 정국은 2.12 총선으로 또 한 차례 요동치고 있었다. 대통령 직선제를 개헌 공약으로 내건 신민당이 예상을 뒤엎고 제1야당에 올라서면서 정국은 직선제 개헌문제가 최대 현안으로 떠올라 있었다. 전두환 정권을 타도하자는 목소리가 높아지면서 민주화 운동도 불붙기 시작했다. 하지만 전두환 정권은 대통령 직선제를 결코 허용할 수 없다는 입장이었다.

그러던 중 총선 1주년인 1986년 2월 12일, 신민당과 재야 정치인들을 중심으로 결성된 '민주화추진운동협의회'가 1천만 명 개헌 서명운동을 강행했다. 그러자 전두환 정권은 바로 이튿날, 신민당 중앙 당사를 압수 수색하면서 평화적인 서명운동까지 탄압했다.

정국은 점점 긴장 속으로 치달았고 이런 민주화 열기는 5월 3일, 인천에서 정점에 이르게 된다. 1986년 5월 3일. 인천에서 열린 신민당의 개헌추진위원회 현판식에 학생, 노동자, 재야 인사 등 모든 민주화 운동 세력이 총집결해 격렬한 시위를 벌였다. 김문수 역시 서노련 회원들을 이끌고 인천대회를 준비하고 있었다. 서노련은 학생운동권과 연대하여 '전두환 정권 물러가라'를 외치며 시위를 벌였고, 장기표가 이끄는 민통련 역시 이날 대회에 참가해 연대 투쟁을 했다. 그러나 오후 5시가 되면서 경찰은 다연발 최루탄을 난사하며 진압에 나서기 시작했다. 시위대는 점점 흩어지기 시작했지만 저녁 무렵까지 산발적인 시위를 하며 쉽게 물러서지 않았다.

다음 날 전두환 정권은 본격적인 탄압에 나섰다. 경찰은 이날 시위를 '좌경폭력 세력에 의한 난동'으로 몰아갔고, 검찰은 소요죄를 적용해 129명을 구속하고 60여 명을 수배했다. 김문수가 이끄는 서노련도 예외는 아니었다. 국군 보안사에 의해 서노련에 대한 대대적인 탄압이 가해지기 시작했다. 게다가 서노련에서 발간하는 《서노련 신문》은 이미 정권에 밉보인 상태였다. 당시 일간지에서 다루지 못했던 '국방부 회식 사건' 같은 기사들을 여과 없이 보도했기 때문이다. 이런 일련의 상황 때문에 김문수를 비롯해 《서노련 신문》 대표와 발행인 등은 이미 수배령이 내려진 상태였다.

서노련 사건, 두 번째 투옥

김문수는 서노련 결성 이후 언제 구속될지 몰라서 집에도 들어가지 못한 채 한두 달에 한 번 정도 가족들을 만났다. 그것도 후배를 시켜 집에 기별을 넣어 약속 장소를 잡고 접선하듯 가족들을 만나야 했다. 결국 가족들의 생계를 꾸려가는 건 전적으로 아내 설란영의 몫이었다. 혼자 책방을 운영하며 동주를 돌봤고 한편으로는 늘 남편 걱정에 전전긍긍해야 했다. 그렇게 지낸 기간이 벌써 반년을 넘어서고 있었다.

설란영은 어느 날 불현듯 남편 후배가 찾아와 쪽지를 건네주면

허겁지겁 남편의 속옷이며 필요한 소지품을 챙겨 은밀히 약속 장소로 가야 했다. 마치 독립운동하는 남편을 만나듯 남편 얼굴 보기가 힘든 시기였다. 하지만 막상 그가 안 나타날 때도 다반사였다. 미행을 당하거나 낌새가 이상하면 김문수는 아내의 신변을 걱정해 약속 장소에 나타나지 않았다. 그러면 그녀도 현장에서 빨리 벗어나야 했다. 그렇게 불안함 속에 '1986년의 하루하루가 흘러가고 있었다.

그런데 인천에서 시위가 일어난 지 사흘 만인 5월 6일. 서울 잠실의 한 아파트에서 심상치 않은 상황이 벌어지고 있었다. 사복 차림을 한 경찰들과 군부대 요원들이 아파트 주변을 에워싸고 있었다. 마치 대규모 범죄 조직 소탕 작전이라도 하듯 주변 분위기는 살벌했다.

그들이 향한 곳은 아파트 5층의 한 가정집이었다. 건장한 사나이들이 부서져라 문을 걷어찼다. 안에서 인기척이 없자 머리를 짧게 깎은 사복 차림의 건강한 청년들이 드릴을 가져와 문을 뚫기 시작했다. 그때 안에서 고함 소리가 들렸다.

"너희들 뭐야! 영장을 제시해!!"

"이 새끼들 죽을래?"

고함 소리와 동시에 격렬하게 몸싸움하는 소리가 깊은 밤 아파트 주변을 울리고 있었다. 당시 김문수는 베란다로 나가서 물받이통을 타고 옥상으로 올라갔다. 그러자 건장한 남자 십여 명이 옥상으로 몰려와서 그를 붙잡아 개 패듯이 두들겨 팼다. 연행되면서도 그는 계속 발로 차이고 두들겨 맞았다. 잠시 뒤 등 뒤로 수갑을 찬 사람들이 맨발로 하나, 둘씩 끌려나왔다. 모두 20~30대의 젊은이들이었다. 이날 연행된 사람은 모두 13명으로 김문수를 포함해 서노련의 핵심 활동가들이었다. 군부대 요원들에게 끌려가던 이들의 입에서 '군부독재 타도하자'라는 구호가 터져 나왔다.

김문수를 비롯한 서노련 간부들이 일망타진된 것은 이들에 앞서 체포된 6명의 다른 활동가들 때문이었다. 그들 중 일부는 《노동자신문》을 찾으러 을지로 인쇄소 골목을 들어서다가 잠복 중인 경찰에게 체포됐고, 어떤 이들은 모임 장소에서 또 어떤 이들은 자취방에서 연행됐다. 이들을 조사하던 중 잠실의 전화번호가 나오면서 김문수를 비롯해 13명이 한꺼번에 체포된 것이다.

그날 서노련의 핵심 간부인 심상정은 약속 장소에 늦게 오는 바람에 함께 연행되지는 않았다. 아파트 단지에 들어서는 순간 쫙 깔려 있는 경찰들을 보고 이상한 낌새를 느낀 그녀는 약속 장소로 가지 않고 주부인 척 아파트 단지 내에 있는 슈퍼에서 배추와 무를 사서 나와 그 자리를 빠져나올 수 있었다.

김문수는 다른 동료들과 눈이 가려진 채 어딘지 모를 곳으로 끌려갔다. 그리고 눈을 가렸던 수건이 풀리면서 짧은 순간 주변의 우거진 나무가 눈에 들어왔지만 더 이상 아무것도 볼 수가 없었다. 차에서 내리자마자 대기하고 있던 건장한 청년 10여 명이 몽둥이로 머리고 등이고 할 것 없이 마구 내리쳤기 때문이다. 정신없이 맞는 중에도 '이놈들은 간첩보다 더 나쁜 사람들이니 죽여야 한다'는 소리가 들려왔다. 그는 '정말 이러다 죽을 수도 있겠다'는 생각을 했지만 그 이후는 기억하지 못했다. 얼마나 맞았는지 그 자리에서 실신해 버렸던 것이다.

먼저 잡힌 서노련 신문팀에게는 김문수와 심상정의 행방을 나중에 잡힌 김문수를 비롯한 핵심 활동가들에게 심상정과 '얼굴 없는 시인' 박노해의 행방을 추궁하면서 무자비한 고문을 가했다. 구타와 잠 안 재우기, 손발을 묶어 매다는 통닭구이, 수건을 얼굴에 씌워놓고 코로 물 먹이기, 심지어 전기고문까지 했다. 고문 이후에는 고문 흔적을 없애기 위해 온수욕과 안티프라민 맛사지를 했고 억지로 약물을 먹이기까지 했다.

서노련의 핵심 지도위원이었던 김문수에 대한 고문은 상상할 수 없을 만큼 가혹했다. 그는 보안사에 도착하자마자 완전히 발가벗겨져 철제 의자에 묶인 채 전기고문과 고춧가루 물 먹이기, 몸둥이 찜질 등을 번갈아 당했다. '너희 노동자들이 국가 전복을 기도했지?'라며 거짓 자백을 강요했고, 한편으론 심상정, 박노해의 행방을 대라며 추궁했다. 그는 모진 고문을 무차별적으로 당하면서도 결코 다른 회원들의 행방이나 존재에 대해 입을 열지 않았다. 그럴수록 고문의 강도는 높아졌다.

그가 견디다 못해 가짜로 약도를 그려주자 보안사 요원들은 그를 앰뷸런스에 싣고 약도 위치로 데려갔다. 그리곤 가짜였다는 사실을 알고서는 앰뷸런스 안에서 전기 방망이로 온몸을 지져대는 끔찍한 고문까지 저질렀다. 결국 온몸이 만신창이가 돼 물도 마시지 못하고 피오줌을 싸는 상황에 이르자 수사관들은 그를 국군병원으로 싣고 갔다. 그때 김문수는 어쩌면 이대로 죽을지도 모른다고 생각했다. 아니 이렇게 고문을 당하는데도 살아있다는 게 신기하게 느껴질 정도였다. 그는 반인륜적인 고문을 가하는 그들을 원망할 수밖에 없었다. '자신도 어쩔 수 없는 인간'이었기 때문이다.

하지만 그는 그들을 원망하지 않기로 했다. 고문은 인간성을 파괴하는 반인륜적인 행위다. 고문이 가혹해질수록 그들 역시 인간성이 파괴될 수밖에 없고, 그래서 그들 역시 고문의 피해자일지도 모르기 때문이었다.

남편 김문수가 사라졌다

그날도 설란영은 대학서점 문을 열고 책꽂이의 책들을 정리하고 있었다. 딸아이 동주는 탁아소에 맡겨진 채였고, 남편 김문수의 얼굴을 못 본 지는 벌써 두어 달이 넘어가고 있었다. 그런데 책방 문을 열며 낯익은 얼굴이 들왔다. 늘 남편의 쪽지를 전해주던 후배였는데 그의 표정이 평소와는 사뭇 달랐다.

"형수님, 이상해요. 요 며칠 형님과 연락이 안 돼요. 혹시 연락 받으신 거 없죠?"

그녀는 도피 기간이 길어지면서 남편과 만난 지가 오래돼도 '별일 없겠지' 하며 담담히 지내왔었다. 그런데 후배의 말에 더럭 걱정이 몰려오며 '경찰에 붙잡힌 건가?' 불안해지기 시작했다. 후배가 아니면 남편과의 연락선이 없었기 때문이다.

그날 오후, 김문수와 함께 서노련 활동을 하던 유시주의 언니 유시춘에게서 전화가 왔다. 그녀 역시 동생과 연락이 끊겼다며 아무래도 연행된 것 같다는 내용이었다.

다음 날 설란영을 비롯해 상황을 전해 들은 서노련 회원 가족들은 종로에 있는 기독교회관에 하나, 둘 모여들었다. 사실 5.3 인천사태 이후 서노련뿐 아니라 장기표 등 민통련 간부와 김근태 민청학련 의장 등 운동권에 대한 대규모 연행과 구속이 이어지고 있었다.

"연행된 것만은 분명한데 도대체 어디로 끌려갔을까요?"

설란영은 남편의 안부가 걱정돼 마음을 진정시키기 힘들었다. 하지만 남편이 경찰에 연행된 건지, 보안사에 연행된 건지 전혀 정보를 얻을 수 없었다. 그때 가족들 가운데는 유시주의 오빠인 유시민도 있었다. 서노련 회원 가족들은 수소문 끝에 그곳이 서울 거여동의 야산 속 수상한 건물이라는 사실까지 밝혀냈다. 그곳은 보안사령부 분실, 이른바 '송파 보안사'로 불리는 곳이었다. 당시엔 군 수

사기관이 영장 없이도 민간인을 연행해 구금하고 가혹 행위도 할 수 있던 시절이었다. 가족들은 기독교회관에서 구속자 전원 석방을 요구하며 농성을 시작했고, 한편으론 송파 보안사로 구속된 사람들을 수소문해 나섰다.

설란영과 서노련 가족들은 민가협과 민통련 의장단 그리고 외신 기자를 대동하고 송파 보안사로 향했다. 보안사 중간 지점에 바리케이드가 처져 있었고, 일반인들의 출입을 엄격하게 통제하고 있었다. 그런데 갑자기 외신기자를 대동한 민간인들이 들이닥치자 보안사 요원들은 당황하는 모습을 보이다가 그들을 막아서며 실랑이를 벌였다. 그러는 사이 설란영을 비롯한 가족들은 보안사 입구로 달려가 철문에 매달려 울부짖기 시작했다.

"우리 가족들 내놔라."

"살았는지 죽었는지 얼굴이라도 보여 달라."

"왜 군 보안사에서 민간인을 연행했느냐."

한편에선 기습 농성이 이어졌다. 한참 만에 보안사 측 사람이 나타났다. 하지만 확인 결과 김문수를 비롯해 구속된 서노련 조직원들은 이미 그곳에 없었다. 보안사 측은 이곳에서 조사받은 사람들 명단을 확인해 준 뒤, 모두 이곳에서 일주일 정도 조사를 받았지만 바로 전날 6개 경찰서로 나뉘어 이첩됐다고 말했다. 과연 그들의 말이 사실일까? 설란영은 남편의 신상에 별문제가 없는지 걱정스러웠지만 그들의 말을 믿을 수밖에 없었다.

김문수는 그곳에서 조사받은 뒤 성동경찰서로 이첩돼 있었다. 설란영은 다시 다른 가족들과 함께 성동경찰서로 달려갔다. 하지만 경찰서 측에서 면회는 안 된다고 완강하게 거절하는 바람에 그곳에서 또다시 실랑이를 벌어야 했다. 쉽게 물러설 설란영이 아니었다. 남편의 모습을 확인해야만 돌아설 수 있을 것 같았다. 그녀는 함께 연행된 가족들과 다시 울고불고 악을 쓰며 남편을 만나게 해달라고 사정했다. 그렇게 얼마나 시간이 지났을까? 경찰 측에서 면회를 허락해줬다.

한참 뒤 양쪽에 두 경찰의 부축을 받으며 김문수가 나타났다. 제대로 걷지도 못하는 그의 모습은 흡사 중환자 같았다. 몇 달 만에야 겨우 보게 된 남편 김문수의 얼굴은 알아보기 힘들 정도였다. 여기저기 부어올라 있었고 검붉은 멍 자국이 선명하게 남아있었다.

김문수는 부축을 받으며 겨우 의자에 앉았다. 의자에 앉는 것조차 불편해 보였다. 하지만 옆에 건장한 남자 둘이 지키고 서 있는 바람에 맘 놓고 속얘기를 나누지도 못하는 상황이었다. 설란영은 오랜만에 남편을 상봉한 기쁨보다 사건의 실체를 파악해야 한다는 생각에 정신을 가다듬고 남편에게 물었다.

"언제 잡혀간 거예요? 몸은 괜찮아요?"

"……"

하지만 김문수는 얼른 대답하지 못했다. 얼마나 고문을 당했는지 말하기조차 힘들어했다.

"일주일쯤 전이에요."

그러면서 러닝셔츠를 들추는데 배 주변에 테이프를 붙였다 뗀 자국이 여기저기 있었다. 전기고문을 당한 흔적이 역력했다. 그는 자신이 어떤 고문을 어떻게 당했는지 차마 말로 다 할 수 없었던 것이다. 그녀는 집안일은 걱정하지 말라며 남편을 안심시킨 뒤 짧은 면회를 마쳐야 했다. '이 폭력적인 정권 아래서 남편이 살아 있다는 사실을 확인한 것만으로도 감사하다'고 생각하며 발걸음을 돌렸다.

당시 언론에서는 이 일을 무슨 간첩단 사건처럼 크게 기사화했다. 서노련 구속자 가족 20여 명은 기독교회관에서 가족들의 석방을 요구하며 더욱 거세게 농성을 벌였고, 한편으로는 인권 사무실에 모여 소식지를 발간했다. 바로 '구속 노동자 소식지'였다. 서노련 구속자들이 군 보안대에 연행돼 고문받고 경찰서로 이첩되기까지, 5공 정권의 무자비한 폭력성을 규탄하는 내용의 소식지를 만들어 재야단체는 물론 운동권과 노동자들이 사는 밀집 지역에 뿌렸다. 소식지 제작은 주로 유시민이 담당했다. 그렇게 서노련 사건은 사람들에게 조금씩 알려지기 시작했다.

이후 김문수는 성동경찰서에서 이틀 만에 서울구치소로 수감되었다. 그리고 1심에서 국가보안법 위반으로 4년형을 선고받았고, 항소, 상고를 거쳐 3년형을 확정받았다. 안양, 목포, 광주교도소를 비롯해 전국 교도소를 전전하며 그의 긴 감옥 생활이 시작됐다.

2년 6개월, '그곳은 지옥이었다'

김문수가 서울구치소로 넘겨진 것은 송파 보안사로 잡혀간 지 30일 만인 1986년 6월 초순이었다. 그는 모진 구타와 고문 후유증으로 이미 몸과 마음이 지칠 대로 지쳐 있었다. 하지만 서울구치소에선 또 다른 가혹한 형벌이 그를 기다리고 있었다. 이른바 '검신'이라는 이름으로 진행되는 신체검사는 인간으로선 감당하기 힘들 정도로 모욕적이었다.

그들은 그를 발가벗긴 뒤 머리를 바닥에 처박게 했다. 그리곤 항문 속을 들여다봤다. 발바닥을 들게 해 들여다보고 머리털, 겨드랑이털까지 다 흔들어봤다. 혹시 라이터돌이라도 하나 들어 있을까 해서다. 그들 말로는 '탁'이라고 한다. 온몸을 샅샅이 뒤져도 별다른 이상이 없자 오케이 사인이 떨어졌다. 입고 온 옷과 소지품까지 모두 빼앗긴 채 그는 맨몸으로 감옥에 보내졌.

"어이, 1125번!" 감옥에선 수감 번호가 그의 이름을 대신했다. 나이도 이름도 없는 존재였다. 교도관들은 나이가 많건 적건 무조건 반말을 했다. 게다가 그의 가슴엔 빨간 명찰이 달려있었다. 감옥에선 시국사범이나 좌익수에겐 빨간 명찰을 달게 했는데, '주변에 빨간 물을 들이지 않게 해야 한다'며 독방에 가두었다. 차가운 독방에서 혼자 생활한다는 것은 견디기 힘들 만큼 정신적 육체적 고통이 뒤따랐다. 온몸을 덮는 냉기와 캄캄한 어둠은 사람을 황폐하게 만든다. 게다가 일명 '뺑끼통'이라고 부르는 둥그런 통에다 대소변을 보게 했는데, 아무런 덮개도 없어 코를 찌르는 냄새는 이루 말할 수 없었다.

바깥 세계와는 완전히 단절됐다. 직계 가족이 아니면 절대로 편지를 쓰거나 받을 수도 없었다. 가족이라도 본인 사진 등을 접견 대장에 붙여놓지 않으면 면회도 시켜 주지 않았다. 인간의 가치가 이렇게까지 뭉개질 수 있을까. 그는 모욕감과 절망감에 시달리며 하루하루를 겨우 버텨내야 했다.

그가 구치소에 수감된 지 5개월째 되던 1986년 11월의 어느 날이었다. 아침에 일어나 씻고 있는데 보안과장을 비롯해 10여 명의 직원들이 세면대로 들이닥쳤다. 그러더니 다짜고짜 욕설을 퍼붓고 발길질을 하며 그를 어디론가 끌고 갔다. 눈 깜짝할 사이에 일어난 일이었다. 교도소 곳곳에서 비슷한 일이 벌어졌다. 그가 영문도 모른 채 얻어맞으며 끌려 간 곳은 0.75평짜리 서울구치소의 지하실 먹방이었다. 다른 정치범 100여 명도 그와 같은 식으로 먹방에 갇혔다. 빛이라곤 한 줄기도 들어오지 않는 지하 먹방이니 소리를 아무리 질러 봐야 바깥으로 나가지도 않았다.

1986년 11월. 바깥 세상은 시끄러웠다. 건국대 사건으로 1,300여 명의 학생들이 한꺼번에 구속되는 초유의 사건이 발생했다. 그 가운데 300여 명의 정치범들이 서울구치소로 보내졌는데 이미 수감돼 있던 200여 명과 합치면 500명이 넘는 상황이었다. 이미 수용

능력을 넘어선 것이다. 위기의식을 느낀 교도소 측은 법무부의 지휘 아래 이미 수용돼 있던 정치 사범들을 먹방에 가둔 것이었다. 서울구치소에는 0.75평의 먹방이 40여 개 있었다. 먹방에 갇힌 뒤 그는 수갑이 채워지고 포승으로 온몸이 묶였다. 한 사람이 눕기도 불편한 먹방에 5명씩이나 집어넣었다.

"여기요. 밥 먹을 때만이라도 포승을 좀 풀어주면 안 돼요? 밥을 먹을 수가 없잖아요?"

"뭐야? 이것들이 아직도 정신 못 차렸잖아?"

식사 시간만이라도 포승을 풀어달라고 애원했지만 돌아오는 건 모진 구타뿐이었다. 직원들은 몰려와 발바닥을 때렸다. 발바닥이 상처가 나지 않는다는 이유에서였다. 그는 얼마나 맞았는지 일어서지도 못할 지경이었다. 결국 식사 시간마다 개처럼 땅바닥에 놓인 밥그릇에 코를 처박고 먹을 수밖에 없었다. 어떤 사람들은 아예 굶어버렸다. 잠을 잘 때도 수갑을 차고 포승에 묶여 칼잠을 자야 했다. 대소변을 볼 때는 더 비참했다. 방 한구석에는 수채만한 구멍이 뚫려 있는데 뚜껑도 없고 아무것도 없었다. 그 구멍이 화장실이었다. 그나마도 포승을 풀고 수갑을 풀어줘야 볼일을 볼 수 있었지만 그마저도 허락되지 않았다. 옷을 미처 벗지 못하고 일을 보니 언제나 옷에 오물을 흘릴 수밖에 없었다. 참다 못해 항의하면, '질서 파괴'라며 직원들이 몰려와서 또 두들겨 팼다. 인간의 존엄성은 무시되는 곳. '이렇게까지 해서 살아야 하나?' 그는 매일 매순간 인간적인 모멸감에 시달려야 했다.

먹방에서 생활한 지 3일째 되는 날이었다.

"어이, 1125번! 당신은 한 달간 징벌이야."

머릿속이 하얘졌다. 지금 이 상태로 한 달을 더 지내라는 얘기였다. 과연 이대로 더 견딜 수 있을까? 팔, 다리가 묶인 채 꼼짝달싹할 수 없이 지내다 보니 팔, 다리가 온전할 리 없었다. 그렇게 8일째 되는 날, 무슨 이유에선지 그는 안양교도소로 옮겨졌다.

그는 안양교도소에서도 특별사에 갇혔다. 특별사는 철문을 4개나 통과해 높은 담 속에 뚝 떨어져 있었는데, 대학 노트 크기만한 시찰구는 투명 플라스틱으로 된 덧문이 2중으로 덮여 있었다. 공기가 하나도 통하지 않아 1시간쯤 맨바닥에 앉아있으니 숨 쉬는 훈기가 물방울로 맺혀 베니어판 벽을 타고 흘러내렸다. 숨이 가빠왔다. 그는 '아, 이대로는 더 이상 살 수가 없다'고 생각돼 죽고 싶어서 벽에 머리를 찧어 보았다. 하지만 벽은 스티로폼을 깔고 그 위에 베니어판을 입혀 놓았기 때문에 죽을 수도 없었다. 그렇게 징벌방에서의 한 달간은 죽을 만큼 힘겨운 시간의 연속이었다.

당시 '국가보안법 위반'이라는 죄목으로 수감된 사람들에겐 피도 눈물도 없었다. 특히 반 군사독재를 외치던 운동권에겐 더욱 가혹했다. 김문수는 한 달 만에야 징벌방에서 풀려났지만 상황이 더 나아지진 않았다. 일반 방에 돌아왔지만 복도엔 언제나 완전무장한 경비교도대 2명이 일거수일투족을 감시하며 옆방과도 통방하지 못하게 했다. 비인간적으로 생활하는 건 일반 방도 마찬가지였다. 모든 재소자들에게 씻는 것도 이빨 닦는 것도 변소 안에서 하라고 했다. 세탁도 물론이었다. 그는 이런 비인간적인 처사를 도저히 참을 수 없었다.

"이거 너무한 거 아닙니까? 당신들도 한번 생각해 보십시오. 어떻게 이럴 수가 있습니까?"

그가 항변을 하자 또다시 특별사로 끌고 갔다. 팔다리를 척추 뒤쪽으로 젖혀서 잡아 맸다. 이른바 '족수승'이었다. 풀을 먹인 밧줄로 얼마나 꽁꽁 얽어맸는지 살갗에선 피가 흘렀다. 시간이 갈수록 숨이 막히고 심장이 죄어들어 왔다. 그는 차라리 죽는 게 낫겠다 싶어 머리를 바닥에 찧어댔다. 그랬더니 경비대원이 와서 검도할 때 쓰는 투구를 머리에 씌어버렸다. 그는 울부짖을 수밖에 없었다. 어머니께, 하느님께 자신을 지켜달라고 기도했다. 그리고 저들을 용서해 달라고, 미워하지 않게 해달라고 기도했다.

동주야 미안해

김문수가 감옥 생활을 하는 동안, 그의 가족은 뿔뿔이 흩어져서 생활해야 했다. 다섯 살이 된 동주는 여전히 탁아소에 맡겨진 채였고, 설란영은 남편을 대신해 여전히 서점을 운영하며 서노련 구속자 석방을 위해 백방으로 뛰어다녔다. 언제쯤 세 가족이 모여 살 수 있을지 기약 없는 하루하루가 흘러가고 있었다.

김문수의 감옥 생활이 1년을 넘어서고 있을 즈음, 설란영은 딸 동주를 데리고 집을 나섰다. 남편 옥바라지를 위해 자주 교도소를 찾았던 그녀였지만 이번엔 딸 동주를 데려가기로 마음먹은 것이다. 교도소로 가는 길은 멀었다. 남편은 이제 목포교도소에 수감 중이었기에 면회를 하려면 아침 일찍 서둘러 비행기를 타거나 하루 전에 출발해 교도소 근처에서 하룻밤 묵어야 했다. 하지만 오늘은 동주를 데리고 가야 하기에 비행기를 타고 가기로 했다.

면회 신청을 하고 얼마나 지났을까? 많이 여윈 모습의 남편이 창살 너머로 모습을 드러냈다. 아이에게 이런 아버지의 모습이 어떻게 비춰질까 마음이 쓰이지 않았던 건 아니다. 더구나 남편은 굳이 딸아이를 이곳까지 데려오는 걸 원치 않았었다. 하지만 낯선 곳에서 아버지의 모습을 본 동주는 전혀 놀라거나 당황하지 않았다. 사실 늘 바깥일을 하느라 그는 동주와 많은 시간을 함께해 주지 못했었다. 그런 아버지를 동주는 단박에 알아봤다.

"아빠!!"

"어, 그래 우리 동주 왔구나?"

오히려 당황한 건 아버지 김문수였다. 그동안 동주는 몰라보게 자라 있었다. 그의 눈가가 촉촉이 젖어왔다. 아이는 이렇게도 잘 자라주고 있는데, 아버지로서 함께해 주지 못했다는 자책감이 새삼 밀려왔다. 아이는 이제 글도 읽고 쓸 줄 안다며 한껏 자랑을 늘어놓았다. 아직도 많은 시간을 이곳에서 있어야 하는데, 딸아이에게 아무것도 해줄 수 없다는 사실이 그는 너무나 미안했다. 잠시 뒤 그는 품속에서 아주 작은 무언가를 꺼내 딸아이에게 건네주었다. 손가락 한 마디쯤이나 될까? 빨간 장난감 자동차였다.

"이거, 아빠가 과자 먹는데 봉지에서 이게 나오더라. 우리 동주 주려고 아빠가 잘 놔뒀지."

그 장난감은 교도소에서 나눠주는 과자 봉지 속에 들어있던 보잘것없는 플라스틱 장난감이었다. 그 장난감을 받고서 너무나 좋아하는 딸아이를 보면서 그는 또 한 번 눈시울이 뜨거워졌다. 원래 그런 것을 보관해서도 면회 시간에 건네줘서도 안 되는 게 교도소 규칙이었다. 하지만 힘겨운 교도소 생활 중에도 딸아이 생각이 머릿속을 떠나지 않았던 그는 장난감을 소중히 간직해 왔던 것이다.

장난감을 한 손에 꼭 쥔 채, 아버지를 향해 손을 흔들어 주던 딸아이 동주. 그렇게 창살 너머로 딸아이와 잠깐 만남을 가진 김문수는 한동안 가슴이 먹먹해 힘든 시간을 보내야 했다.

대학서점 설란영 앞으로

오늘 오전에 당신이 접견 와서 유리창 너머로 동주를 잠깐

보고 왔습니다. 동주가 너무 빨리 크는 것을 보면 저는 무엇이며, 어떻게 변해가고 있는지를 무척 현실적이고도 구체적으로 생각하게 됩니다.

동주에 대해 저는 무엇으로 비쳐질지 모르겠습니다. 아버지라는 것이 무엇을 뜻하는지, 그리고 가정은 나에게 무엇인지라는 것을 어떤 때는 깊이 생각해 봅니다. 그러나 아무리 깊이 생각하더라도 신통한 결론을 내리더라도 막상 실현시키는 데는 무수한 요인들이 가로막고 있으니….

그리고 무엇보다도 지금과 같이 갇힌 몸으로서야 무슨 소용이 있겠습니까? 모든 세속적 장애 아니 그것이 장애인지 조건인지는 다시 더 깊이 생각해 봐야 할 것입니다만, 그런 것들로부터 훨훨 자유로워질 수는 없는지, 하기는 제가 뭐 그런 것들에 별로 얽매어 본 적도 없는데 마음에 짐으로 느껴지는 것은 또 무슨 까닭일까요?

……

-86. 9. 22

가정을 지키지 못하고 있다는 미안함과 부담스러움이 한동안 그의 마음을 짓눌렀다. 무엇보다 나날이 커가는 딸아이의 존재는 그에게 많은 고민을 안겨주었다. '과연 아버지로서 딸아이에게 해줄 수 있는 게 무엇일까?' 하는 생각에 고통스러웠다. 그는 많은 시간

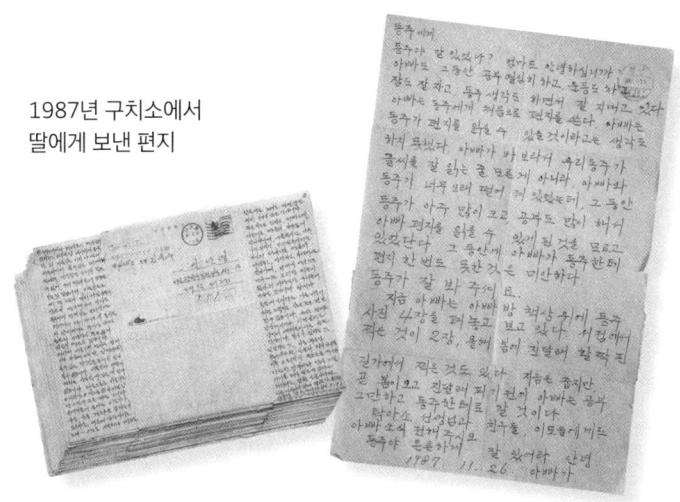

1987년 구치소에서
딸에게 보낸 편지

이 지난 후에야 처음으로 딸아이에게도 편지를 쓸 수 있었다.

동주에게

아빠는 동주에게 처음으로 편지를 쓴다. 아빠는 동주가 편지를 읽을 수 있을 것이라고는 생각도 하지 못했다. 아빠가 바보라서 우리 동주가 글씨를 잘 읽는 줄 모른 게 아니라 아빠와 동주가 너무 오래 떨어져 있었는데 그동안 동주가 아주 많이 크고, 공부도 많이 해서 아빠 편지를 읽을 수 있게 된 것을 모르고 있었단다. 그동안에 아빠가 동주한테 편지 한 번도 못한 것은 미안하다. 동주가 잘 봐주세요.

지금 아빠는 아빠 방 책상 위에 동주 사진 4장을 펴놓고 보고 있다. 서점에서 찍은 것이 2장, 올해 봄에 진달래 활짝 핀 길가에서 찍은 것도 있다. 지금은 춥지만 곧 봄이 오고, 진달래가 피기 전에 아빠는 공부 그만하고 동주한테로 갈 것이다.

탁아소 선생님과 친구들, 이모들한테도 아빠 소식 전해 주시오.

동주야 튼튼하게 잘 있어라. 안녕.

1987. 11. 26. 아빠가.

세상은 달라져 서서히 봄이 오고 있었지만 그의 가정에 봄은 아직도 먼 듯했다.

9척 담 안에서 맞이한 민주화

그가 감옥에 있는 동안 대한민국은 큰 변화의 한가운데 서 있었다. 1987년 1월, 서울대학생 박종철 군이 치안본부 남영동 대공분실에서 조사를 받다 사망한 사건이 벌어졌다. 경찰은 처음엔 단순 쇼크사로 발표하며 사건을 은폐하려 했다. 하지만 사건 발생 5일 만에 박종철 군이 민주화 학생운동 선배 박종운을 찾으려던 경찰에 의해 물고문을 받다 사망했다는 사실이 밝혀지면서 다시 사회는 요동치기 시작했다.

5월 18일 천주교 정의 구현 사제단이 박종철 고문치사 사건이 은폐되었다는 성명을 발표했다. 재야 세력과 통일민주당이 연대하여 '민주헌법쟁취 국민운동본부'를 전국적 민주화 투쟁의 구심체로 결성하고, 이어서 '박종철 고문 살인 은폐 조작 규탄 및 민주헌법쟁취 범국민 대회'를 개최했다. 이 행사는 6월 항쟁의 기폭제가 됐다. 6월 10일부터 20여 일간 500만 명이 거리로 뛰어나와 '4.13 호헌 철폐'와 '직선제 개헌 쟁취', '독재정권 타도' 등 반독재 민주화 요구를 했다. 학생들은 물론 퇴근길의 넥타이 부대까지 시위 대열에 합류하며 민주화를 외친 이 사건이 대통령 직선제 개헌을 끌어낸 이른바 6월 민주항쟁이다. 결국 전두환 정권은 국민의 민주화 요구를 받아들이지 않을 수 없었다. 민정당 대통령 후보 노태우가 직선제 개헌과 평화적 정부 이양 그리고 대통령 선거법 개정 등을 주요 내용으로 6.29 선언을 발표했다. 이어 헌정 사상 처음으로 평화적 정권 이양이 이루어졌다.

김문수는 이 모든 소식을 감옥에서 접해야 했다. 힘든 감옥 생활 중에 들려온 반가운 소식이었지만 현장에서 뛸 수 없던 그에겐 더없이 힘든 시기이기도 했다. 언제나 투쟁의 선봉에 서서 민주화를 외쳤던 자신이 이런 변혁의 시기에 갇혀 있어야 한다는 사실이 마음을 답답하게 만들었다.

그런 남편을 위해 설란영은 더 자주 면회를 왔다. 그녀는 면회를 갈 때마다 신문을 스크랩해 남편 앞에 한 장, 한 장 펼쳐 보여줬는데, 그 당시 교도소 내로 신문 반입이 금지돼 있었기 때문에 생각해 낸 방법이었다. 그는 아내가 스크랩해 온 신문들을 보면서 달라지고 있는 세상의 단면을 만날 수 있었다. 김문수는 6척 담 안의 교도소라는 또 다른 세상에서 변화를 맞고 있었다.

독방에 갇히거나 고문에 시달리던 초반과는 달리 그는 감옥 생활에 어느 정도 적응해가고 있었다. 아내가 넣어준 책을 읽고, 아내와 딸에게 편지를 쓰는 일이 일상이 돼 있었다. 그리고 다른 수감자들에게도 눈을 돌렸다. 그 안엔 사기꾼, 히로뽕 제조업자, 경제사범, 서진 룸살롱 살인자들, 청송보호소에 수감되었던 사람까지 온갖 사람들이 들어와 있었다. 그 역시 밑바닥 인생을 전전했다고는 하지만 감옥 안의 세상은 너무나 달랐다. 그가 상상해 보지도 못했던 온갖 종류의 사람들이 함께 살아가야 하는 곳이었다.

하지만 그는 그곳에서도 딱한 처지의 사람을 보면 외면하지 못했다. 당시 광주교도소에는 역시 운동을 하다가 투옥돼 그곳으로 이감돼 온 송종환이란 사람이 있었다. 그는 오랜 감옥 생활로 몸이 쇠약해질 대로 쇠약해져 있었다. 김문수 역시 힘든 감옥 생활이었지만 운신조차 하지 못하는 그를 위해 매번 옷가지며 이불 빨래도 대신 해주었다. 하지만 몸이 아픈 송종환은 제대로 먹지 못해 몸이 점점 나빠져 갔다. 그는 그 친구를 위해 처음으로 교도관에게 마음에 없는 말까지 했다.

"저… 제가 이제 깊이 반성하고 있습니다. 그런데 매일 이렇게 멍하니 있으면 안 될 것 같아서요. 제게 일을 시켜 주시면 반성하는 의미로 열심히 하겠습니다."

그래서 그는 원예반으로 출역을 하게 되었다. 꽃과 나무에 물을 주는 것이 주된 일이었는데 그는 출역을 나갔다가 돌아올 때면 어디서 구했는지 몰래 젓갈을 가져오곤 했다. 출역을 나갈 때마다 취사반으로 출역을 나온 다른 재소자에게 거듭 사정을 하고 부탁해 겨우 얻어온 것이었다.

목포가 고향인 송종환을 위해서였다. 그 친구가 식사를 제대로 못하자 입맛이 돌아오라고 그가 좋아하는 젓갈을 구해왔던 것이다. 원예반 출역을 자처했던 것도 그런 이유 때문이었다. 김문수의 그런 정성에 감동했던 것일까? 송종환은 그의 따뜻한 배려로 차츰 기력을 회복해 나갈 수 있었다.

그러는 사이 전혀 다른 세상에서 미처 접해보지 못했던 사람들과 생활하며 보낸 긴 감옥 생활도 서서히 끝나가고 있었다. 바깥세상도 변화의 소용돌이에 휘말려 있었지만 그의 삶 역시 변화의 기로에 서 있었다.

무너진 혁명의 꿈

1988년 노태우 대통령의 6.29 선언과 88올림픽이 끝난 후, 그는 10월 3일 개천절 특사로 출감했다. 6개월의 수감 생활을 남겨두고서였다. 2년 6개월간의 감옥 생활을 마치고 출소한 그는 한동안 방황해야 했다. 그가 몸담았던 서노련 조직은 일찌감치 해체된 뒤였다. 무엇보다 20년 동안 그가 믿어왔던 신념, 혁명을 통해 세상을 바꿀 수 있다고 믿고 있었던 신념이 깨져버린 것이다.

그는 사회주의자였다. 노동자와 빈민들 할 것 없이 모두가 잘사는 세상을 혁명을 통해 이룰 수 있다고 생각했었다. 출세가 보장된 안일한 삶을 버리고 노동자의 삶, 어려운 혁명의 길을 택한 건 바로 그런 이유 때문이었다. 그런데 그 혁명의 꿈이 무너져 버린 것이다. 그의 나이 마흔 살, 거짓말처럼 세상이 바뀐 것이다.

그의 생각을 뿌리 채 흔들어 놓은 건 1989년 독일의 붕괴 그리고 바로 이어진 소련의 붕괴였다. 70년 동안 사회주의를 선택했던 나라들이 한꺼번에 무너진 것이다. 전 세계의 3분의 1이 실험했던 사회주의가 무너져 내린 걸 어떻게 받아들여야 할 것인가?

무엇보다 한국 자본주의가 실패할 것이라고 믿었던 그의 전망은 빗나갔다. 그보다는 시장의 역동성을 보았고 지난 20여 년 동안 민주화와 경제 발전이 성공적으로 성취되는 과정을 볼 수 있었다. 그는 이런 현실 앞에서 갈등할 수밖에 없었다.

그는 함께 혁명을 위한 길을 걸어왔던 동료들과 공부도 하고 토론도 하며 각종 이념 서적과 역사책들을 읽어나갔다. 그리고 '역사란 무엇인가, 인간의 본성은 변할 수 있나?' 스무 살 시절에 했던 고민을 다시 하기 시작했다. 그러면서 점차 깨달을 수밖에 없었다. '무엇보다 한꺼번에 혁명이 일어날 수도 없고, 인간은 하루아침에 변하지도 않는다'는 사실을. 그는 아프게 이런 현실을 인정하고 받아들여야 했다.

그가 정신적인 지주라고 믿고 따랐던 서울대 안병직 교수는 이미 1985년부터 1987년까지 일본 동경대 교환교수로 다녀온 뒤 방향을 선회하는 결단을 내렸다. 그의 선배들도 대부분 그 시기에 그렇게 했다. 당시 김문수는 그런 사실을 받아들일 수 없어 '배신자'라고 욕을 하기도 했다. 그는 전두환 시절에도 여전히 데모가를 부르며 곧 혁명이 일어난다고 믿었었다. 그날은 반드시 올 거라고 믿었었다.

대학 신입생 시절부터 함께 서클 활동을 하며 사회과학 공부를 했던 사람들 가운데 가장 오랫동안 남아있던 사람 가운데 한 명이 김문수였다. 하지만 그의 나이 마흔이 되어 사회주의 국가가 붕괴되는 것을 보면서, 그리고 자본주의를 택한 한국 사회가 경제 발전에 성공하는 모습을 보면서 사회주의는 가서는 안 되는 길이라는 사실을 인정할 수 있었다.

긴 고뇌의 시간

고뇌의 시간을 보내고 있던 그에게 장기표 선배로부터 연락이 왔다. 장기표 역시 5.3 인천직선제 개헌투쟁으로 오랜 기간 감옥 생활을 한 뒤 1988년 말에야 석방됐다. 그는 출소 후 전민련 사무처장직을 맡아 일하면서 뭔가 새로운 일을 도모하고 있었다.

"세상이 바뀌었지만 오히려 민중 운동은 위기를 맞고 있어. 이제 운동권도 정치 세력화 돼야 한다고 생각해. 더 이상 양 김 씨에 의존하는 민주화는 한계가 있어."

장기표는 1987년 6월 항쟁 이후 줄곧 이런 생각을 해왔었다. 6월 민주항쟁으로 대통령 직선제 개헌을 이끌어 냈지만 당시 민주 세력을 이끌었던 김대중, 김영삼 이른바 양 김 씨의 분열로 민주화의 기회를 놓쳤기 때문이다. 그는 이제 민주화를 위해서든 민중운동의 발전을 위해서든 국민이 희망을 걸 수 있는 집권 대체 세력이 있어야 한다고 생각했다. 시대 상황에 따라 운동의 이념과 전략도 바뀌어야 한다는 것이었다. 김문수 역시 그런 그의 생각에 공감했고, 당시엔 그것이 대안이라고 생각했다.

당시 장기표는 체제 내에서 민중의 권익을 대변할 '합법 정당'을 만들자고 주장했다. 그는 먼저 전민련 상임 집행위원회에서 이 문제를 제기했다. 하지만 반대가 만만치 않았다. 특히 김근태 당시 전민련 정책실장의 반대가 심했다. 시기상조라는 이유 때문이었다.

아직 민중운동이 덜 성숙했고, 더구나 노동자 계급이 운동의 헤게모니를 장악하지 못한 상태에서 합법 정당을 건설하면 운동이 개량화될 뿐만 아니라 운동 역량이 분산돼 지배 세력의 탄압을 견뎌내지 못할 것이라는 이유에서였다. 그래서 민중운동 역량이 더 성장한 다음에 합법 정당을 건설해야 한다고 주장했다.

전민련은 찬성하는 쪽과 반대하는 쪽 둘로 나뉘었다. 결국 전민련 상임위에서는 자칫 의견이 양분된 상황에서 감정의 골만 깊어질 수 있으니 합법 정당을 찬성하는 쪽은 전민련 간부직을 사임하고 합법 정당을 건설하라고 결론을 내렸다. 결국 장기표는 전민련

1990년 민중당 '구로갑지구당 발기인대회'

을 탈퇴하고, 1990년 11월 20일 민중당을 창당했다. 이 과정에 김문수도 발기인으로 참여했다. 당시 민중당에는 학계, 노동계, 여성계, 농민계를 비롯해 각계각층의 인사들 1,100여 명이 참여했다. 백기완과 이우재를 공동대표로 장기표는 조직위원장, 이재오는 대변인 그리고 김문수는 노동위원장을 맡았다. 민중당은 한국의 재야 운동권 인물들이 중심이 돼 창당한 최초의 정당이었다. 오랜 기간 재야에서 활동하다 20년 만에야 제도권에서 합법적인 정당을 하게 된 것이다.

민중당이 내건 기치는 노동자, 농민, 도시 서민, 중산계층, 중소상공인이 주축이 되어 기존의 기득권 정당과는 뚜렷이 구별되는 '민중 정당'을 만들겠다는 것이다. 그리고 각계각층의 이익을 대변하겠다고 선언했다. 당시 민중당은 기존 야당에 비해서도 상대적으로 진보적 성향을 띠었다.

재야의 옷을 벗고 제도권으로

1990년대에도 김문수는 여전히 노동운동 현장에 있었다. 하지만 이제 그의 역할은 달라져 있었고, 또 달라져야 했다. 4월 11일, 그는 '민주정당 건설을 위한 전국 노동자추진위원회 준비모임'의 대표를 맡았다. 그리고 11월 10일 민중당 창당에 노동위원장으로서 주도적인 역할을 했다. 그는 울산 현대자동차, 거제 대우조선 등 대규모 공장을 찾아다녔다. 무엇보다 민중당의 지지기반을 넓히기 위해 노동자들을 만나 민중당의 필요성과 역할을 설명했다. 당원으로 끌어들이기 위해서였다. 그는 대부분의 시간을 노동자들을 만나는 데 할애했다.

또한 대우조선 같은 곳에서 대규모 파업이 발생하면 파업 현장을 찾아가 중재하는 역할도 맡았다. 그는 무엇보다 노동운동이 투쟁 일변도로 빠지지 않고 국민적 지지를 받을 수 있는 길이 무엇인지 연구하고 고민했다. '상황이 변했고, 노동자들도 변하고 있으니 운동도 달라져야 한다'는 것이 그의 주장이었다. 더구나 1992년에 출범한 김영삼 대통령의 문민정부는 그가 갖고 있던 기존의 생각을 또 한 번 흔들어 놓았다. 그가 혁명이 아니면 달성할 수 없다고 생각했던 개혁들을 문민정부가 하나둘씩 추진하고 있었기 때문이다. 그가 한창 노동운동을 하던 서슬 퍼런 5공 정권과는 환경이 달랐던 것이다.

하지만 그런 그의 생각은 사람들로부터 많은 비판을 받기도 했다. 그를 비판하는 사람들은 한국의 현실이 여전히 가진 사람들 위주라는 점에서 본질적으로 달라진 게 없다는 것이었다. 노동 현장에서 가장 강력하고 과감하게 파업을 이끌고 사측과 담판을 벌였던 그의 변화를 석연치 않아 하는 사람들도 많았다.

민중의 이익을 대변한다며 창당된 민중당이 정작 노동자들이나 서민들로부터 얼마나 많은 지지를 받을 것인지, 열심히 현장을 다니면서도 문득문득 그런 불안감이 고개를 들었다. 하지만 곧 국회의원 선거가 다가오고 있었다.

1992년 3월 24일. 14대 국회의원을 뽑는 선거가 진행됐다. 이번 선거는 민중당에 대한 대중의 지지도를 가늠해 볼 수 있는 시험대이기도 했다. 민중당은 전국에 걸쳐 51개 지역구에 후보를 냈다. 당시 김문수는 구로구갑 지역의 출마를 권유받았지만 아직은 때가 아니라는 판단에 사양했다. 대신 장기표 선배의 서울 동작갑 지역구의 국회의원 선거운동을 도왔고, 민중당 비례대표 후보로 나섰다. 그렇게 제도권 정치에 첫발을 내디딘 뒤 모두가 죽을 각오로 열심히 뛰었다.

결론은 참패였다. 민중당은 51개 지역구에서 단 한 명의 당선자도 내지 못했다. 정치권에선 갖가지 분석이 나오기 시작했다. '아직 국민들이 민중운동 세력을 여당에 대한 대체 세력으로 보고 있지 않다'는 것이 문제라고 지적했다. 하지만 민중당 내에서는 '진보 정당에 대한 일반의 불필요한 과민 반응'과 '잘못된 선거제도와 풍토 때문'이라는 분석을 내놨다.

김문수 역시 실패를 인정해야 했다. 자신이 생각하는 정치노선이 틀렸고 그래서 국민의 선택을 받는데 실패했다는 사실을 다시 한 번 확인하는 계기였다.

선거의 참패는 정당의 존립마저 힘들게 했다. 2% 이상을 득표하지 못했기 때문에 정당법에 따라 해산해야 했다. 창당된 지 불과 1년 4개월 만이었다. 그는 제도권 정치의 두터운 벽을 무섭도록 실감할 수밖에 없었다.

'정성이 지극하면 하늘도 감동한다는 말'처럼
그의 진정성이 지역 주민들에게도 통했던 것일까?
그는 부천시에서 처음으로 재선에 성공한 국회의원이 됐다.

7장

'국민 머슴'으로
10년

부천서 성고문 사건의 피해자 인숙이

 민중당의 선거 참패와 해산으로 한동안 충격에 빠져 있던 그에게 후배로부터 연락이 왔다. 권인숙이었다.
 "선배, 저 인숙이에요. 요즘 어떻게 지내세요?"
 "그래 오랜만이다. 나는 뭐 선거 이후 두문불출하고 있지."
 권인숙은 그의 대학교 후배이자, 노동 현장에서 함께 고생해온 동지였고, 또한 '부천서 성고문 사건'의 당사자였다. 서슬 퍼런 5공 시절, 부천의 한 공장에 위장취업했다가 발각돼 조사받던 중 부천경찰서의 경장 문귀동에게 성추행을 당했다. 그녀는 뒤로 수갑이 채워져 저항할 수 없는 상태에서 '5.3 사태 가담자 이름을 대라'는 강요와 여성으로서는 감당하기 힘든 엄청난 수치심을 불러일으키는 고문을 당해야 했다. 수치심에 괴로워하던 그녀는 조영래, 홍성우, 이상수 변호사 등에게 도움을 얻어 문귀동을 고소했고, 진상규명을 요구했다. 당시 공안당국은 이를 은폐하려고 갖가지 방법을 동원했지만 결국 변호인의 도움으로 이 사건은 만천하에 공개됐다.

그리고 국가를 상대로 손해배상 소송을 청구해 승리를 거뒀고, 그때 받은 보상금으로 권인숙은 구로동에 노동인권회관을 설립했다.

힘든 길을 걸어온 그녀는 김문수에게도 각별한 후배였다. 권인숙은 미국으로 유학을 떠나려고 한다며 그에게 노동인권회관을 맡아 달라고 부탁했다. 당시 돈 4,700만 원을 가지고 시작한 노동인권회관은 주로 노동자들을 위한 상담과 교육 사업을 하고 있었다. 이사장은 인권 변호사로 유명한 홍성우였다. 아직 진로에 대해 이렇다 할 결정을 내리지 못하고 있던 그는 후배의 청을 받아들였다.

그의 일상은 다시 바빠지기 시작했다. 한 가지 일을 시작하면 무섭게 몰두하는 게 그의 성격이었다. 노동자들을 위해 좀 더 유익한 활동을 하고 싶었지만 노동인권회관은 곧 재정난에 부딪혔다. 운동권의 모든 사업이 그렇듯이 실무자들 봉급조차 제대로 챙겨주지 못할 정도로 자금 사정이 열악했다. 사정이 그렇다 보니 일관되게 사업을 추진하기도 어려웠고, 직원들도 들고나는 일이 많아 노동인권회관 운영은 위태로운 지경에 이르렀다.

먼저 이를 해소할 방안을 마련해야 했다. 하지만 노동인권회관은 수익단체가 아니기 때문에 재정을 확보하기가 만만치 않았다. 후원자를 확보하든지, 자체적으로 수익사업에 뛰어들든지 해야 했다. 주변 사람들을 총동원해 도움도 청하고 자문도 구하며 고심하고 있던 중 그는 뜻밖의 제안을 받았다. 당시 정부 출연기관인 한국노동연구원에 있던 옛 친구로부터 연락이 온 것이다.

친구로부터 받은 뜻밖의 제의

"야, 오랜만이다. 우리가 얼마만이지?"

40줄을 넘어선 친구의 얼굴에도 어느덧 세월의 그림자가 드리워져 있었다. 중학교 시절에 만나 함께 고등학교에 다니고 서울로 유학도 함께 왔던 친구, 이원덕이었다. 나란히 서울대학교에 합격해 20대 초반 고달팠던 서울 생활에 서로 버팀목이 됐던 두 사람이었다. 그 역시 함께 동아리 활동을 했고 1970년대 구로공단에 위장취업을 했던 전력이 있었다. 하지만 언젠가부터 서로 가는 길이 달라 만남도 뜸했었다.

"여전하네. 그래 요즘 어떻게 지내?"

충남대 교수로 재직하다 노동연구원으로 자리를 옮긴 그는 김문수에게 뭔가 할 말이 있는 듯했다.

"문민정부 들어서 고질적인 노사병에 대해 관심이 아주 많아. 도대체 뭐가 문제인지 본격적으로 진단을 해보자는 건데…."

당시 문민정부의 초대 노동부 장관은 이인제였다. 이인제 장관은 특히 해마다 파업이 발생하는 데다 노측과 사측이 팽팽히 맞서 있는 현대그룹의 노사관계에 주목하고 있었다. 자칫 정부의 개입은 사태를 더 악화시킬 수 있어 그는 객관적인 연구기관의 진단을 받아 고질적인 문제가 뭔지 해결 방안을 찾고 싶다고 밝힌 적이 있었다.

현대그룹 노사관계 진단 프로젝트의 총괄을 이원덕이 맡게 된 것이다.

"그래서 자네 도움이 필요해. 자네는 현장 노동자도 해봤고, 노조 위원장으로 사측과 협상해본 경험도 많잖아."

이원덕은 김문수에게 이 프로젝트에 참여해 줄 것을 제안했다.

"글쎄, 제3자가 이 문제에 개입하면 아마 노측과 사측 모두 반발이 심할 텐데."

고민이 없는 건 아니었지만 친구의 제안이기도 했고, 또 노사문제라 한번 참여해보고 싶어 그 제안을 받아들였다.

노사관계 진단은 현대자동차, 현대중공업, 현대엔진 등 현대그룹 전반에 걸쳐 진행될 예정이었다. 김문수는 현대자동차 팀장을 맡았는데, 프로젝트가 진행되자 예상대로 현대 측의 반발이 컸다. 사측은 제3기관의 개입을 부담스러워했고, 노조 측 역시 정부가 민주노조를 어떻게 하려는 거 아닌가 하는 두려움에 곱지 않은 시선을 보냈다.

김문수는 먼저 현대그룹 인사팀을 만나 설득 작업을 벌여야 했다. 앞으로 노측과 사측 관계자를 만나 조사를 하려면 그들의 협조를 구해야 했기 때문이다.

"아니 이 문제는 우리도 지금 해결 못하고 있는데, 당신들이 어떻게 하겠다는 거요?"

"오히려 당신들은 이해 당사자들이기 때문에 객관적이 될 수가 없어요. 서로 양보를 안 하려하니 계속 평행선을 달릴 수밖에 없는 겁니다. 지금 파업으로 얼마나 손해를 보고 있습니까? 근본적으로 서로를 이해하지 않으면 앞으로도 노사 모두 손해를 보는 상황이 계속될 겁니다."

처음에 제3자의 존재에 대해 의구심을 표했던 인사 담당자는 그들을 만나본 뒤 기꺼이 받아들였다.

그는 현대자동차 공장이 있는 울산을 수시로 찾아갔다. 울산 공장은 우리나라 최대의 단일 공장이라 규모가 대단했다. 직원만 해도 4만 명에 이르렀다. 평소에 현대자동차에 관심이 많았고 노조와도 어느 정도 안면이 있던 터라 접근이 어렵지 않았다. 현장 노동자들의 어려움과 노조조직의 작동 원리를 누구보다 잘 이해하고 있었기 때문에 노조 측도 그들에 대한 거부감은 없었다. 당시 현대자동차 노조위원장은 이영복이었는데, 시간이 갈수록 노조 측의 태도가 달라지며 서서히 사측과 대화를 넓혀갔다.

김문수가 내는 목소리는 현장 경험이 없는 학자들이 내는 목소리와는 달랐다. 노조 측도 회사 측도 그런 김문수의 진정성을 받아들이고 신뢰를 보냈다. 그는 20여 차례에 걸쳐 노사 양측 모두를 상대로 '바람직한 노사관계'에 대해 강의를 했는데, 양측 모두에게 좋은 평가를 받았다.

문민개혁에 동참해 달라

　노동인권회관을 운영하며 현대자동차 노사관계로 바쁘게 뛰어다니고 있던 어느 날, 한 여권 인사로부터 연락이 왔다. 당사에서 만났으면 한다는 것이었다. 여의도에 있는 민자당 사무실에선 강삼재 기조실장과 문정수 사무총장이 그를 기다리고 있었다.
　"지금 문민정부는 여러 가지 개혁 작업을 추진하고 있어요. 앞으로도 개혁 드라이브는 계속될 겁니다. 재야의 요구까지 반영하고 있는 상황인데, 문민개혁 작업에 동참할 의향이 없으십니까?"
　문민개혁에 동참해 달라며 영입을 제안한 것이다. 당시로선 이례적인 일이었다. 여당 입장에서 보면 그는 재야의 골수 운동권이었기 때문이다. 뜻밖이긴 했지만 사실 전혀 엉뚱한 제안은 아니었다. 이제 시대가 바뀌었고, 그 역시 진로 문제로 고민하고 있을 때였다.
　"저 역시도 문민정부가 추진하는 개혁 작업에는 공감하고 있습니다. 고민해 보겠습니다."
　사실 김영삼 대통령의 문민정부가 들어서면서 공직자 재산 공개, 금융실명제, 선거풍토 개선을 골자로 하는 정치개혁(공직선거법 제정) 등 지난 군사정권에선 감히 상상도 하지 못할 강한 개혁 작업이 잇따라 진행되고 있었다. 문민정부 초기의 이런 개혁 작업은 국민들로부터 절대적인 지지를 얻고 있었고, 여권은 더 나아가 정치권의 물갈이를 위해 재야에서 활동하던 참신한 인물들을 속속 영입하고 있었다.

이런 문민정부의 개혁을 바라보는 재야의 시각이 몇 갈래로 나뉘면서 재야 인사들의 행보 또한 달라지고 있었다. '지금의 추세로 개혁이 계속되면 투쟁으로서의 재야라는 말은 사라질 것'이라는 전망까지 나오고 있었다.

사실 '재야'라는 말은 한국 사회의 독특한 정치 현실에서 생겨난 말이다. 비판적 정치활동의 자유가 보장되지 않던 시절 그야말로 들판에서 할 수밖에 없었던 장외의 정치활동이었다. 때문에 YS도 DJ도 독재정권 앞에서 한때는 재야였다. 합법적인 정치활동을 하고 싶어도 독재 치하에서는 그 길이 막혀 있었다. 그러다 보니 자연스럽게 개혁적이고 진보, 진취적인 주장은 재야에서만 가능했었다. 그런데 국민의 직접선거로 대통령을 뽑고 야당의 정치활동이 폭넓게 보장되는 방향으로 민주화가 진행되면서 굳이 재야의 영역이라 할만한 부분은 그만큼 줄어들 수밖에 없었다. 특히 YS의 문민정부가 그동안 재야 시민사회에서 주창했던 개혁적인 요구들을 국가 정책으로, 또 정치권으로 수용하면서 굳이 장외에 남아있을 필요가 없게 되었다.

재야 인사들의 행보가 참여를 통한 현실 개조론으로 자연스럽게 이어지는 분위기였다. 이미 한완상, 김정남 등은 각각 통일 부총리와 청와대 교문 수석으로 입각한 상태였고, 김정남 수석 휘하의 신한련 인사들도 여권에 영입된 뒤였다. 재야 출신의 손학규 후보는 보궐선거에서 국회의원으로 당선되기도 했다.

"입당을 신중하게 고민해 보는 것도 좋다고 생각해. YS가 집권하면서 우리가 바라는 민주화도 이뤄냈고."

그가 갈림길에 서 있을 때마다 늘 조언을 아끼지 않았던 안병직 교수는 그에게 입당을 권했다.

"이제 자네도 자신이 생각하는 정치개혁, 더 나은 사회의 실현을 위해서 직접 정치판에 나설 것을 고민할 때가 아닌가? 우리가 한때 꿈꿨던 만인의 행복, 만인의 평등 다 좋지. 하지만 과거의 그런 꿈은 실현 불가능한 유토피아에 지나지 않아. 오히려 인간의 본성에 부합하지 않는 유토피아의 추구가 얼마나 비참한 결과를 초래했는지 사회주의 붕괴 후의 현실을 통해서 보지 않았나? 더 이상 그런 혁명은 가능하지도 바람직하지도 않다는 게 판명된 이상 우리가 운동할 때 가졌던 휴머니즘을 시장경제 현실에 제대로 접목해 실현할 방법을 찾아야 하지 않겠나?"

한때 같이 사회주의를 꿈꾸었던 동료나 친구들 중 일부도 같은 의견이었다.

'그래, 사회주의 혁명을 통해서는 만인이 평등하고 행복한 세상을 만들 수 없지. 자유민주주의가 실현된 만큼 현실 정치를 통해서 이 땅에서 소외된 사람들을 위해 일하면 되는 거야.'

그의 생각은 이렇게 조금씩 갈무리되고 있었다.

당신이 여당에 간다고요?

밤늦게 서점을 정리하고 집으로 돌아온 설란영에게 김문수는 모처럼 속애기를 꺼냈다. 그가 출소한 뒤에도 설란영은 여전히 대학서점을 운영하며 생계를 책임지고 있었다. 1983년에 지하철 서울대입구역이 생기면서 수입도 많아져 그의 뒷바라지를 하면서 동료 수감자들에게 영치금을 넣어줄 수 있을 정도였다.

"민자당 인사를 만났는데 입당 제의를 하더라고요. 나더러 부천 오정구를 맡아달라는데 그건 아닌 거 같아서 거절하고 왔어요."

당시 부천 오정구는 김문수와 대학 동창이자 민주화 운동에 함께 투신했던 원혜영이 민주당 의원으로 당선돼 활동하고 있었다. 아직 입당 결심을 한 상황도 아닌 데다 굳이 그 지역구에서 옛 동지와 대결하고 싶은 마음도 없었다.

하지만 설란영은 김문수가 여당에 입당 제의를 받았다는 사실에 깜짝 놀랐다. 남편이 긍정적으로 생각하고 있었기 때문이다.

"아니, 당신이 여당에 들어가 정치를 한다고요? 우리가 그동안 얼마나 기존 정치권을 비판했어요. 그런데 당신이 그 속에 들어가서 같이 정치를 하겠다고요?"

설란영은 반대했다. 늘 이 땅에서 소외되고 없는 사람들 편에서 오롯이 한 길을 걸어온 김문수를 남편 이전에 한 인간으로서 '정말 맑고 순수한 사람'이라고 생각했었다. 그녀가 아무리 힘들어도 묵묵히 그의 뜻을 따라주었던 것은 그런 남편의 변치 않는 진정성 때문이었다. 그런 남편이 현실 정치에 뛰어든다니. 무엇보다 그가 '기존 정치권에 물들어 행여 순수함을 잃지 않을까? 그래서 상처라도 받지 않을까?' 하는 걱정스러움도 있었다.

김문수는 설란영의 반대에 생각에 잠겼다. 그렇게 며칠이 지났을까? 김문수는 또다시 설란영에게 그 얘기를 꺼냈다.

"오늘 또 민자당 인사를 만났는데 이번엔 부천시 소사구가 어떠냐고 하네요. 그래서 이번엔 생각해 보겠다고 하고 왔어요."

남편의 성격을 누구보다 잘 알기에 그녀는 더 반대하지 않았다.

"세상이 바뀌었잖아요. 더 이상 독재정권이 아니에요. YS나 DJ나 우리가 가려고 했던 길과 다르지 않다고 생각해요. 그리고 우리 정치도 이제 그들을 뛰어넘어 깨끗하고 선진화된 새로운 정치로 거듭나야 되지 않을까요?"

김문수는 그렇게 민자당 행을 선택했다.

벌써 선거운동 반은 해놨네

1994년 3월 8일. 김문수는 민자당 부천시 소사구 위원장으로 내정됐다.

"민주화를 시작하는 마음으로 21세기를 열어가고자 합니다."

그는 제도 정치권에 진입하는 심경을 이렇게 밝혔다. 그리고 그날 오후, 여의도 민자당사에 나와 김종필 대표를 비롯해 강삼재 기조실장과 문정수 사무총장 등 당직자들과 인사를 나누었다.

이런 김문수의 행보는 각종 언론매체의 집중조명을 받았다. 당시 그의 민자당 입당은 누가 봐도 파격적 행보였다. 그때까지 김문수는 장기표, 김근태의 뒤를 잇는 재야 운동권의 차세대 리더이자 노동운동계의 얼굴로 손꼽히고 있었다. 그는 각종 언론과의 인터뷰를 통해 제도 정치권으로 들어오게 된 자신의 소신을 밝혔다.

"지금 여당이 개혁을 잘하고 있고, 가장 개혁적인 정치인이 김영삼 대통령이라고 생각합니다. 민자당이 '가장 개혁적인 당'이기에 입당하게 된 것입니다."

그는 실제로 '재야에서 현 정부의 개혁을 질타하고 비판하는 것도 중요하지만 직접 참여해 책임 있게 개혁을 완수하는 일이야말로 어쩌면 더욱 절실한 시대적 책무'라고 생각했다.

당시 노동운동을 하며 강경한 목소리를 내던 이우재, 정태윤, 이재오 등도 얼마 후 민자당 행을 선택했다. 이들의 민자당 영입을 두고 정치권에선 '정치권 물갈이론'이 불거지기도 했다. 야권에선 이들의 선택을 '변절'이라며 비난하고 나섰고, 일부 재야 단체에서도 같은 목소리를 냈다. 하지만 그는 그런 비난에 대해서도 당당했다. 자신의 선택이 결코 잘못된 것이라고 생각하지 않았기 때문이다.

1994년 3월 8일. 민자당 부천시 소사구 지구당 위원장으로 발표가 난 다음 날, 그는 청와대를 방문했다. 당시 당총재였던 김영삼 대통령으로부터 임명장을 받기 위해서였다. 재야 시절부터 늘 먼발치에서 봐 왔던 김영삼 대통령은 생각보다 편안하면서도 독특한 면이 있는 사람이었다. 임명장 수여식을 마치고 기념 촬영을 할 때였다.

"김 위원장은 벌써 선거운동 반은 해놨던데?"

아마도 그에 대한 기사가 연일 언론매체에 오르내리는 것을 두고 하는 말인 듯했다. 제도권 정치인이자 원외 지구당 위원장으로서의 활동은 그때부터 시작됐다.

24년간 민주화 투사로 또 노동운동가로 살아온 김문수. 그가 그토록 치열하게 살아온 마음 저변엔 우리 사회의 약자들 그리고 자신도 지독한 가난을 경험했기에 그 모든 소외된 사람들이 함께 잘 살 수 있는 세상을 바라는 '휴머니즘'이 자리 잡고 있었다.

이제 그의 나이 마흔 넷. 그는 이전과는 다른 길을 선택했다. 앞으론 전혀 다른 삶이 펼쳐질지 모른다. 하지만 그는 생각했다. '내가 가려는 길은 또 이루고 싶은 세상은 20대나 지금이나 변하지 않았다'고 말이다.

어머니 영정에 바친 눈물의 졸업장

1994년 8월, 김문수는 대학에 입학한 지 정확히 24년 6개월 만에 졸업했다. 20대 젊은이들과 나란히 학사모를 쓰고 졸업식을 하는 그의 감회는 남다를 수밖에 없었다. 설마 이런 날이 올 줄 몰랐었다.

김영삼 대통령은 문민정부 초기에 갖가지 개혁을 단행하면서 운동권 학생을 비롯해 대학에서 제적된 사람들에게 복교 조치를 허용했다. 제적과 복학을 반복하던 김문수가 1975년 민청학련 사건에 휘말려 제적된 뒤 18년의 시간이 흐른 뒤였다. 그는 1993년 가을, 서울대 경영학과에 복학했다.

마흔세 살의 나이에 다시 찾은 캠퍼스는 1970년대와는 너무나 달랐다. 그에게 대학 시절은 자신이 옳다고 믿는 신념을 위해 학생운동에 앞장서고, 또 그 신념을 위해 노동 현장을 전전하던 어두운 시절이었다. 대학은 그에게 출세하기 위해 꼭 다녀야 하는 그런 곳이 아니었다. 하지만 세상도 변했고, 학생들도 많이 변해 있었다.

복학한 그는 아들뻘 되는 학생들과 어깨를 나란히 하고 공부를 하려니 도저히 진도를 따라가기 힘들었다. 20대만 해도 머리가 좋다고 소문난 수재였는데, 컴퓨터나 생산관리, 통계학 같은 수학적 사고를 요구하는 과목은 더욱 고전을 면치 못했다. 그렇다고 교수나 학생들에게 쩔쩔매고 있는 모습을 보여주긴 싫었다. 자신을 '운동권의 대부'로 여기며 눈여겨보고 있는 사람들을 실망시킬 수는 없었다. 아무리 바빠도 강의를 빼먹지 않았고, 시험도 똑같이 치렀다. 그런 그의 노력에 감동했는지 성적이 좋게 나왔다. 20대 초반, 늘 엉망이었던 학점을 마흔세 살 대학생이 돼서야 제대로 받게 된 것이다. 성적표를 받아든 그의 심경은 복잡했다.

다시 20대로 돌아간다면 다른 학생들처럼 학점을 잘 받기 위해 열심히 공부하고 대학 생활을 즐기며 그렇게 살아갈 수 있을까? 굳이 힘든 길을 택하지 않고 쉬운 길을 선택했을까? 마흔넷이 돼서야 손에 든 그의 졸업장은 어쩌면 불행했던 우리 현대사의 질곡을 함께 짊어져야 했던 젊은이들의 피와 눈물의 상징일지도 모른다.

1994년 졸업식 후 가족과 함께

"문수야! 결국 졸업하는구나. 네 모습을 어머니, 아버지가 보셨으면 정말 기뻐하셨을 텐데."

그에게 말을 건네는 형의 눈시울이 붉어져 있었다.

"……."

그 역시 말을 잇지 못했다. 그는 졸업장을 부모님 영전에 바쳤다. 너무 늦게 바친 졸업장이었다.

"어머니, 너무 늦어서 죄송합니다."

무언가 더 많은 말을 하고 싶었지만 더 이상 말이 나오질 않았다. 대신 그의 눈에선 굵은 눈물방울이 하염없이 흘러내렸다.

지옥철, 대통령도 같이 타 봅시다

부천시 소사구 민자당 지구당 위원장이 되면서 그에게 많은 변화가 찾아왔다. 일단 살고 있던 집부터 이사해야 했다. 하지만 설란영은 13년간 살아온 삶의 터전을 떠나는 게 못내 아쉬웠다.

"그냥 여기서 살면서 당신이 출퇴근하면 안 돼요? 꼭 그곳으로 이사를 가야 해요?"

"명색이 지구당 위원장이라는 사람이 타지 사람이라면 당신은 좋겠어요? 제대로 하려면 그곳에서 살면서 주민들도 많이 만나 무슨 생각을 하고 있는지도 알아야지요."

김문수는 아내 설란영을 설득했다. 결국 김문수의 뜻대로 그동안 그들의 생계를 책임져 주었던 서점도 정리하고, 13년 만에 정든 봉천동 연립주택을 떠나 부천으로 이사를 했다. 무엇보다 딸 동주가 좋아했다.

"와, 이제 우리 아파트에서 살게 되는 거야?"

"그래, 그게 그렇게 좋아?"

"그럼 이제 한겨울에도 연단 사러 다니는 고생은 안 해도 되겠네?"

동주는 초등학교 6학년이었다. 그동안 살던 집은 연탄을 땠는데 거실엔 난방이 안 돼 한겨울에도 두꺼운 스웨터를 입고 있어야 했고, 화장실도 춥기는 마찬가지였다. 동주는 그게 늘 불만스러웠고 더구나 늘 바빴던 아빠 대신 엄마와 연탄을 사러 다니는 일은 더더욱 싫었다. 비록 이사하는 곳도 30평 정도의 낡은 아파트였지만 동주는 더없이 행복했다.

부천으로 이사 온 뒤 김문수는 가족들과 함께 보내는 시간이 훨씬 더 줄어들었다. 한창 사춘기 시절을 보내고 있는 동주와도 거의 얼굴 볼 시간이 없었다. 본격적으로 지구당 활동을 시작하면서 늘 새벽에 나가 밤늦게 귀가하는 일이 일상이 되었기 때문이다.

매일 아침 출근길, 그와 동행하는 보좌관도 생겼다. 보좌관은 이제 막 군대를 제대하고 사회로 복귀한 민중당 출신의 허승이었다.

김문수가 아침에 전화하면 부리나케 집 앞으로 차를 몰고 오는데 운전은 둘 다 서툴렀다.

"오늘도 약수터부터 갈까요?"

일일이 말을 안 해도 그의 하루 일과는 보좌관이 훤히 꿰고 있었다. 그는 언제나 지구당으로 출근하기 전 동네 약수터부터 들렀다. 아침 운동하러 오는 어르신이나 약수를 뜨러 오는 주민들을 만나기 위해서다.

사실 지역 구민들에게 '김문수'는 다소 생소한 인물이었다. 더구나 부천시의 경우 대대로 민주당 의원들이 선출됐던 곳이라 민자당 의원에 대한 호감도는 상대적으로 낮았다. 그는 늘 자신을 소개하는 인쇄물을 차에 싣고 다니며 사람들에게 나눠줬다. '언론에서 본 김문수'를 스크랩해 약 100페이지 정도 분량으로 제본해서 만든 것이다. 맨 마지막 페이지엔 시인 박노해가 써 준 추천 글도 실었다. 과연 사람들이 얼마나 관심을 가지고 볼지는 미지수였지만 김문수라는 사람을 알리기엔 그보다 더 좋은 방법은 없을 것 같았다. 그는 배드민턴 장까지 들러 9시경이 돼서야 지구당에 출근했다. 하지만 간단하게 회의하고 지역 현안을 보고받은 뒤 또다시 지역구로 나갔다.

부천시는 재래시장도 많고 서민들이 많이 사는 지역이었다. 그는 무엇보다 사람들을 많이 만나보고 싶었다. 그들이 무엇을 원하는지, 또 불만은 무엇인지 직접 들어보고 싶었다. 그는 지역구를 다닐 때 언제나 수첩을 들고 다녔다. 그래서 주민들이 민원을 제기하거나 불합리한 문제들을 얘기할 때면 수첩에 적어놨다가 그가 처리할 수 있는 일이라면 해결해 주곤 했다.

15대 국회의원 선거는 2년 뒤인 1996년에 치러질 예정이었다. 그는 2년 동안 하루도 쉬지 않고 부천시 소사구 구석구석을 훑으며 지역구 활동에 매달렸다. 출퇴근 시간엔 주로 전철역으로 향했다. 젊은 사람들을 만나보고 싶었기 때문이다.

"안녕하세요! 민자당 소사구 위원장 김문수라고 합니다."

그는 자신을 소개하면서 그들의 얘기에 귀를 기울였다. 많은 사람들을 만나다 보면 그들의 불만과 바람이 뭔지 들리게 마련이다. 부천시 사람들은 무엇보다 교통문제 때문에 불만이 많았다.

"어휴, 이 지역은 못사는 동네라 그런지 지하철이 정말 문제예요. 지하철 한번 타려면 전쟁을 치러야 해요, 전쟁."

"아침에 지하철을 놓쳐서 지각한 적이 한두 번이 아니에요. 이사를 가든지 해야지 원."

부천시 소사구는 서울로 출퇴근하는 젊은 직장인들이 유난히 많았다. 하지만 출퇴근 시간의 지하철은 정말 콩나물시루를 방불케 했다. 당시만 해도 1호선 경인선은 복복선이 아니었다. 시설도 노후한 데다 이용객이 많아 특히 여름철에는 임신부나 젊은 여성의 경우 지하철을 이용하기가 고통스러울 정도였다. 말 그대로 지하철이 아니라 '지옥철'이었다. 그가 만났던 한 신혼부부는 이런 지옥철을 이용하기가 너무 괴롭다며 다른 곳으로 이사를 가버렸다.

그는 이 문제를 해결할 방법이 없는지 고심하기 시작했다. 알아보니 1호선 경인선은 계속 흑자를 내고 있었다. 뭔가 불합리하다고 생각됐다. '아니, 흑자를 내면서도 승객들을 이렇게 짐짝 취급하고 있었던 건가?' 경인 전철은 적자에 허덕이던 다른 철도와는 달리 흑자를 내고 있으면서도 25년이 넘는 노후 차량이 많았다. 그는 지하철 문제를 꼭 해결하겠다고 마음먹었다.

김문수는 15대 총선 공약을 '지옥철, 대통령도 같이 타봅시다'로 정하고, 소형 인쇄물을 만들어 유권자들에게 돌리기 시작했다. 파격적인 제목이었다. 그리고 당시 최형우 내무부 장관을 찾아가 경인 전철의 경우 복복선을 만들어야 한다고 설득하기 시작했다. 최 장관은 난색을 표명했지만 그는 찾아가고 또 찾아가 그를 설득했다. 원외 지구당 위원장으로선 쉬운 일이 아니었다. 그러나 유권자들이 얼마나 호응해 줄 것인지, 15대 총선이 눈앞으로 성큼 다가와 있었다.

부천 소사구에서 일어난 이변

정치권에서는 물론 지역구에서도 그의 승리를 점치는 사람은 없었다. 그만큼 상대 후보들이 막강했기 때문이다. 당시 부천시 소사구의 현역 국회의원은 자민련의 박규식 후보로 이 지역 출신의 땅부자였다. 그는 초대 상공부 장관 박제환 씨의 아들로 부천 명문가의 토박이었다. 제1야당인 국민회의 후보는 DJ의 막강한 신임을 얻고 있던 박지원 대변인이었다. 하지만 김문수는 이 지역에 연고도 없는 데다 아직 이름도 알려지지 않은 정치 신인이었다. 아무리 열심히 뛴다고 해도 당선이 될 수 있을지 다들 불가능한 일이라고 했다. 역대 선거에서 야당이 부천의 전 지역을 휩쓸어온 데다 설상가상으로 워낙 지명도가 높은 박지원 후보가 버티고 있었다.

그는 선거운동 기간 악전고투를 거듭해야 했다. 더구나 그의 노동운동 경력 때문에 지역구에선 한때 '김문수는 빨갱이'라는 말까지 떠돌았다. 선거를 치르는 과정은 참으로 곤욕스럽고 힘든 일의 연속이었다. 사전 여론조사를 해보니 국민회의 박지원 후보의 지지율이 월등히 높았고, 박규식 후보에게도 밀리는 양상이었다. 선거날은 다가오는데 과연 승산이 있을 것인지 절망스러웠다. 하지만 이대로 포기할 순 없었다.

그런데 선거운동 기간 중간에 뜻밖의 일이 벌어졌다. 박규식 후보가 선거법 위반으로 구속되는 사태가 벌어진 것이다. 예상치 않게 선거 대결 구도는 김문수 대 박지원으로 좁혀졌다. 그는 자는 시간도 아껴가며 한 사람이라도 더 만나기 위해 지역구를 돌았다. 설란영도 노조 운동하던 경험을 살려 주로 소외 계층이나 어려운 이웃들을 만나 그들의 얘기를 들어주고 손을 잡아주었다. 노동운동을 함께했던 선후배, 동료들까지 와서 도왔다. 그는 '지옥철 문제를 해결하겠다'며 유권자들을 설득해 나갔지만 여전히 승리를 장담하기엔 역부족인 상황이었다.

김문수가 보좌관들과 함께 지역구를 돌아다니면서 만나는 사람 가운데는 '당신은 3등이야, 3등'이라며 대놓고 면박을 주는 경우도 많았다. 청와대 여론조사, 중앙당 여론조사, 언론 여론조사 그 어느 것도 김문수가 이긴다는 결과가 없었다. 심지어는 그의 아내 설란영도, 친척도, 친구도 김문수가 될 것이라고 말하는 사람은 없었다. 하지만 그는 그런 현실을 아는지 모르는지 아랑곳하지 않고 여전히 24시간 쉼 없이 지역구를 돌아다녔다.

그런데 선거 3일을 남겨두고 서서히 이변의 조짐이 보이기 시작했다. 2년 동안 지역구 활동에 매달린 그의 노력이 빛을 발하기 시작한 것일까? 이제 15대 선거전은 결과만을 남겨놓고 있었다. TV 개표 방송을 보는 내내 선거운동 사무실은 긴장감이 감돌았다. 막상 뚜껑을 열자 선거 판세는 달라져 있었다. 개표 중반으로 가면서 박지원 후보와 계속 엎치락뒤치락하는 상황이 벌어졌다. 잠시도 개표 방송에서 눈을 떼지 못할 정도로 팽팽한 긴장감이 이어졌다. 그리고 밤새 진행된 개표에서 이변이 벌어졌다. 김문수가 박지원 후보를 1,600표차로 누르고 당선이 결정된 것이다.

"와…."

선거 사무실에선 함성이 터져 나왔다. 누구도 예측하지 못했던 결과였다. 언론과 정치권에선 모두 이변이라고 했다. 그럴 만도 한 게 부천시 소사구는 국민회의 지역 기반인 호남 출신 인구가 30%를 넘어 '수도권의 호남'으로 불리는 지역이었다. 게다가 박지원은 현역 국회의원에 DJ의 입이라 불리는 국민회의 최장수 대변인이 아니었던가. 김문수 역시 자신의 당선 사실이 믿기지 않아 얼떨떨한 기분이었다.

사람들은 '김문수가 당선된 원동력은 그의 따뜻한 인간미와 자신을 낮추는 겸손함' 때문이라고 입을 모았다. 하지만 그는 무엇보다 지옥철 문제를 해결하겠다는 공약이 이 지역 사람들의 호응을 얻은 게 아닌가 생각했다. 그리고 '그 약속은 반드시 지키겠다'고 마음먹었다.

세상에서 가장 뜨거운 크리스마스 선물

김문수는 1996년 4월, 국회에 입성했다. 그가 국회의원으로서 가장 먼저 팔을 걷어부친 일은 바로 지하철 문제였다. 그는 우선 경인선에 다니는 노후 차량부터 조사했다. 문제는 생각보다 심각했다. 차량 수명이 25년인데 수명을 넘긴 차량들이 버젓이 운행되고 있었다. 차량이 낡아 위험할 뿐 아니라 한여름에도 에어컨이 제대로 작동하지 않아 승객들의 불편이 한두 가지가 아니었다. 그는 이 사실을 문제 삼으며 관련 부처를 쫓아다녔다. '적자는커녕 흑자를 내고 있는 데도 승객들이 저렇게 고생하는 것을 두 손 놓고 보고 있는 이유가 뭐냐'며 집요하게 따지고 들었다.

그의 적극적이고도 끈질긴 설득으로 노후 차량은 새 차량으로 많이 교체됐다. 하지만 시설은 좋아졌지만 여전히 승객이 많아 혼잡하기는 마찬가지였다. 그는 경인 지옥철 문제를 근본적으로 해결하기 위해선 복복선 개통이 절실하다고 판단해 다시 그 문제에 매달렸다. 국회에서는 물론 국회의원들이 모이는 자리에만 가면 그는 경인 지옥철을 없애기 위해 복복선을 개통해야 한다고 주장했다. 입만 열면 경인 지옥철 얘기를 꺼냈고, 힘을 모으자고 설득했다.

하지만 동료 국회의원들은 생각처럼 쉽게 이 문제에 공감하지 않았다. 그는 경인 지옥철 문제를 해결하기 위해 이리 뛰고 저리 뛰며 적잖이 실망할 수밖에 없었다. 사실 자가용에 운전기사까지 두고 다니는 국회의원들은 전철 탈 기회가 거의 없었다. 대통령이나 장관들도 마찬가지다. 직접 경험해 보지 않으면 그 속사정을 제대로 알 수 없는 법이다.

그래서 그가 궁리해낸 것이 '출근 시간에 부천역에서 구로역까지만 경인 지하철을 한번 이용해 보자'는 것이었다. 그는 국회의원들이나 장관들에게 여러 번 권유도 해봤지만 그들 가운데 실제로 지하철을 타본 사람은 단 한 명도 없었다. '경호 문제 때문에 안 된다',

'오히려 일반 승객들에게 불편만 끼친다'며 갖은 핑계로 빠져나가기 바빴다. 그러나 그는 포기하지 않고 극성스러울 정도로 경인 지옥철 문제에 매달렸다. 오죽하면 동료 의원들이 "김 의원, 이제 그만 좀 하지" 하며 손사래를 칠 정도였다.

이러다가는 유권자와의 처음 약속을 지킬 수 없을 것 같았다. 아니 유권자들과의 약속이 아니더라도 이 문제는 꼭 해결해야 할 시급한 문제라고 생각했다. 철도청을 찾아가고, 관련 지방자치단체를 찾아다니며 설득을 거듭하기를 여러 차례. 하지만 예산을 확보하고 정책을 결정해야 하는 이 일은 결국 장관이나 국회의원이 할 일이었다. 그는 곧 다가올 임시국회에서 이 문제를 제기하겠다고 마음먹었다.

김문수는 1998년 5월, 임시국회에서 대정부 질문을 통해 경인 지옥철 문제를 강하게 제기했다. 그가 논리적으로 조목조목 따지자 건설부 장관도 결국 문제점을 인정하지 않을 수 없었고, 그 자리에서 '복복선을 연내 완공시키겠다'고 약속하기까지 했다. 결국 김문수가 국회의원에 당선된 지 2년 만인 1998년, 경인 철도는 우리나라 최초의 복복선으로 개통됐다. 경인 철도가 개통된 지 꼭 100년 만이었다.

지역 주민들은 물론 그에게도 감격스러운 순간이었다. 아무도 그에게 먼저 '경인 지옥철 문제를 해결해 달라', '복복선을 개통해 달라'고 주문하거나 약속을 지키라고 강요한 적은 없었다. 그러나 그는 자신의 소신대로 주민들과의 첫 번째 약속을, 그리고 스스로 내걸었던 선거공약을 지켰다.

1998년 12월 크리스마스 이브였다. 김문수 의원은 부천 역곡역에서 의정보고서를 돌렸다. 의정보고서의 제목은 '경인선 복복선 직행 전철 개통'이었다. 이 지역 사람들에겐 무엇보다 반가운 소식이었다. 하지만 반응은 생각보다 무덤덤했다. 그를 알아보고 '고맙다'며 두 손을 잡아주고 가는 사람도 있었지만, 대부분은 무심하게 의정보고서를 받아들고 그냥 가버렸다. '그래 그럴 수도 있지. 어차피 내가 할 일을 한 것뿐인데'라고 스스로를 위로하면서도 한편으론 서운한 마음이 슬쩍 고개를 들었다.

그날 저녁의 일이었다. 일을 마치고 일행들과 저녁 식사를 하기 위해 한 음식점을 찾았다. 크리스마스 이브라 그런지 가족들끼리 외식을 하러 나온 주민들이 많았다. 그가 지역 주민들에게 인사를 하고 자리에 앉으려는데 한 아이의 목소리가 들려왔다.

"엄마! 저 아저씨 국회의원 아저씨지?"

아직 초선의원이라 얼굴이 많이 알려지지 않을 때였다. 젊은 부부가 부모님을 모시고 아이와 함께 저녁 식사하러 온 모양이었다. 잠시 뒤 식사를 마친 그 가족이 계산대로 향하는데 무슨 일인지 식당 주인이 그의 비서관을 불렀다. 알고 보니 그 가족이 김문수 의원 일행의 식사까지 계산했다는 것이다. 그는 얼른 쫓아가 '고마운 마음만 받겠다'며 정중하게 거절했다. 하지만 아이의 할아버지로 보이는 어르신도 고집을 꺾지 않았다.

"열심히 일하는 국회의원에게 그저 밥 한 끼 사주고 싶어서 그래요."

순간 그는 아무 말도 할 수가 없었다. 그저 고개를 숙일 수밖에 없었다.

"그럼, 감사히 받겠습니다."

그러자 그 어르신은 한마디 덧붙였다.

"열심히 하시는 의원님께 밥 한 끼 사드리는 저도 영광입니다. 저희들을 위해서 더 열심히 일해 주십시오. 그리고 절대 부정한 의원이 되시 마십시오."

'아, 이런 거구나' 그는 가슴 저 밑바닥에서 뭔가 뜨거운 것이 올라오는 것을 느낄 수 있었다.

'그래, 주민들은 다 알고 있구나. 굳이 말을 안 해도.'

금배지 못 달겠습니다

1996년 12월 26일 새벽. 김문수 의원은 서둘러 집을 나섰다. 노동법 개정안을 둘러싸고 벌써 며칠째, 야당과 대립을 벌이고 있는 상황이었다. 여당은 노동관계법 개정안을 연내에 처리하겠다는 방침이었고, 야당은 결사반대 하면서 국회에선 연일 고성과 몸싸움이 오갔다. 초선의원이었던 그는 도대체 이런 상황을 이해할 수 없었다. 결국 15대 국회는 폐회식도 하지 못한 채 기간을 넘기고 있었다.

이른 새벽이었다. 국회 안, 여당 의원들 자리는 대부분 채워져 있었다. 하지만 야당 의원들 자리는 텅 비어 있었다. 그때였다.

"정족수가 과반수 이상 되었으므로 노동관계법 찬반 투표를 실시하겠습니다."

그러자 동료 의원들이 일어나 일사불란하게 투표하기 시작했다. 그를 비롯한 초선의원들은 '이건 아니다' 싶었지만, 일단 당의 방침에 따를 수밖에 없었다. 투표 결과 155명 찬성. 노동관계법은 그렇게 단 7분 만에 이른바 '날치기' 통과됐다. 여권의 기습 처리에 대해 야당의 반발은 거셌다. 노동법 날치기 통과를 '문민 쿠데타'로 규정짓고, '원천 무효'를 선언하며 본회의장에서 항의 농성을 벌인데 이어 헌법소원까지 청구했다. 노동계도 총파업에 돌입하며 생존을 건 투쟁을 결의했다. 정국은 이른바 노동법 파동으로 소용돌이치기 시작했다.

상황이 이렇게 돌아가자 비난의 화살은 노동운동권 출신이었던 김문수 의원에게 쏟아졌다. 그는 얼마 전까지 노동자층의 지지를 받았던 노동운동계의 대부가 아니었던가. 하지만 그 역시도 노동법 날치기 과정에 동참했다는 사실이 알려지면서 특히 노동계의 비난은 커져 갔다. 그에겐 너무나 힘든 기간이었다. 의원회관과 지구당 사무실에는 비난 전화가 빗발쳤다. '신한국당을 탈당하라', '어떻게 그럴 수 있느냐'는 비난 내용이 대부분이었다. 심지어 지구당 사무실에 노조원들이 몰려와 계란을 던지는 일까지 잇따랐다.

급변하는 경제 환경 속에서 파견근로제와 파트타임제 등으로 노동유연성을 확대하는 노동법 개정은 큰 방향에서는 옳았다. 그렇지만 아무리 옳은 법이라도 국민들과 대화하고 반대 세력을 설득하는 과정을 거쳐 절충점을 찾아야 했다. 그러나 정부는 그런 노력을 충분히 하지 않았다. 야당 시절에 거세게 반대했던 DJ도 IMF 이후 결국 당시의 노동법과 크게 다르지 않은 내용의 법을 통과시켰던 것을 보면 당시 노동법 처리 과정은 더더욱 큰 아쉬움을 남겼다.

하지만 괴로워하고 있을 수만은 없는 일. 그는 노동계와 정부의 갈등을 해결하기 위해 여권과 민주노총과의 대화를 주선하는 등 이리 뛰고 저리 뛰어다녔다. 그럴수록 그는 곳곳에서 따가운 눈총과 봉변을 당해야 했다.

1월 13일 오전, 그는 이홍구 대표와 명동성당을 방문했다. 민주노총 지도부와의 면담을 주선하기 위해서였다. 하지만 농성장으로 들어서면서부터 그는 노동자들에게 욕설을 듣고 멱살까지 잡히는 봉변을 당했다. 현장에서 마주친 노동운동을 같이 했던 한 선배는 "당신이 어떻게 이럴 수가 있느냐"며 분노에 찬 항의의 말들을 쏟아냈다. 그는 원망의 말들을 가만히 듣고 있을 수밖에 달리 할 말이 없었다.

그는 정말 고민스러웠다. 여권의 강경한 기류도 걱정이지만 민주노총의 대화 거부도 사태를 더욱 악화시킬 뿐이었다. '과연 내가 할 수 있는 일은 없는 것일까?' 그는 이러지도 저러지도 못하는 자신의 처지가 안타까웠다.

노동법 개정안이 발효되려면 아직 두어 달 남짓한 시간이 남아있었다. 노동법 검토위원회 위원이었던 그는 노동법 개정안 가운데 '정리해고제' 항목은 삭제해야 한다는 입장이었다.

"정리해고제는 말 그대로 노동자들의 생존권이 걸린 문젭니다. 자칫 기업들이 이 법을 악용해 노동자들을 마구 해고할 수도 있는 것 아닙니까? 삭제해야 합니다."

"기업들이 구조조정을 하지 않으면 줄줄이 문을 닫게 생겼다고 난린데. 일단 기업을 살리고 봐야 할 거 아닌가?"

협상팀이 정리해고 조항을 삭제하는 데 의견의 일치를 봐도, 이처럼 당내 반발이 커 다시 원점으로 돌아가는 것이었다. 김문수 의원은 이런 상황에 분노가 치밀어 올라 검토위원회 회의를 박차고 나가곤 했다. 그럴 때면 당 간사가 찾아와 회의에 참여할 것을 종용했다. 하지만 그도 쉽게 물러서지 않았다. 책상을 내리치며 "실권도 없이 협상에 들러리를 설 수는 없지 않습니까?"라고 소신을 굽히지 않았다. 하지만 초선의원으로서 당론과 맞서 싸우는 데 한계를 느낄 수밖에 없었다.

몇 날 며칠을 이 문제 때문에 고민스러워하던 그는 마침내 국민 앞에 머리를 숙였다. 1997년 3월 28일 국정감사 기간 중이었다. 사회문화 분야 국회 대정부 질문에서 마지막 질문자로 나온 그는 질문에 앞서 노동법 날치기 파동에 대해 사죄를 했다.

"자랑스러운 의정 단상에서 먼저 참담한 심정으로 사과를 드리지 않을 수 없습니다."

그는 이렇게 말문을 열었다.

"지난 연말, 노동법 개정안의 여당 단독 처리에 저 역시 동참해, 국민 여러분과 민주주의를 사랑하는 많은 선배 동료들에게 실망감을 드렸습니다. 의회 민주주의에 깊은 상처를 남기는 단독 처리에 동참한 이후 많은 눈물을 흘렸으며 회한 속에서 우리 국민이 어제의 국민이 아니라는 사실을 깨달았습니다."

그는 국회의원으로서 국민 앞에서 자신의 잘못된 행동에 대해 진심으로 용서를 구했다.

노동법 파동은 그에게도 치유하기 힘든 깊은 상처를 남겼다. 노동법 날치기 통과에 동참한 것은 국회의원으로 지낸 10년 기간 가운데 그에게 가장 후회스러운 행동이었기 때문이다. 그는 노동법 날치기 통과에 참여한 그날 이후 금배지를 더 이상 달고 다니지 않았다.

정치개혁은 혁명보다 어려워

그가 초선의원으로 활동을 시작한 15대 국회는 정권의 레임덕과 맞물려 시작부터 난항을 겪고 있었다. 국민들의 기대 속에 출범한 문민정부는 집권 후반으로 가면서 노동법 파동과 건국 후 최대의 금융 스캔들인 한보 사태 그리고 IMF 위기 등으로 국민들의 불신을 받고 있었다.

한보 사태는 1997년 당시 한국의 재계 서열 14위였던 한보그룹의 부도를 발단으로 시작된 권력형 금융 비리 사건이었다. 부실 대출 규모가 5조7천억여 원이라는 천문학적인 액수였는데, 정태수 당시 한보그룹 총회장이 이 천문학적 금액을 대출하면서 정계와 재계, 금융계의 핵심부와 유착해 엄청난 부정과 비리를 저지른 것으로 드러났다. 급기야 국회에서 한보 사태 국정조사 특별위원회까지 열렸고, 이른바 정태수 리스트에 오른 정치인 33명이 소환돼 조사받으며 정치권은 부정과 비리의 온상처럼 여겨지고 있었다.

구속된 정치인과 기업인이 너무 많아 청문회를 서울구치소에서 할 지경이었다. 질문자로 나선 그는 아주 착잡했다. 노동운동을 하던 시절 서울구치소에 수감된 적이 있었던 자신이 이곳에서 '동료 정치인'을 상대로 청문회를 하게 될 줄을 상상이나 했을까? 그래서 그는 청문회에서 '정치인이란 교도소 담장을 걷는 사람'이라고 표현했다.

당시 김문수 의원을 비롯한 초선의원들은 이런 정치 상황에서 누구보다 고민에 휩싸여 있었다. 사실 15대 총선 결과를 보면 지역구 당선자 중 절반 이상이 초선의원들이었다. 김문수 후보가 거물 정치인 박지원 후보를 누르고 당선된 것처럼, 당시 국민들은 정치권에 대한 물갈이를 기대하며 중진의원들을 줄줄이 낙선시켰다. 때문에 15대 국회는 소위 '젊은 피 수혈'로 그 전과는 다른 정치 흐름을 형성한 것도 사실이다. 하지만 정치권은 한보 사태와 노동법 파동을 겪으며 과거 권위주의 시대와 달라진 게 없는 행태를 보인 것이다. 정치권의 신선한 변화를 기대했던 국민들의 실망감은 커져가기만 했다.

김문수 의원을 비롯해 한자리에 모인 초선의원들의 분위기는 침울했다.

"소위 문민정부라는 현 정부에서도 정치 행태가 과거 권위주의 시절과 달라진 게 없는 것 같아요. 모든 권력이 청와대 위주로 돌아가고 당과 국회는 힘이 없어요."

"당론이라는 것도 그래요. 모든 의원들의 의견을 수렴하는 게 아니라 고위 당직자 몇 사람의 결정으로 끝나버리니 말이에요."

의원들의 불만이 터져 나왔다. 그 역시 이런 현실에 강한 거부감을 느끼고 있었다.

"당 운영이 이렇게 독선적으로 운영되다 보니 노동법 개정안 날치기 처리 같은 말도 안 되는 일이 벌어진 겁니다. 더 이상 이대로는 안 돼요."

김문수 의원은 시월회, 희망연대 등 다른 초선의원들과 모임을 갖고 정치권의 고질적인 관행에 대해 반기를 들고 '국민의 입장에 서서 당을 운영하라'고 목소리를 냈다. 이홍구 대표에게 간담회를 요청하고 신한국당 당사에서 오랜 시간 난상 토론을 벌이기도 했다. 노동법 파동과 관련된 토론이 오랫동안 이어졌다.

"더 이상 파업이 장기화돼서는 안 됩니다. 어떻게든 정부가 대국민 홍보를 강화해 설득해야 하고, 야권과도 대화를 재개해야 합니다. 필요하다면 비상대책기구를 구성해 노동법 재심의를 하는 것도 방법이라고 합니다."

김문수 의원도 강경한 어조로 이홍구 대표를 설득했다.

"매일 지구당사 앞에서 700여 명이 시위하고 있습니다. 이대로는 안 됩니다. 야당 측과도 대화를 해야 합니다. 대안 없는 비난은 단호히 대처해야 하지만 야당 측이 대안을 내놓으면 대표나 총무가 적극 대화에 나서야 합니다."

하지만 난상 토론은 합의점 없이 지루하게 이어졌다. 이홍구 대표의 의지도 강경했다. 청와대 방침이 그만큼 확고했기 때문이다.

"노동법 개정은 시대적으로 필수 불가결한 사항이라 더 미룰 수 없습니다. 국가의 미래를 위해 지금은 노동자들이 뼈를 깎는 심정으로 고통 분담을 해야 합니다."

초선의원들은 당내에 민주노총을 포함한 각계와의 대화를 위한

'비상대책위원회 성격의 기구'라도 만들자고 건의했지만, 결국 그 뜻은 받아들여지지 않았다. 김문수 의원은 또다시 현실 정치의 높은 벽을 실감해야만 했다. 초선의원들의 허탈감은 술자리로 이어졌다.

"우리들이라도 힘을 모으면 될 줄 알았는데 막상 정치권에 들어와 보니 생각보다 힘든 게 사실이야."

"기존 보수정당에서 개혁적 목소리를 내는 데는 한계가 있어요. 젊은 세대의 수혈만으로 개혁하기엔 그 벽이 너무 높은 것 같아요."

김문수 의원 역시 이런 현실을 인정할 수밖에 없었다. 수십 년 동안 이어져 왔던 오랜 정치 관행을 바꾸는 일, 더구나 정치는 일정한 법 테두리 안에서 오랜 관행에 의해 진행되는 일이었다. '정치개혁을 한다'는 것은 어쩌면 혁명보다도 더 어려운 일이라는 사실을 실감해야 했다. 하지만 그는 비관만 하지 않았다. 기존 보수정당에서 개혁적인 목소리를 내는 데는 한계가 있었지만 그는 '젊고 참신한 세대가 능동적으로 제도권에 진입하다 보면 언젠가 정치권의 근본적인 개혁이 가능할 것'이라는 희망을 버리지 않았다.

1990년대까지도 정치권은 이른바 보스정치, 계보 정치의 관행이 이어져 오고 있었다. 소위 몇몇 거물급 정치인에 기대어 용돈을 받아 쓰고, 보스의 뜻에 따라 움직이는 게 관행이었다. 초선의원들이 독자적인 목소리를 내기는 쉽지 않았다. 하지만 그 관행을 깬 것이 김문수 의원을 비롯해 안상수, 홍준표, 이재오, 이우재 등 초선의원들이었다. 그는 보스의 뜻이 아닌 자신의 소신대로 움직였다.

정치자금을 받지 않는 대신 허리띠를 졸라매야 했다. 대신 발로 뛰었다. 주말에는 아침 해가 뜨기 전에 성주산에 올랐다. 내려오는 길엔 학교 운동장을 들러 조기축구회와 결혼식장을 찾았다. 시간 날 때마다 재래시장을 찾고, 지하 학고방 같은 공장 등을 찾아 근로자 같은 사장님, 사장님 같은 노동자들을 만나 얘기를 나눴다. 의정보고서를 들고 출퇴근 전철역을 직접 찾았다.

"국회의원이 벼슬입니까? 국민의 머슴이지요."

김문수가 현장에서 찾은 정치개혁의 화두였다. 그리고 지금도 선출직 공직자가 가슴에 담아야 할 기본 자세라고 생각한다. 그동안 수많은 정치인들이 부정부패에 연루돼 연일 언론에 오르내렸어도 그는 단 한 번도 부패 문제로 구설수에 오르지 않았다. '도둑질하지 않고 정치를 할 수 있다'는 사실을 증명이라도 하듯이 말이다.

그의 별명은 '김결식'

1997년 IMF 구제금융 사태가 터지고 실직자가 급증하면서, 가정이 파탄 나고 거리엔 노숙자들이 넘쳐났다. 가장 큰 피해자는 아이들이었다. 버려지고 방치되는 아이들이 많았고, 결식아동들은 해마다 더 늘어가고 있었다. 예산 결산위원회 위원이었던 그는 '다른 민원은 많이 들어오는데, 왜 결식아동에 대한 민원은 한 번도 들어오지 않는 거지?' 분명 밥 굶는 아이들 문제는 심각한 사항인데 왜 아무도 이 문제를 심각하게 생각하지 않고 있는 것일까? 이상한 일이었다.

늘 약자 편에 섰던 그는 국회의원이 된 뒤에도 소외 계층의 복지와 교육에 힘을 쏟았다. 초선 때부터 환경 노동위원회 위원으로 활동을 하면서 그의 성향은 더욱 두드러졌다. 특히 가정 형편이 어려워 밥을 굶는 아이들이 많다는 사실은 국회의원인 그를 부끄럽게 했다. 어렸을 때 너무 가난해 끼니조차 제대로 못 잇던 서러움을 누구보다 잘 알고 있었기 때문일까? 이만큼 먹고살 만한 세상이 됐는데도 여전히 형편이 어려워 밥을 굶은 아이들이 있다는 사실은 정치를 하는 사람으로서 참을 수 없었다.

조사를 해보니 15만 명이나 되는 아이들이 밥을 굶고 있는 것으로 나타났다. 그는 '이래선 안 되겠다' 싶어 한나라당 예산 위원들에게 이 문제를 제기했다. '결식아동에 대한 예산을 늘려 굶는 아이들이 없도록 하자'는 그의 의견에 동료 의원들은 공감했고, 그의 제안을 받아들였다. 당시 그가 소속돼 있던 '도시영세민 특별위원회'에서도 결의안까지 채택해 지원해 주기로 약속했다. 다행스러운 일이었다.

그런데 문제는 교육부였다. 결식아동 예산이 증액되면 다른 예산이 깎일 수도 있다며 소극적인 태도를 보였다. 여당도 마찬가지였다. 일단 책정된 예산안에서 쓰고, 모자라는 건 성금으로 보충하겠다는 식이었다. 결국 조직적으로 목소리를 내는 세력이 없던 결식아동 예산은 목소리가 큰 다른 예산에 밀려 사라질 판이었다. 그는 씁쓸함을 감출 수가 없었다.

만약 결식아동들이 100명이라도 국회에 몰려와서 시위를 했다면 어땠을까? 아니 그보다 아이들에겐 투표권이 없기 때문에 눈치를 볼 일이 없는 것이다. 지역 유권자들을 의식해, '공항을 만들겠다, 다리를 놓겠다'며 갖가지 예산을 끌어들이느라 혈안이 돼 있지만, 정작 밥 굶는 아이들 문제는 아무도 신경 쓰지 않았다. 그는 뭔가 극단의 처방이 필요하다고 생각했다.

1999년 추가경정 예산안의 마지막 조율을 위해 3당 원내총무가 국회 귀빈식당에 모여 있었다. 그는 예고도 없이 문을 박차고 들어가 다짜고짜 따져 물었다.

"자신의 권리를 못 찾는 아이들 문제라고 이럴 수가 있습니까? 모든 국회의원이 다 동의하면서도 왜 정작 예산엔 안 집어넣는 겁니까?"

그의 난데없는 등장에 총무회담장은 아수라장이 되고 말았다.

"아니 김 의원은 계수조정 소위원이면서 거기서 해결하지 왜 여기까지 와서 난리야?"

신한국당 이부영 원내총무는 그를 이해하려 했지만 다른 당총무들은 그의 돌출 행동을 몹시 불쾌하게 여겼다. 그래도 그의 행동은 상당한 충격과 반향을 일으켰다. 75억의 예산이 추가로 확보돼 총 201억 원의 결식아동 지원 예산이 확정됐던 것이다. 하지만 그는 만족하지 못했다. 그 돈으로 15만 명이나 되는 결식 학생들을 다 먹이기엔 역부족이었기 때문이다. '이쯤해서 그만둘까?' 생각도 해봤지만 그럴 수는 없었다. 다른 예산을 포기하더라도 밥 굶는 아이들을 먼저 챙겨야 한다는 게 그의 생각이었다.

그는 국회 역사상 처음으로 계수조정 위원회에서 표결처리를 요청했다. 계수조정위원회는 언제나 여야의 합의로 안건을 처리하기 때문에 '예산이 부족하다'는 이유로 누군가 이의를 제기하면 표결처리를 받아들여 줘야 한다. 때문에 다른 의원들이 난색을 표하면서 펄쩍 뛰었다. 자칫 다른 의원들 입장이 곤란해질 수 있는 상황이었다. 선배 의원들로부터 고함과 욕설이 터져 나왔다.

"야, 김문수, 너만 잘났냐? 이제 그만 좀 해라."

"좋은 게 좋은 거라고, 그만 하면 됐어."

자칫 왕따가 될 판이었다. 하지만 그는 자신의 뜻을 굽히지 않았다. 그래서 결국 표결까지 했지만 지고 말았다. 그렇다고 포기할 그가 아니었다. 그는 예산위원회 전체회의에서 또 표결을 요청했다. 우여곡절 끝에 받아들여지긴 했지만 또 완패였다. '아…. 이대로 끝나는 것인가?' 점점 자신이 없어졌다. 하지만 국회 본회의에서 마지막 변론을 하는 심정으로 또 그 문제를 제기하면서 반대토론을 했다.

"경제가 이 지경이라 아이들이 밥을 굶고 있는데, 그 책임을 국가가 지지 않으면 누가 한단 말입니까? 왜 예산을 배정하지 않고, 성금에 의존하라고 하십니까?"

그는 계속 항변했지만 예산안은 그대로 통과돼 버렸다. 그는 허탈한 마음을 지울 수 없었다. 국회의원이라곤 하지만 자신의 존재가 너무나 미약하다는 자괴감을 떨쳐버릴 수 없었다.

'이런 게 무슨 민생 국회야! 밥 굶는 아이들 하나 제대로 못 챙기는 국회가.'

동료 의원들이 야속했고, 아이들이 눈에 밟혔다. 하지만 동료 의원들은 그를 위로했다.

"단일 사안으로 75억 원 정도라도 예산이 반영되었으면 대단한 거 아니요?"

"김결식이 무섭긴 무서운 모양이야."

어느새 의원들 사이에서 그의 별명은 '김결식'이 돼 있었다. '이만큼이라도 해냈으니' 하고 스스로 위로라도 해야 하는 건가? 하지만 그는 학교 급식비를 내지 못해 매달 담임선생님의 눈치를 봐야 하는 아이들, 그리고 점심시간만 되면 친구들의 눈치를 보며 교실 밖을 나가야 하는 밥 굶는 어린아이들에게 미안한 마음을 지울 수 없었다.

108일 동안의 108번뇌

2003년 12월. 17대 총선을 몇 달 앞둔 어느 날이었다. 당시 그는 최병렬 당대표로부터 호출을 받고 그와 마주앉아 있었다. 당시 한나라당은 이회창 대통령 후보의 패배와 노무현 대통령의 정치자금 공격으로 그야말로 궁지에 몰려 있었다. 그런데 최 대표의 입에서 뜻밖의 이야기가 나왔다.

"내년에 치러질 총선에서 당신이 공천심사위원장을 맡아줬으면 하는데. 내년 총선은 우리 당의 사활이 걸렸어. 어떻게든 '차떼기 당'이라는 오명에서 벗어나 일신하지 않으면 더 이상 가망이 없어."

파격적인 제안이었다. 최병렬 대표의 제안은 정당 역사상 유례없는 획기적인 것이었다. 이른바 개혁 공천을 하기로 당 지도부가 결단했다며, 공천심사위원회에서 철저하게 깨끗한 인물 중심으로 공천을 하라는 부탁이었다. 당에선 간섭하지 않겠다는 말까지 덧붙였다.

그동안은 주로 당총재나 당 간부들의 입김에 의해 좌우되는 이른바 '위로부터의 쪽지 공천'이 관행처럼 굳어 있었다. 한나라당이 이런 유례없는 결정을 한 배경에는 지난 대선에서 선거자금을 둘러싸고 '차떼기 당' 파문이 일어나 당이 벼랑 끝에 몰려 있었기 때문이다. 국민의 외면과 불신이 극에 달해 당의 존립 자체가 절체절명의 위기에 있었다. 당 핵심부는 고민 끝에 부정부패와 가장 거리가 먼 김문수 의원을 내세워 혁명에 가까운 이른바 '개혁 공천'을 통해 당의 면모를 일신하겠다는 계획이었다.

그는 공천심사위원장 겸 인재영입위원장을 맡아 공천 작업에 들어갔다. 우선 공천심사위원을 구성하는 게 문제였다. 기존의 공천심사위원은 모두 국회의원 중심이었지만 그는 기존의 관행을 엎고 국회의원은 3분의 1로 줄이고 나머지는 외부 인사를 영입했다. 여성도 4명 포함하여 각계각층의 전문가로 공천심사위원들을 구성했다.

실제로 공천 작업은 그 어떤 사람의 간섭도 배제된 채 독립적으로 진행됐다. 아침 7시 30분부터 저녁 7시까지, 언론사의 기사가 마감될 시간까지 하루 평균 12시간 강행군을 했다. 철저하게 회의제로 진행했고, 만장일치 합의가 될 때까지 후보 한 사람, 한 사람을 놓고 무수한 토론과 조사를 벌였다. 부정부패 연루자나 이미지가 나쁜 정치인들에게는 엄한 잣대를 들이댔다.

그가 선후배 의원들에 대해 마음 약한 모습이라도 보이면 외부 심사위원들은 그를 몰아세웠다.

"그런 사람들을 공천할 거면 뭐 하러 우리를 불렀습니까? 그들을 공천할 거면 우린 여기서 그만두고 나가겠습니다."

압력이 대단했다. 그러다 보니 당내의 인사들 중에도 탈락자가 하나, 둘 늘어가기 시작했다. 공천심사 과정은 상상 이상으로 고통스러운 작업이었다. 공천심사를 마치고 집으로 돌아가면 또 다른 전쟁을 치러야 했다. 공천심사 기간 중 새벽부터 늦은 밤까지 집으로 찾아오는 사람들의 발길이 끊이지 않았기 때문이다. '잘 봐 달라'며 읍소하는 사람들부터 애원하고 협박하는 사람들까지. 심지어 수십억의 돈을 싸들고 찾아오는 사람도 있었다. 이름만 대면 알 만한 사람들이었다. '평생 이렇게 괴로운 날들이 또 있을까?' 싶을 정도였다. 온갖 방법을 동원해도 말이 안 먹히자 갖은 협박을 하는 사람도 있어서 신변의 위협까지 감수해야 했다.

최병렬 대표가 왜 처음에 '거처를 옮기라'고 했는지 그 이유를 알 것 같았다. 그는 신념이 흔들릴 때마다 마음을 다잡고 가족들이나 다른 심사위원들에게도 '돈이 독이 된다'며 신신당부를 거듭했다. '그 독을 받아 마시면 나만 죽는 것이 아니라 다 죽는다'고. 그래서 당시 '돈 공천'이란 말은 한마디도 나오지 않았다.

공천 탈락자가 늘어가면서 당의 반발은 최고조에 달했다. '지독하다'는 소리가 나올 정도였다. 팔, 다리를 잘라내는 것 같은 아픔과 고통은 웬만한 강심장이 아니면 버티기 힘들었다. 기존의 당 중진들이었던 양정규, 변정일, 하순봉 의원 등 27명이 용퇴 선언을 함으로써 당을 살리는 길을 터주었다. 하지만 그에게 공천심사위원장을 제안했던 최병렬 대표까지 탈락시켜야 하는 상황이 됐다. 이런 사실을 최 대표에게 전달했을 때의 심정을 어떻게 말로 표현할 수 있을까. 하지만 정작 최 대표는 담담한 심정으로 공천심사위원회의 결론을 받아들였다. '많은 선배들이 당의 혁신을 위해 자진해서 정계 은퇴를 하는데 당대표가 스스로 솔선수범을 하지 않을 수 있느냐'며 최 대표는 그렇게 정계를 떠났다.

공천 결과 선배, 동료 의원 27명이 총선 불출마를 선언했다. 자의 반 타의 반이었지만 어쩌면 당연한 시대의 흐름에 따른 것이었다. 하지만 공천을 끝내고 나서도 그는 정말 많은 안타까움의 눈물을 흘렸다. 그들에게 평생 빚진 기분이었다. 정말 '108일 동안 108가지 번뇌'에 시달릴 정도로 힘겨운 나날들이었다. 그래도 외부 심사위원을 투입한 개혁 공천 작업은 몇 가지 성과를 거뒀다. 비례대표 국회의원 전원 물갈이 원칙, 여성 후보 전국구 과반수 원칙, 호남 최우선 배려의 원칙이었다. 그런데 그렇게 뼈를 깎는 심정으로 마무리한 개혁 공천의 결과는 전혀 예상치 않은 상황에 맞물려 빛이 바래고 말았다.

공천을 마칠 무렵, 그리고 4월 15일 총선을 불과 한 달 앞둔 3월 12일 노무현 대통령의 탄핵안이 국회 본회의에서 결의되는 헌정 사상 초유의 일이 벌어진 것이다. 그리고 탄핵 후폭풍은 고스란히 한나라당에게 돌아왔다. 한나라당 후보들은 그 여파로 4.15 총선에서 줄줄이 낙선의 고배를 마셔야 했다. 그리고 한나라당은 여전히 '차떼기 당' 심지어 '탄핵 당'으로 불리며 국민으로부터 외면받았다. 그때의 참담했던 심정을 그는 아직도 잊을 수가 없다.

괜찮아, 국민의 머슴이니까

 2003년, 어느 여름날이었다. 밤새도록 비가 쏟아지는 바람에 그는 자다가 잠에서 깰 수밖에 없었다. '또 복개천이 넘치는 건 아닐까?' 하는 생각에 걱정이 돼 더 이상 잠을 잘 수가 없었다. '만약 이 새벽에 복개천이 넘치면 주민들은 자다가 날벼락을 맞을 텐데?' 불안한 맘을 떨쳐버릴 수 없었던 그는 대강 옷을 챙겨 입고 저지대 복개천으로 달려갔다.
 재선의원 시절이었다. 소사 본3동 소사초등학교 앞에는 복개천이 흐르고 있다. 그런데 여름철 장마 때만 되면 그 복개천이 넘치는 바람에 저지대에 사는 지하 세입자들의 피해가 이만저만이 아니었다. 하루이틀도 아니고 비만 오면 피난민 아닌 피난민 신세가 되는 그들의 처지가 안타까웠다. 그는 고민 끝에 부천시와 협의해 예산을 책정해 하천을 정비하고 복개 공사를 마쳤다. 그런데도 어떻게 된 일인지 장마 때가 되면 하천이 넘치는 일이 자주 일어나곤 했다.
 세찬 빗줄기를 뚫고 현장에 도착해보니 다행히 넘치지는 않았다. 하지만 이 기세로 계속 비가 온다면 안전하다는 보장도 없었다. 그는 맨홀 뚜껑을 일일이 열어보며 어느 정도까지 물이 차올랐는지 확인하며 다니기 시작했다. 그러자 길을 지나던 주민들이 이상하다는 듯 그를 돌아보며 흘끗거렸다.
 "아니, 당신 뭐 하는 거요? 뭐 하는 사람인데 남의 동네를 자꾸

기웃거려요?"

얼핏 보면 아직 새벽녘에 낯선 사람이 맨홀 뚜껑을 열어보고 다니는 모습은 이상할 만도 했다. 결국 자초지종을 알게 된 주민들은 죄송하다고 했지만, 자칫 김문수 의원은 도둑으로 몰려 곤욕을 치를 뻔했다. 공사 현장을 비롯해 워낙 지역구를 많이 돌아다니다 보니 이처럼 웃지 못할 해프닝이 종종 벌어진다.

국정감사나 국회 본회의가 없는 기간에 그는 지역구를 챙기느라 바쁘다. 새벽 6시부터 늦은 밤까지 하루도 빠지지 않고 부천 소사 지역을 돌며 주민들의 민원을 파악하느라 여념이 없다. 동네마다 하도 많이 돌아다니다 보니 그 동네 사정을 제일 잘 아는 사람이 바로 김문수였다.

그가 주로 찾아다니는 곳은 재래시장이나 인력시장 같은 서민들이 있는 곳이다. 직업소개소를 찾아가 보면 오늘도 일자리가 없어 공을 치고 돌아가는 가장들의 모습에 가슴 먹먹함을 느낀다. 재래시장을 찾았다가 먹고살 일이 걱정이라는 할머니의 깊은 한숨을 보면 그 역시 깊은 한숨을 쉰다. 그리고 그게 모두 자신의 탓인 것만 같아 전전긍긍한 적이 한두 번이 아니다. 그렇게 현장을 찾아가 서민들의 하소연을 듣고 수첩에 꼼꼼히 기록하다 보면 자신이 해야 할 일이 무엇인지 답을 얻을 때가 많다.

그는 아파트 단지까지 들어와 손님을 태우고 가는 백화점 무료 셔틀버스를 보면 화가 났다. 재래시장 상인들만 걱정되는 게 아니라

부천시 소사구 국회의원
시절(위 아래)

택시나 버스도 걱정된다. 그는 '이 일을 어쩌면 좋을까?' 고민하다가 국회에서 여객운송 사업법을 고쳐 백화점 셔틀버스가 다니지 못하도록 법으로 막아버렸다. 공정한 상거래에 반하는 일종의 '삐끼', 즉 호객 행위였기 때문이다. 그랬더니 이번엔 아파트 주민들의 항의가 잇따랐다. '당신은 국회의원이라 자가용이 있지만 우리 같은 서민은 얼마나 편리한지 당신이 아느냐'는 것이었다.

하지만 그는 백화점이 무료 버스까지 동원해 호객 행위를 하는 건 너무한 처사라고 생각했다. 전 세계에서 우리나라밖에 없는 이런 불공정거래는 막아야 한다는 것이 그의 생각이었다. 백화점은 모두 재벌기업이고 재래시장, 버스, 택시는 모두 영세한 사람들 아닌가. 백화점만 살릴 것이 아니라 재래시장도 살아야 하지 않을까? 세상이 이렇게 돌아가다 보면 공정경쟁보다는 힘이 센 놈만 살아남아 더욱 거대한 공룡이 될 것이다. 약한 자의 눈물을 닦아주는 것이 공직자의 책무가 아니던가.

김문수 의원이 이렇게 두 발로 뛴 지역구의 문제는 의정보고서를 통해 주민들과 소통한다. 그는 두 달에 한 번씩 1장짜리 흑백 의정보고서를 낸다. 칼라 시대에 흑백 보고서라니, 시대에 뒤떨어진 감이 없지 않지만 그는 초선의원 시절부터 흑백 의정보고서를 고집해 왔다. 비용이 적게 들어 더 자주 많이 만들 수 있기 때문이다.

그는 한 번에 10만 부씩 의정보고서를 찍어 직원들과 함께 직접 주민들에게 돌린다. 그러다 보니 한 달에 열흘 정도는 의정보고서를 배포하느라 정신이 없다. 항상 그의 차 옆자리와 트렁크는 명함한 박스와 옷 한 박스 그리고 의정보고서와 같이 배포할 자료들이 실려 있다. 그의 운전기사와 보좌관이 집집마다 의정보고서를 돌리는 사이 그는 지하철역을 찾는다. 부천역 지하도, 역곡역, 중동역, 송내역, 소사역 등 그의 지역구에는 5개의 전철역이 있다. 그리고 사람들이 많이 다니는 전철역에서 의정보고서를 직접 나눠준다.

의정보고서를 나눠주다 보면 주민들의 반응은 다양하다. 수고한다며 음료수를 들고 오는 사람이 있는가 하면, 반갑다고 악수를 청한 뒤 손을 놓아주지 않아 난감하게 만드는 사람, 그가 내미는 의정보고서를 쳐다보지도 않고 무시하고 지나가는 사람, 심지어 그를 알아보고 고함치며 욕을 하고 지나가는 사람도 있다. 어떤 때는 서운하고 야속함에 화가 치밀어 오르기도 하지만 그는 참는다. 자신을 뽑아준 사람들이 그들이고, 또 자신은 '국민의 머슴'이라고 생각하니까.

그는 국회의원은 온실 속의 화초가 아니라 들판의 잡초와 같아야 한다고 생각한다. 들판의 민초와 함께 호흡할 때만이 참된 국회의원이 될 수 있다고 생각하기 때문이다.

'정성이 지극하면 하늘도 감동한다'는 말처럼 그의 진정성이 지역 주민들에게도 통했던 것일까? 그는 부천시에서 처음으로 재선에 성공한 국회의원이 됐다. 그를 뽑아준 지역 주민들은 '우리는 김문수를 믿는다'고 서슴없이 말한다. 2004년 총선 당시 한나라당 중진의원들이 노무현 탄핵의 역풍과 차떼기 당이라며 국민들로부터 외면을 받아 줄줄이 탈락했을 때도 김문수 의원만은 3선 도전에 성공했다. 그때도 부천시 소사구 주민들은 말했다.
'우리는 한나라당이 아닌 김문수를 지지한 것이었다'고.

중국에서 북한 인권을 말하다

2005년 1월, 김문수 의원은 동료 의원 3명과 중국 베이징행 비행기에 몸을 실었다. 이번 중국행은 여느 때와는 달랐다. 외교통상위원으로 활동하고 있던 그는 북경에서 '납북자와 탈북자 문제로 중국 당국의 협조를 요청한다'는 기자회견을 가질 계획이었다. 지난 2000년 탈북자를 돕던 김동식 목사가 중국 옌지(연길)에서 피랍되는 사건이 있었고, 이와 관련해 탈북자를 지원하던 한 민간인은 중국 공안에 체포돼 수감 중이었다. 김문수 의원은 북경에서 기자회견을 가진 뒤 옌지, 칭다오를 방문해 수감 중인 한국인들을 면회할 예정이었다.

하지만 그 계획은 무산되고 말았다. 그가 다른 의원들과 함께 북경의 한 호텔에서 내외신 기자회견을 열려고 하는 순간 갑자기 20~30명의 신원을 알 수 없는 사람들이 들이닥쳐 회견을 막아섰기 때문이다. 중국 공안으로 추정되는 그 정체불명의 사람들은 회견장의 마이크와 조명시설까지 끈 뒤 취재진을 모두 쫓아냈다. 이 난데없는 상황이 이해가 가지 않았다. 그는 자리를 뜨지 않고 '우리 행동에 문제가 없는데, 왜 저지하느냐'며 중국 측에 항의했다. 하지만 받아들여지지 않았다. 이 과정에서 그를 비롯해 현장에 있던 사람들이 중국 공안으로부터 폭행과 협박, 감금, 공갈까지 당하는 사태가 발생했다. '외국에서 온 손님한테 어떻게 이럴 수가 있을까?' 그는 부당하고, 분한 마음에 한국으로 돌아와 기자회견을 열고, 중국 측의 해명을 요구했다. 이 문제는 중국과의 외교문제로까지 비화될 조짐을 보였다.

김문수 의원과 딩 차원에서 여러 번 해명을 촉구하자 중국으로부터 이런 답변이 왔다.

'김문수 의원은 주중 한국 대사관 초청으로 중국을 방문했지만, 다른 의원들은 관광비자로 방문했기 때문에 기자회견은 방문 목적에 맞지 않는다. 더구나 기자회견을 하려면 당국의 비준을 받아야 한다.'

언론의 자유를 무시하는 중국의 처사는 참으로 답답했다. 그가 중국까지 가서 기자회견을 하려고 했던 것은 북한 동포들의 인권 문제를 더 이상 두고 볼 수 없었기 때문이다. 굶주림을 견디다 못해 중국 국경을 넘은 북한 주민들. 그러나 그들은 중국 땅에서도 비참한 생활로 연명해가고 있었다. 쓰레기통을 뒤지며 삶을 이어가는 꽃제비 아이들, 단돈 몇천 원 때문에 인신매매를 당하고 심지어는 맞아 죽기까지 하는 북한 여성들. 어쩌다 중국 공안에 잡히면 북한으로 끌려가 총살을 당하거나 수용소에 갇혀 살아야 하는 게 탈북자들의 현실이었다. 북한의 정치범 수용소에서는 20여만 명이 탄압받고 있고, 북한 주민들은 굶어죽고 있다. 그는 도저히 북한 주민들의 그런 현실을 외면할 수 없었다. 그들도 우리와 같은 핏줄을 나눈 한민족이다. 그저 북한에서 태어났다는 이유 하나로 그렇게 힘겹고 비참한 삶을 살아가야 하는 것일까?

하지만 노무현 정부는 북한 인권 문제에 대해선 전혀 관심이 없는 것 같아 그는 화가 났다. 노무현 정부는 2003년 유엔인권위원회 대북인권결의안에 불참했고, 2004년과 2005년에는 기권했다. 미 의회에서 북한인권법을 심의하던 2004년 9월엔 열린우리당 의원 25명이 미국 북한인권법 제정에 반대하는 서한을 미 대사관에 전달했다. 그런 사실이 그에겐 충격이었다. 도저히 납득할 수 없는 일이었다. 북한 문제는 늘 북한 핵과 관련해 안보나 경제문제로만 생각한다. 그런 이유로 북한 주민들의 인권 문제는 항상 관심 밖으로 밀려나 있다.

2005년 8월 11일. 그는 북한인권법을 국회에 제출했다. 반인권의 피해자들은 우리 사회에도 있었다. 박정희 유신 독재정권 시절, 아무리 열심히 일해도 월급은 체불되고 근로기준법은 안 지켜졌다. 툭하면 사람들을 잡아다 불법 구금, 감금시키는 일이 비일비재했다. 그런 경험을 누구보다 혹독하게 겪은 그였다.

긴 시간, 많은 사람들의 투쟁과 희생과 노력 그리고 정치적 결단으로 우리 사회의 인권 문제는 상당 부분 해결됐지만 북한 주민들은 아직도 비참한 처지에 놓여 있다.

그는 그동안 북한을 여섯 번 방문했다. 북한 주민들의 굶주림과 가난 그리고 억압을 생각하면 가슴 아프다. 북한 주민들은 못 먹어서 왜소하고 비쩍 말랐는데 김일성, 김정일 부자는 모두 배불뚝이다. '남한 사람들은 다이어트다, 웰빙이다' 해서 밥을 굶는데, 북한 주민은 먹을 것이 없어서 진짜로 굶는다. 그래서 그는 남긴 밥을 보면 늘 북한 주민들이 생각이 난다.

미운 오리 새끼로 살아온 10년

"실례하지만 어디 가십니까? 누구 만나러 오셨어요?"

처음 국회의원이 된 뒤, 그는 한동안 등원할 때마다 국회 정문에서 제지를 당하곤 했다. 다른 의원 차들은 그냥 통과시키면서 유독 그의 차만 저지시키는 것이었다. 김문수 의원도 난감했다. 아직 초선의원이라 얼굴을 알아보지 못할 수 있지만 그래도 번번이 잡는 게 이상했다.

"아…, 저 김문수 의원이라고. 의원회관 가는 데요."

그럴 때마다 자기소개를 새로 해야 했고, 경비대원은 '아차' 하는 표정을 지으면서도 뭔가 이상하다 싶은지 고개를 갸웃거리곤 했다. 알고 보니 그가 아반떼를 몰고 다니는 게 원인이었다. 경비대원은 그가 탄 승용차를 보고 방문객 차인 줄 알고 신분 확인을 위해 세웠던 것이다. 이런 일은 그가 소형차를 이용한다는 사실이 국회 내에 널리 알려질 때까지 계속됐다.

사실 그는 아반떼 승용차도 초선의원이 되면서 생애 처음으로 장만한 것이다. 원외 지구당 시절엔 친구가 준 중고차를 줄곧 타고 다녔다. 대다수의 국회의원은 고급 승용차를 타고 다니는 게 관례처럼 여겨졌다. 300명에 달하는 전체 의원 중 그를 제외한 나머지 의원들은 대부분 대형 고급 승용차를 이용하고 있었다. 그래서 경비대원들 사이에서 그는 소형차를 타고 다니는 국회의원으로 통했다. 물론 경제적으로 여유도 없었지만 그는 그런 겉치레를 중요하게 생각하지 않았다.

그는 3선 의원을 지내면서도 부천에 처음 와서 둥지를 틀었던 30여 평 남짓한 낡은 아파트를 떠나지 않았다.

"생각해 보면 먹고살기는 그래도 서점 할 때가 나았어요."

어느 날 문득 설란영이 말했다. 그가 국회의원이 된 뒤 처음으로 남편에게 월급봉투란 것을 받아보았다. 그때의 감격을 어디다 비할 수 있을까? 그 전까지는 늘 그녀가 생계를 책임졌었다. 하지만 가계 형편은 오히려 그때가 나았던 것이다.

"무슨 소리예요?"

김문수가 물었다.

"그때는 그래도 살림하고 조금은 여유도 있었는데, 지금은 여기저기 떼고 나면 늘 적자예요."

그랬다. 그가 받은 세비로 지구당 운영비까지 보태고 나면 늘 허리띠를 졸라매야 했다.

"밥 안 굶고 애 교육시키고, 등 따뜻하면 된 거 아닌가?"

돈에 있어서는 누구보다 엄격하고, 일에 있어서는 누구보다 철저한 게 그의 스타일이다. 의정활동에서 그런 그의 면모는 고스란히 드러난다. 특히 환경노동위 활동은 '징그럽도록 징하게 한다'고 소문이 날 정도였다.

김문수는 환경노동위 소속이었는데 상임위원회 때는 워낙 긴 시간 회의가 이어지기 때문에 자리를 뜨는 사람이 많았다. 담배도 피우러 들락거리고 화장실도 자주 다니게 마련이다. 하지만 그는 의자에서 엉덩이 한번 안 떼고 자리를 지키는 유일한 의원으로 유명했다. 더구나 국정감사장으로 가면 자정을 넘겨 차수 변경까지 하고 새벽에 끝나는 일이 부지기수였다. 그런데 그는 오랜 시간 앉아 있으면서도 담당공무원의 대답에 조금이라도 이상한 게 있으면 그냥 넘어가는 법 없이 집요하게 물고 늘어졌다. 그래서 노동정책에 관한 한 공무원들을 가장 긴장시키는 사람이 김문수였고, 공무원들이 가장 어려워하는 인물도 김문수였다.

그렇게 지독하게 일하는 덕에 그는 초선의원 시절부터 의정활동을 가장 잘하는 '베스트 의원'으로 선정된 뒤 10년 동안 연속으로 베스트 국회의원에 선정됐다. 의정활동뿐 아니라 기자들이 뽑은 약속 잘 지키는 국회의원으로도 그의 이름 석자는 빠지는 법이 없었다.

이렇게 지독하게 일하는 덕에 덩달아 고생을 하는 사람들이 있다. 바로 그의 보좌관들이다. 그들은 국정감사 기간마다 밤을 새우기 일쑤였다. 그가 일을 하다 밤 10시쯤 일을 산더미처럼 지시하고 퇴근을 하면, 보좌관들은 의원회관에서 밤을 새워야 한다. 오죽하면 그의 보좌관이었던 차명진은 보좌관 모임에서 '국회 노숙자'라는 별명을 얻을 정도였다. 가끔은 보좌관들이 참다못해 항변을 해보기도 한다.

"의원님, 저희요. 따져보니까 1년 365일 가운데 단 일주일도 쉬지 못한 거 아세요?"

"어…, 그랬나? 어허 참…."

그에게 있어 보좌관은 '동지'였다. 자신을 묵묵히 따라주고 토론하고 때로는 논쟁을 했던 보좌관들이 그는 늘 고맙다.

재야에선 그를 '변절자'라고 비난했고, 한나라당에선 그를 '사상이 의심스러운 사람'이라고 손가락질했다. 그는 진보와 보수에서 그렇게 미운 오리 새끼로 10년을 살아왔다. 하지만 그는 침묵한다. 다만 그때나 지금이나 그가 어디에 몸을 담고 있든 마음속에 변치 않는 게 있다. 바로 대한민국에 대한 애국심과 서민에 대한 사랑이다. 젊어서는 좌파, 제도권 이후에는 우파로 여겨지고 있지만 그의 애국심과 국가발전에 대한 열정은 단 한 번도 변한 적이 없다.

손님들의 지적은

언제나 따끔하고 정확했다.

도지사로서 그가 고민하는

모든 문제의 답은

바로 현장에 있었다.

8장

택시 운전하는 도지사

경기도지사로

부천시 소사구 3선 국회의원으로 활동하던 2006년, 그는 새로운 고민에 빠졌다. 2006년은 지방자치단체장 선거가 있는 해였다. 그런데 경기도지사를 지내던 손학규 씨가 불출마를 선언하면서 한나라당은 새로운 후보자를 물색하느라 분주했다. 자천, 타천으로 여러 명의 경기도지사 후보가 하마평에 올랐다. 남경필, 전재희, 김영선 의원 등을 비롯해 김문수도 유력한 후보자로 거론되었는데 그의 의지와는 상관없이 출마하는 쪽으로 분위기가 잡혀가고 있었다.

"한번 도전해 보시는 게 어떨까요? 부천시 국회의원으로 10년간 활동해 오면서 경기도 사정을 누구보다 잘 알고 계시잖아요?"

"하지만 국회의원과 도지사 자리는 엄연히 역할이 다르고, 지역 주민들이 나라를 바로잡아 달라고 뽑아줬는데 그럴 수는 없지 않을까요?"

주변 사람들의 의견은 다양했다. 한편에선 '행정 경험이 없는 민주화 투사가 과연 1,100만 경기도 행정을 잘 지휘할 수 있을까' 하고 우려하는 시각도 있었다. 하지만 재야 시절과는 달리 10년 넘게 국회와 정부 국정감사에서 민생 현안을 두고 씨름을 해왔기 때문에 행정에 전혀 문외한이라고도 할 수 없었다. 오랜 고민 끝에 '행정 경험을 더 쌓아 국가에 봉사하는 것도 좋은 일'이라는 결론을 내린 그는 경기도지사에 출마하기로 마음을 먹었다.

하지만 아직 거쳐야 할 관문이 남아있었다. 한나라당 경선을 통해 후보로 선출돼야 했다. 참신한 이미지의 남경필 후보는 당내 입지 면에서도 생각보다 막강한 상대였다. 더구나 그는 지방자치단체장으로 출마를 하려면 국회의원직을 사퇴하고 선거운동을 해야 했다. 확실한 결과를 담보할 수 없는 상황이어서 어느 정도 위험을 감수할 수밖에 없었다.

그런데 경선 중간에 뜻밖의 상황이 벌어졌다. 남경필 후보가 후보 사퇴를 선언하고 김문수를 지지한다고 나선 것이다. 그로선 천군만마를 얻은 것 같은 기분이었다. 결국 김문수는 경기도당 대의원 투표에서 무려 60%에 가까운 표를 얻어 전재희, 김영선 후보를 큰 표차로 따돌리고 한나라당 경기도지사 후보로 선출됐다. 노동운동가에서 3선 의원으로, 그리고 또다시 도지사에 도전하는 그의 행보에 많은 언론들이 주목했다. 그는 2006년 5월, 경기도지사에 선거에 출사표를 던졌다.

"저는 경기도를 누구보다 잘 압니다. 경기는 중국의 상하이와 베이징, 일본의 도쿄와 맞설 수 있는 대한민국의 경쟁력입니다. 그러나 수도권을 꽁꽁 묶고 있는 각종 중복 규제로 발전하지 못하고 있습니다. 불합리한 규제를 풀고 기업하기 좋은 환경을 만들어 일자리를 창출하는 것이 제가 할 일이라고 생각합니다."

이제 5월 31일 본선만이 남아있었다. 그는 처음 시작하는 마음으로 선거운동에 매달렸다. 그는 선거 기간 중 끼니를 거르기 일쑤였고, 평균 다섯 시간밖에 잠을 못 잤다. 좀 더 많은 유권자들을 만나보기 위해 경기도 31개 시, 군을 쉼 없이 돌았다. 그리고 매일 2천여 명과 악수하고, 4천여 장의 명함을 돌렸다. 국회의원 때와 마찬가지로 국민들 편에서 머슴처럼 열심히 일하겠다는 것이 그의 생각이었다. 당시 민주당에선 경북중학교 동기동창인 진대제 후보가 출마했다. 진대제 후보는 만만한 상대가 아니었다. 그는 이른바 '코리아 드림의 전형'이라 불리는 삶을 살아온 인물로 많은 유권자들의 호응을 얻고 있었다. 찢어지게 가난한 집에서 태어나 고학의 역경을 딛고 삼성전자 최고 경영자를 거쳐 정보통신부 장관 자리까지 올랐다. 맨주먹으로 175억의 재산까지 모은 데다 남에게 지고는 못 견디는 집념의 성공 신화를 이룩한 인물이었다.

하지만 그 역시 김문수의 적수는 되지 못했다. 선거 결과 20% 이상의 표 차이로 진대제 후보를 따돌리고 김문수가 경기도지사로 당선됐다. 또 한 번의 도약에 성공한 것이다. 선거에만 출마하면 당선되는 그를 두고 한 정치인은 '김문수는 진정성을 퍼뜨리는 바이러스 같은 남자'라고 말했다. 다른 후보들이 하면 정치 쇼로 보이는 것도 그가 하면 진정성이 보인다는 것이었다.

그의 남다른 면 때문에 이런 일도 있었다. 경기도에서 5km를 완주하는 단축 마라톤 대회가 있었다. 선거운동 차 그곳에 들른 다른 후보들은 행사에 와서 출발선상에 섰다가 슬쩍 빠져 다른 유세장으로 가버렸지만 김문수는 5km를 완주했다. 그는 어떻게 보면 고집 센 원칙주의자로 융통성이 없어 보일 수도 있다. 하지만 그의 그런 진정성이 통했기에 경기도민들은 그의 손을 들어준 것이 아닐까.

승리의 기쁨 뒤에는 왠지 모를 허탈함과 미안함이 남는 법. 그 역시 마찬가지였다. 중학교 시절을 함께 보낸 동창과 피 말리는 경쟁에서 승리했지만 '과연 인간 김문수가 진대제보다 나을까? 패배의 쓴 잔을 마신 친구에게 무슨 말로 위로할까?' 그의 마음은 무거웠다. 그는 자신이 '진대제 후보를 이겼다'기보다는 도민들의 선택을 받았을 뿐이라는 사실을 무겁게 받아들였다. 그리고 다짐했다. 앞으로 섬기는 자세로 도정을 이끌어가겠다고.

대중교통 환승 할인

2006년 6월, 경기도지사로 취임한 그는 한동안 밤을 새워 공부하느라 애를 먹어야 했다. 경기도 31개 시, 군에 대해 속속들이 알고자 했기 때문이다. 도지사는 정책을 집행하는 자리다. 길이 막히면 뚫어야 하고, 물난리가 나면 막아야 하고 소방서가 없으면 지어야 한다. 하지만 아직 도정에 대해 모르는 것이 너무 많았다. 전문가들에게 설명도 듣고, 모르는 일은 상의도 했지만 정말 끝이 없는 게 도정 일이었다. 아마 고등학교 3학년 이후 이렇게 공부를 많이 하기는 처음이었을 거다.

그가 경기도지사로 취임한 후 처음으로 매달린 일은 교통문제였다. 자족도시보다는 위성도시가 많아선지 경기도에서 서울로 가는 버스는 언제나 만원이었다. 1년 365일 예외 없이 교통지옥이 따로 없었다. 신도시는 하나둘씩 늘어나는데 교통에 대한 배려와 정책이 없다 보니 신도시는 하나같이 베드타운 역할밖에 못했다. 여론조사를 할 때마다 교통문제를 해결해 달라는 민원이 언제나 압도적으로 1위였다. 살펴보니 경기도 대중교통 체계는 엉망이었다. 수도권의 하루 출퇴근 인구는 300만 명이 넘는다. 서울에서 경기도로 이동하는 인구도 하루에 100만 명이 넘었다. 그는 아침 출근 시간마다 사람들로 붐비는 정류장을 찾아가 봤다. 경기도민들은 그 바쁜 출근 시간에도 서울버스를 골라 타느라 기를 쓰고 있었다.

"서울 버스를 타면 환승 할인을 받을 수 있잖아요. 좀 힘들어도 교통비를 절약할 수 있어서 웬만하면 서울 버스를 골라 타요."

서울에서 이미 2년 전에 실시된 대중교통 환승 할인제가 경기도에선 시행되지 않고 있었다. 경기도민들만 이중, 삼중으로 애를 먹고 손해를 보고 있었다. 그는 광역 대중교통 환승 할인제를 시행하기 위해 전문기관에 의뢰해 1년간 시스템을 개발했다. 그리고 코레일을 비롯한 관계 기관의 협조를 거쳐 2007년 7월 통합요금제를 시행했다. 경기도민들도 이제 광역 환승 할인제 혜택을 받게 된 것이다. 도민들은 환호했지만 그것만으로는 부족하다는 생각을 떨칠 수 없었다. 서울로 출퇴근을 하는 도민들은 여전히 그 혜택을 받지 못하는 경우가 많았다. 서울 도심과 직접 연결되는 광역 버스는 그 제도 안에 포함되지 않았기 때문이다. 그러기 위해선 서울시의 협조를 얻어야 하는데 서울시는 '광역 버스는 고급 대중교통이라 통합요금제를 적용할 수 없다'는 입장이었다.

그는 오세훈 서울 시장을 끈질기게 설득해 1년 뒤인 2008년 7월부터 광역 버스에도 통합요금제를 적용하게 했다. 그 결과 통합요금제 시행 이전에 343만 명이던 경기 버스 일일 탑승객은 2009년 5월부터는 451만 명으로 크게 늘어났다. 기본요금이 비싸 이용을 꺼리던 좌석버스도 환승 할인을 적용시키니 이용객이 크게 늘어난 것이다. 서울로 출퇴근 하던 사람들에겐 아주 흐뭇한 소식이 아닐 수 없었다. 통합요금제 시행으로 하루 150만 명의 경기도민에게 연간 2,800억 원 이상의 요금 절감 혜택을 줄 수 있었다. 한 사람으로 따지면 연간 51만 원의 교통비를 줄여준 셈이었다.

하지만 그건 시작에 불과했다. 광역 대중교통 환승 할인제로 경기도민의 교통 불편을 근본적으로 해결할 순 없었다. 김문수는 근본적인 대책이 필요하다고 생각했다. 부천시 소사구 국회의원 시절, 이미 경인선을 복복선으로 개통시킨 바 있었지만 그것으로는 역부족이었다. 교통문제를 근본적으로 해결하기 위한 그의 고민이 또다시 시작됐다.

김문수가 쏘아 올린 광역급행 열차(GTX)

겨울비가 내리는 초겨울이었다. 그는 서울에서 볼일을 보고 수원 도지사 공관으로 가기 위해 사당역을 찾았다. 밤늦은 시간인데도 수원행 버스를 타기 위해 100명도 넘게 줄을 서 있는 모습에 그는 깜짝 놀랄 수밖에 없었다. 그는 바람은 불고 비는 오는데 비바람을 막을 칸막이 하나 없이 버스 줄 맨 뒤에 서서 차례를 기다려야 했다. 한참을 기다려 가까스로 버스에 올라탄 그는 수원 도지사 공관으로 오는 내내 마음이 불편했다. '나는 어쩌다 한 번인데' 매일 이런 상황을 겪어야 하는 경기도민들 사정이 안쓰러웠다. 이런 불편을 겪는 건 비단 사당역뿐만 아니라 광화문, 잠실, 강남, 구로 등 서울 도심과 경기도를 오가는 주요 정류장마다 마찬가지일 것이다. 하지만 당장 어떻게 해볼 여지가 없었다.

그는 담당공무원을 시켜 일단 서울시와 협의해 정류장에 비라도 피할 수 있게 바람막이를 설치하려고 했다. 경기도민을 위하는 것이니 경기도 예산으로 하겠다는 전제 조건을 달았지만, 서울시에서 어렵다는 답변이 돌아왔다. 행정 절차상의 이유로 그렇게 처리하기는 힘들다는 내용이었다.

결국 해결해서 사당역에 시설을 설치하긴 했지만, 그의 고민은 그때부터 더 깊어졌다. 이 문제를 해결할 근본적인 방안은 없을까? 2006년부터 그는 2년에 걸쳐 전문가들과 머리를 맞대고 연구에 연구를 거듭했다. 그리고 협의 끝에 내놓은 것이 바로 GTX, 수도권 광역급행 지하철도였다. 처음 그 얘기를 들었을 때 그는 귀가 번쩍 뜨였다.

"이 철도는 지하 40m 이하에 철도를 건설하기 때문에 노선을 직선으로 만들 수 있다는 장점이 있어요. 또 토지 보상 비용도 거의 들지 않습니다."

"더구나 지금 전 세계는 철도 중심으로 대중교통체계를 전환하고 있어요. 우리 수도권과 비슷한 런던권이나 파리권 그리고 도쿄권 모두가 거미줄처럼 연결된 광역급행 철도를 이용하고 있습니다. 이용률이 80%를 넘어서고 있죠."

역과 역 사이의 거리가 넓어 평균 시속 100km 이상 달릴 수 있고, 철도는 자동차에 비해 이산화탄소 배출량이 6분의 1 수준이고 에너지 소비도 8분의 1 수준이라는 것이었다. 만약 GTX를 완성하면 연간 에너지 소비도 5,800억 원의 감소 효과를 볼 수 있었다. 그는 분당선 연장 공사 구간인 지하 45m의 한강 하저터널 내부를 둘러보며 GTX 건설에 필요한 지하터널 시공 기술을 직접 확인했다.

김문수는 수도권 GTX 건설 계획을 이미 2008년 이명박 대통령 취임 준비위원회 시절부터 제안했고, 국토해양부도 오랜 진통 끝에 이를 받아들여 예산에 반영하기 시작했다. 김문수는 GTX가 완공되면 수도권의 교통혁명이 시작될 거라고 확신했다. 그 교통혁명은 인류 역사에서 교통, 통신의 발달이 그랬듯이 결국 수도권 시민의 생활에 큰 변화를 몰고 올 것이라고 말이다. 그리고 김문수가 이 사업을 제안하고 시행한 지 18년 만인 2024년, GTX는 드디어 일부 구간이 완공돼 수도권 시민들에게 큰 호응을 얻고 있다.

제일 먼저 동탄-수서 38.5km 구간이 개통돼 시민들은 광역버스로 80분 이상 걸리던 수서와 동탄을 이제 20분 만에 오갈 수 있게 되었다. 동탄-수서 구간 개통식에서 윤석열 대통령은 "그때 기획대로 사업이 추진됐더라면 이미 7년 전에 GTX가 개통됐을 것이고, 현재와 같은 수도권 교통지옥 또한 없었을 것"이라며 GTX를 추진한 김문수 경제사회노동위원장을 직접 거명하기도 했다. 이어서 12월에 개통된 파주 운정-서울역 구간은 시민들의 출퇴근 시간 단축은 물론 파주 운정지구 사람들의 삶의 질까지도 바꾸어 놓았다. 이 구간의 GTX를 이용해본 시민들은 한결같이 입을 모아 말했다.

"출퇴근길이 쾌적하고 시간도 절반 정도로 줄어서 너무 편해요."

"언제든 서울에서 쇼핑하고 문화생활을 즐길 수 있어서 좋아요."

김문수가 애초에 이 사업을 구상하면서 꾸었던 꿈이 실제로 경기도민에게 이루어진 것이다. GTX 개통으로 파주 운정지구가 비로소 수도권 신도시로서 제 기능을 하고 있다는 평가도 나온다. 인구 28만여 명의 운정신도시는 서울에 집중된 주택 수요를 분산하기 위해 수도권 2기 신도시로 계획돼 2011년 입주가 시작됐다. 하지만 서울과의 접근성이 낙제점이라 수요자들의 외면을 받아왔었다. 서울로 연결되는 대중교통이 부실하니 입주민들은 교육, 쇼핑, 문화생활 같은 생활 인프라에 부족함을 느꼈다. 아파트 값은 제자리걸음이었고, 미분양 단지도 많았다.

그런데 운정신도시의 가장 큰 단점이던 대중교통 문제를 GTX가 해결하면서 신도시 본연의 기능이 살아나고, 입주민들의 생활 범위가 서울까지 확장됐다는 평가가 나오고 있는 것이다. 파주 운정에서 출발해 고양, 서울, 성남, 용인을 지나 화성 동탄까지 총 82.1km를 잇는 전 구간은 2026년에 모두 연결될 예정이다.

광역급행 열차가 운행을 시작한 모습을 보면서 김문수는 감격스러워했다. '경기도민들의 교통난을 해소하기 위해 동분서주하던 때가 어제 같은데' 그는 실제로 지하를 달리는 광역급행 열차를 보니 꿈만 같았다. 무엇보다 경기도민들의 오랜 숙원인 교통문제가 비로소 해결되는 것 같아 다행이었다.

윤석열 정부는 GTX의 개통을 '1970년 경부고속도로 개통, 2004년 KTX 개통에 비견되는 대한민국 대중교통 혁명'이라고 평가하며 전국적으로 GTX망을 확대하겠다고 한다. 앞으로 GTX가 가져올 변화는 어디까지일까? 김문수는 생각만 해도 가슴이 설렌다.

3색 볼펜과 빼곡 수첩

"어? 도지사님! 그냥 얘기하는 건데 뭘 그리 열심히 적으세요?"
"아니, 제가 기억을 잘 못해서 그럽니다. 개의치 마시고 그냥 말씀하세요."

대화 중에 그가 수첩을 꺼내면 사람들은 잠시 당황한다. 그는 조그만 수첩을 갖고 다니며 언제든지 메모하는 게 오랜 습관이다. 워낙 사람들을 많이 만나다 보니 나눈 대화들을 다 기억할 수 없다. 게다가 상대가 하는 얘기 가운데 도정에 반영할 만한 이야기들이 꽤 많다. 상대가 돈이 많건 적건, 사회적 지위가 높건 낮건 가리지 않는다. 그렇게 메모해서 모아둔 수첩은 그의 키 높이만큼 많다.

그가 사람들의 얘기를 메모하기 시작한 건 초등학교 때부터다. 친구 중에 똑똑하고 말 잘하는 친구가 있었는데, '어떻게 저렇게 말을 잘하지?' 부러워하며 자신도 그렇게 되고 싶다는 생각을 했었다. 그때 생각해 낸 것이 바로 메모였다. '그래, 다 적어서 외우자. 그러면 되는 거야.' 메모해서 외우는 습관을 들이니 자신의 논리가 다듬어지는 느낌이었다. '바보의 기록이 천재의 기억보다 낫다'는 게 그의 생각이었다. 이 습관은 국회의원과 도지사 시절 더 확실하게 자리 잡았다. 그는 현장에서 사람을 만나거나 사무실에서 보고를 받을 때, 자신도 모르게 안주머니로 손이 들어간다. 그때 조그마하고 투박한, 뒷골목 밥집 외상 장부로 쓰일 듯한 메모장이 나온다. 이때 함께 나오는 것이 3색 볼펜이다. 볼펜도 메모하는 습관이 있으니 아마 좋은 펜일 거라 생각할 수 있지만, 볼펜 역시 어느 문구점에서나 살 수 있는 3색 볼펜이다. 그가 굳이 3색 볼펜을 고집하는 이유는 튼튼한 데다 고장도 없어 가장 편하게 사용할 수 있기 때문이다.

그는 상내방의 말을 들으면서 검정, 빨강, 파랑의 볼펜을 번갈아가며 바쁘게 글씨를 적어 나간다. 그가 3색 볼펜을 좋아하는 이유는 중요한 것은 색깔을 바꿔가며 적을 수 있기 때문이다. 워낙 많은 현장을 누비다 보니 일목요연한 정리와 기록은 빼먹을 수 없는 작업이다. 그렇게 적어 내려가다 보니 사람들은 그의 수첩을 보고 마치 여중생의 알록달록한 메모장 같다고도 한다. 기록이 빼곡하게 들어차 있다고 '빼곡 수첩'이라는 별명을 지어주기도 했다. 이 빼곡 수첩과 3색 볼펜이 그의 애장품 1호다. 그것은 현장을 중요시하는 그의 업무 스타일과 무관하지 않다. 어쩌면 그건 현장에 가서 사람들의 말을 직접 듣고 현장을 살피며, 과제를 해결하고 새로운 사업을 시행했던 노동운동 시절 생긴 버릇이기도 하다.

빼곡 수첩에 적힌 기록들은 어떻게 될까? 많은 내용들이 실무진의 검토를 거쳐 하나하나 도정에 반영된다. 일단 반영하기로 한 정책들이 제대로 추진되고 집행되고 있는지 그는 또 수첩을 꺼내 들고 3색 볼펜으로 메모를 한다. 그런 그의 업무 스타일은 도정에서 작품을 만들어내고 빛을 발했다.

경기도는 365일, 24시간 언제나 민원실을 개방했다. 수원역사에도 365일 민원실을 만들었고, 민원 철도도 운영하고 있다. 도민들과의 칸막이를 제거했고, 도민의 안방까지 찾아가는 현장 행정으로 도민들로부터 큰 호응을 얻었다. 그 덕에 김문수 도지사는 상도 많이 받았다. 2007년엔 포브스 경영품질대상 공공혁신 부문 대상, 2009년엔 포브스 경영품질대상 리더십 부문 대상 그리고 2009년 한국 지방자치브랜드대상 광역자치단체장 부문 최우수 경영인상 수상, 2010년 자랑스런 한국인 대상 행정혁신 부문 대상까지 일복이 많으니 상복도 많아지나 보다.

그를 울린 15만 원

도지사가 된 뒤에도 부지런한 그의 하루는 달라진 게 없다. 새벽에 일어나 아침 7시면 경기도에 있는 관사를 출발해 하루 일정을 시작했다. 청국장 가루를 탄 두유 한 컵과 사과 하나. 국회의원 시절부터 변치 않는 그의 아침 식단이다. 그가 지치지 않고 건강하게 하루 18시간씩 일할 수 있는 비결이기도 하다. 그는 도지사로 서울보다 17배나 넓은 경기도를 강행군하면서도 참 행복하다고 생각했다. 무엇보다 자신이 마음먹은 일을 도정에 즉시 반영할 수 있기 때문이다. 국회의원 시절엔 법 하나를 제정하려 해도 시간은 시간대로 오래 걸리고 흐지부지되기 일쑤였다. 하지만 이제는 타당한 사업이라고 판단되면 예산을 책정해 집행하면 되니 말이다.

2010년 여름, 그는 부한돌봄 홍보내사인 박해미 씨와 한 가정집을 방문했다가 그만 눈물을 쏟고 말았다. 태어난 지 50일 된 딸아이의 어렵게 사는 미혼모의 사연이 너무 기구했기 때문이다.

"일찍 결혼해 3남매를 두었는데, 남편의 폭력이 갈수록 심해졌어요. 하루도 몸이 성할 날이 없었어요."

결국 그녀는 쫓겨나다시피 이혼을 당했다고 한다. 아이들이 보고 싶지만 먹고살려면 식당을 전전하며 허드렛일을 해야 했다. 그러던 어느 날 귀갓길에 낯선 남자에게 성폭행을 당해 임신을 하게 된 것이다.

"그때 너무 많이 울었어요. 제 기구한 인생 때문에 서러워서도 울었지만 배 속의 아이를 어떻게 해야 하나 막막해서였습니다."

낙태할까, 입양시킬까 고민하던 그녀는 결국 아이를 낳기로 결심했다고 한다. 그리고 다행히 한 종교인의 도움으로 지금의 임시 거처에서 생활하게 됐다고 한다.

"그럼 생계는 어떻게 하고 있습니까?"

"아이 때문에 일은 할 수 없고 아르바이트를 해서 분윳값 정도는 벌고 있습니다."

그녀가 한 달에 아르바이트로 버는 돈은 15만 원이었다. 한 힘없는 미혼모의 사연을 들으며 그는 소리 없이 눈물을 닦아내야 했다. 그동안 지역을 돌다 보면 이런 딱한 처지에 놓인 사람들을 수없이 만날 수 있었다. 그때마다 그는 그들의 사연에 귀 기울이고 때론 눈물을 함께 흘려줄 뿐 아무런 도움이 되지 못하는 게 늘 마음 아팠다. 하지만 이젠 아니다. 그는 무한돌봄 같은 제도가 있어 다행이라 여기며, 이 미혼모에게도 혜택이 돌아가도록 주선해 주었다.

그가 도지사가 된 후 무엇보다 마음을 써온 사업이 바로 무한돌봄 사업이다. 무한돌봄 사업은 스무 살 대학 시절부터 약자의 편에서 소외된 사람들을 위해 일을 하겠다는 그의 다짐을 실천하는 일이기도 했다. 가난 때문에 가정이 풍비박산돼 보육원에 보내지는 아이들, 몸이 아파도 치료도 못 받는 도시 빈민들, 아픈 부모를 봉양하느라 학교도 못 다니는 소년 소녀 가장들. 그런 딱한 처지의 사람들을 만나면 언제나 밤잠을 설치는 그였다. 벼랑 끝에 선 사람들에게 최소한 가정이 유지될 수 있도록 도움을 줄 수 있는 방법이 없을까? 그는 도지사가 된 후 몇 날 며칠 밤잠을 설치며 고민했다. 그리고 복지 담당공무원들과 전문가들, 시민단체와 머리를 맞대고 만들어낸 사업이 바로 무한돌봄 사업이다.

경기도는 2008년 11월부터 무한돌봄 사업을 시작했다. 그가 도지사가 된 지 2년 뒤의 일이었다. 무한돌봄은 복지의 사각지대에 놓인 사회 취약계층을 무제한, 무기한 지원해 주는 복지 서비스다. 무한돌봄 사업은 당장 어려운 사람이라면, 그에게 서류상 집이나 자녀가 있어서 '정부가 정한 기준 이하'에 해당되지 않아도 이웃의 확인만으로 위기 상황의 가정에 지원을 해줄 수 있게 한 것이다. 그동안 경제적인 어려움으로 해체 직전에 놓여있던 많은 가정이 이 제도의 혜택을 받아, 2년 남짓한 기간 동안 4만 5,700가구에 535억 원이 지원됐다. 무한돌봄 사업은 민간과 공공부문으로 나뉘어 복잡했던 전달 체계를 무한돌봄센터로 일원화한 획기적인 복지제도라는 평을 받고 있다. 2010년 말까지 의정부와 안산, 일산 등 경기도의 각 시, 군에 모두 27개의 무한돌봄센터가 문을 열어 이 사업을 보다 체계적으로 이어가고 있다.

무한돌봄 사업이 확대되고 입소문이 나면서 각 종교단체와 민간 자원봉사의 참여가 활발해졌다. 2만 명에 달하는 시민들이 '무한돌보미'로 나섰고, 최불암, 인순이, 박해미 등이 무한돌봄 홍보대사를 자처했다. 역시 사랑은 나누면 나눌수록 커지는 법이다. 아무리 세상이 각박해졌다고 하지만 아직 우리 주변에 마음 따뜻한 사람이 많다는 사실을 실감하면서 그는 마음이 훈훈해지는 것을 느낀다.

어디로 모실까요?

2009년 1월 13일, 그는 택시 운전사 자격증을 땄다. 경기도지사로 도정을 이끌어온 지 3년째다. 그가 바쁜 와중에도 굳이 택시 운전사 자격증을 딴 데에는 그만한 이유가 있었다. 국회의원 시절에도 늘 지역구를 돌며 지역 구민을 만나 그들의 소리에 귀 기울이는 게 중요한 일과였다. 하지만 도지사가 된 뒤 좀처럼 그런 기회를 갖기 어려웠다. 그래서 택시 운전을 하면서 지역 사정도 익히고 사람들 민심도 들어보고 싶었다. 그는 바쁜 시간을 쪼개서 공부한 뒤 다른 사람들과 똑같이 필기시험을 치렀다. 오랜만에 치르는 시험이라 그런지 여간 긴장되는 게 아니었다. 도지사 체면에 필기시험에 떨어지면 이래저래 망신이 아닐 수 없다. 막상 시험장에 도착하니 나이 어린 청년부터 머리가 희끗한 노년층 그리고 여성들까지 다양했다. 그는 최근 취업난이 심각하다는 사실을 시험장 풍경을 통해 실감할 수 있었다. 필기시험에 합격한 뒤에도 많은 절차가 남아있었다. 그는 수원 교통안전공단에서 세 시간 동안 택시 운전 정밀 검사를 받은 끝에 적합 판정을 받았다. 꼬박 20시간 동안 소양교육도 받았다. 그러고 나서야 면허증을 손에 쥘 수 있었다. 감회가 새로웠다. 그의 인생에서 아홉 번째 자격증이었다.

젊은 시절 노동자로 일할 때 그는 여덟 개의 국가자격증을 땄다. 보일러공으로 취업할 때 딴 '열관리사 자격증'부터 '환경관리기사

2009년 1월, 택시운전자격증 취득 후 첫 영업

자격증, 위험물취급기능사관리 자격증, 전기안전관리기사 자격증' 등. 당시엔 자격증을 따면 기술자 자격증 수당 덕에 월급도 올랐던 시대라 관련 자격증은 노동자로 살아가는 7년 동안 큰 힘이 되었다. 그리고 지금 딴 아홉 번째 자격증은 보고서로만 접하던 도민들의 생활을 직접 눈으로 볼 수 있는 일종의 '민심 청취 면허증'이었다.

면허증을 딴 뒤 처음으로 택시를 몰고 나선 건 2009년 1월 27일, 설 다음 날이었다. 약간의 두려움과 설레는 가슴을 안고 그는 아침 6시 50분 도청 옆에 있는 광일운수를 찾았다. 택시 회사 측은 택시 운전 초보인 그에게 실전에 앞서 택시 운전 요령과 가스 충전법 그리고 미터기 사용법까지 알려주었다. 처음이라 정신이 없어선지 다른 건 괜찮은데 카드 결제 방법은 생각보다 헷갈리고 어려웠다. 그렇게 30분 정도의 교육을 받았을까?

"그런데 지사님, 아무도 안 따라가고 정말 혼자 하셔도 되겠습니까?"

"그럼 혼자 해야지요. 누가 따라다니면 그게 뭐 택시 운전하는 겁니까?"

"보좌관도 같이 안 갑니까?"

"많이 걱정되시나 봅니다. 마음 놓으십시오. 나도 잘할 수 있습니다."

그가 택시 운전을 한다니 조수석에 보좌관이나 베테랑 택시 기사를 태우고 하는 줄 알았나 보다. 하긴 그는 그럴 만하다고도 생각한다. 도지사가 택시 운전을 한다고 하니까 '이벤트성으로 한두 번 하다 말겠지'라고 생각했을 것이다. 그는 걱정스러워하는 사람들을 뒤로하고 7시 20분쯤 택시를 배차 받아 회사를 출발했다. 초보 택시 운전이니만큼 첫날은 그래도 지리에 익숙한 수원역에서 시작하기로 했다. 수원역에서 차를 대고 손님을 기다렸다. '빈 차로 빙빙 돌아다니는 것보다 수원역에서 차를 대놓고 기다리는 것이 낫습니다'라는 동료 택시 기사의 조언을 따르기로 한 것이다. 수원역 앞에는 이미 수십 대의 택시가 두 줄로 늘어서 있었다. 20분쯤 지났을까? 첫 손님이 차에 올랐다.

"어서 오세요. 어디로 모실까요?"

인사말을 건네기도 쑥스러웠고, 손님이 가고자 하는 곳을 잘 갈 수 있을지 긴장도 됐다. 그러다 보니 익숙한 곳인데도 길이 헛갈려 내비게이션에 의지해야 했다. 어떤 손님들은 그를 알아보고 놀라기도 하고, 반갑게 인사를 하기도 했다.

"어? 그런데 기사 양반, 어디서 많이 본 양반 같은데?"

"아하, 그렇습니까?"

"혹시 김문수 도지사 닮았다는 얘기 안 들어봤소?"

"반갑습니다. 제가 사실은 김문숩니다."

"네? 아이고 기사 양반 농담도."

그가 택시 운전을 한다는 소문이 나기 전까지는 아무리 김문수 도지사라고 해도 사람들은 믿지 않았다. 한참 이런저런 얘기를 나눈 뒤에야 믿는 눈치였다. 아직은 초보여서 운전하는 데 신경 쓰다 보니 손님들과 이야기를 나누기가 만만치 않았다. 길을 몰라 헤맨 적도 많았다. 군부대는 내비게이션에 뜨지 않아 뜻하지 않게 승차 거부를 해야 하는 일도 있었다. 가끔 투덜거리는 손님도 있었지만 대개는 사정을 알고 양해를 해주었다.

택시 운전 첫날, 그는 11시간 동안 21팀의 승객을 태웠다. 하지만 사납금 6만 9,000원과 가스 충전 요금 1만 2,500원을 내고 나니 남은 건 단돈 만 원이었다. 그리고 회사에서 일당으로 1만 4,000원을 주었는데, 그 돈을 손에 들고 따져보니 하루 11시간 동안 제대로 먹지도 못하고, 화장실도 제때 못 가며 번 돈이 2만 4,000원이었다. '이 돈으로 택시 기사들이 어떻게 생활할까' 하는 걱정이 밀려왔다. 하지만 오히려 다른 기사들은 처음 치고는 괜찮은 셈이라며 그를 위로해주었다. 택시 운전을 하면서 사납금을 막지 못해 그의 주머니를 털어야 했던 적이 세 번이나 있었다. 그럴 때마다 그는 가슴이 아팠다. 비단 그만이 겪는 일은 아닐 것이기 때문이다. '만약 내가 택시 운전을 하는 가장이라면 아마 가족들 끼니 잇기도 힘들지 않았을까?' 하는 마음에 착잡해진다.

택시 운전을 하면서도 메모 습관은 여전했다. 요금을 내고 손님이 내리면 그는 곧바로 수첩과 3색 볼펜을 꺼내 들었다. 쉴 새 없이 손님이 타고 내리기 때문에 그들이 가볍게 던진 한마디라도 바로 적어놓지 않으면 잊어버리기 때문이다. 그는 젊은 사람들이나 혼자 타는 사람들보다는 가족 단위나 손에 뭔가 잔뜩 무거운 짐을 든 사람, 한눈에도 행색이 좋아 보이지 않는 사람을 모실 때 더 즐거웠다. 트렁크를 열어 짐을 싣고 버스가 다니지 않는 촌구석까지 들어가는 게 더 좋았다. 외국인 노동자, 군인, 할머니를 모시고 나온 며느리 등이 그에겐 최고의 고객이다. 무엇보다 그들의 얘기에 많은 귀를 기울인다. 그렇게 경기도 구석구석을 다니며 사람 사는 이야기, 세상 돌아가는 이야기 듣는 것을 좋아했다.

경기도지사는 8,600여 명의 공무원을 지휘하고 8,500가지 업무를 결재하는 자리다. 핸들을 잡아보니 현장이 최고의 보고서이자 교과서라는 그의 생각은 맞았다. 손님들의 지적은 언제나 따끔하고 정확했다. 도지사로서 그가 고민하는 모든 문제의 답은 바로 현장에 있었다. 그래서 그는 도지사로 일을 하는 동안 이 일을 멈추고 싶지 않았다.

규제 감옥 '경기도'

어느 날 한미약품 사장이 그를 간곡히 만나기를 청해왔다. 그 사장은 꼭 할 말이 있다는 메모를 거듭 남겼다. '도대체 무슨 일일까?' 그는 바쁜 일정을 쪼개 한미약품 공장까지 사장을 만나러 갔다. 한미약품은 경기도 내에 공장을 갖고 있는 기업이었는데, 사장은 그를 만나자마자 하소연부터 했다.

"도지사님, 이러지도 저러지도 못하고, 영 죽을 맛입니다."

"아니 주문량도 늘고 회사가 잘된다면서 뭐 때문에 그러십니까?"

사연인즉 이랬다. 공장 주변은 얼마든지 확장 가능한 환경이었다. 그런데 수도권정비계획법에 묶여 공장 증설이 안 된다는 것이다.

"문제는 공장을 이전하려면 지을 때 GMP라는 첨단 방역, 방균 시설을 반드시 설치해야 합니다. 그 공정에 드는 비용이 최하 200억 원 이상이라 시설을 갖추는 데만 4,500억 원이 들어요. 이사 비용까지 합치면 5,600억 원이 든다는 얘기죠. 정말 한숨만 나옵니다."

"아니 이게 배보다 배꼽이 커지는 상황인데, 지금 있는 곳에서 공장을 증설하는 것은 안 된단 말입니까?"

"제가 관련 부처를 얼마나 쫓아다닌 줄 아십니까? 사정이 이러니 봐달라고 해도 법규가 그렇게 돼 있어 안 된다며 무조건 이전하라고만 합니다. 도지사님, 이거 어떡해야 합니까?"

그는 사장을 만나고 '이건 누가 들어도 너무 불합리하다' 싶어 도지사의 명예를 걸고 해결해 주기로 약속했다. 그는 공무원들을 시켜 중앙부처를 뛰어다니며 관계 법령을 고치도록 조치해서 결국 한미약품에 관한 불합리한 규제를 다 풀어줄 수 있었다. 그런데 알고 보니 이런 경우가 비일비재했다. 수도권정비계획법 때문에 손해를 보는 민간 기업의 피해가 한둘이 아니었다.

광명시에 있던 기아자동차 공장은 광명시가 그린벨트로 묶이기 전부터 그곳에 터를 잡았는데 나중에 공장 부지가 그린벨트로 지정됐다. 공장 주변이 모두 논밭이라 얼마든지 신축을 할 수 있는데도 그린벨트라는 이유로 신축은 물론 기존 시설의 수리와 보완도 못하게 했다. 결국 기아자동차는 공장 자체를 화성으로 옮겨 새로 지었다. 기업 입장에서는 황당한 일이 아닐 수 없다. 먼저 자리를 잡고 멀쩡하게 자동차를 생산하고 있던 공장 부지를 뒤늦게 그린벨트로 지정해 범죄자 취급하니 말이다. 그는 수도권의 이런 규제가 대한민국의 미래를 망치고 있다고 생각했다. 경기도는 세계적으로 경쟁력 있는 우수한 기반 시설을 이미 갖추고 있는데, 이 우수한 인프라를 활용하고 싶어도 수정법이 발목을 잡고 있었다. 한마디로 변변한 공장 하나를 제대로 지을 수가 없었다.

부천에 있는 '페어차일드 코리아'라는 회사는 공장을 지으려고 신청해 놓고 몇 년을 기다리다 결국 2001년 국내 공장 증설이 불가하다는 통보를 받아 결국 회사는 8천만 달러를 중국 공장에 투자하고 말았다. 그는 이런 사연을 들을 때마다 화가 나고 답답해서 견딜 수가 없었다. 수정법 때문에 국가적으로도 얼마나 손해를 보고 있는가 말이다. 아마 수도권정비계획법을 만든 사람들은 수도권에 공장을 못 짓게 하면 기업이 수도권 이외의 지역에 투자하리라고 기대했을 것이다. 그러나 그는 천만의 말씀이라며 고개를 젓는다. 30년이 넘게 이어져 온 수도권 규제가 경기도에 투자를 희망했던 외국 기업들의 발길을 번번이 다른 나라로 돌리게 만든 것을 수없이 경험했기 때문이다. 그래서 그는 대한민국이 '규제 공화국, 규제 감옥'이라고 말한다.

규제는 자유로운 사회의 적이라고 생각한다. 인간의 창의적인 아이디어와 도전 정신을 억압하기 때문이다. 그는 규제를 풀어야 나라가 풀리고, 규제를 개혁하지 않으면 대한민국의 미래도 없다고 생각한다.

중국이라는 도전

그는 2008년 8월 중국 북경을 찾았다. 베이징 올림픽 개막식에도 참석하고, 북경 인근의 경제특구를 둘러보기 위해서였다. 그는 무섭게 변해가는 중국을 보면서 놀라움과 동시에 두려움을 느꼈다. 그는 중국 공산당 정부가 아주 잘하고 있다고 생각했다. 무엇보다 경제에 최우선 순위를 두고 기업을 유치하고 경제 발전을 위해서 모든 노력을 다 기울이고 있기 때문이다.

중국은 특히 우리 해안선과 마주 보고 있는 광둥과 상하이 그리고 산둥성과 텐진, 다롄 등 해안 지방을 발전시키기 위해 정부가 나서서 전략적으로 지원을 하고 있다. 그 여력으로 칭짱 철도를 비롯해 내륙 지방에도 집중 투자를 하고 있다. 우리처럼 균형 발전이란 이름으로 바닷가 지역을 규제하고, 공장을 못 짓게 한다든지 대학을 못 짓게 하지 않고, 오히려 더 많은 대학을 짓고 더 많은 공장을 세우고 있다.

우리나라가 5천 년 역사에서 중국보다 잘살게 된 것은 겨우 1970년대 이후로 수십 년에 불과하다. 현재 중국 인구는 14억 명이 넘고, 국토 크기만 해도 아시아 최대 영토국이다. 그런 중국이 우리보다 뒤처지게 된 이유는 공산주의 실험 때문이다.

우리가 중국을 앞서는 것이 언제까지 가능할까? 그는 멀지 않았다고 생각한다. 사실 지금도 중국이 우리를 맹추격하고 있는 게 사실이다. 중국은 10년 연속 우리보다 두 배가 넘는 연평균 경제성장을 해오고 있다. 우리 기술이 중국을 앞서고 있는 분야는 점점 줄어들고 있다. 그동안 우리는 중국을 은근히 무시하고 깔봤던 게 사실이다. 하지만 이제는 아니다. ㄱ는 경제개발에 박차를 가하고 있는 중국 생각을 하면 아찔하고 두려운 마음이다. 더욱이 그가 중국이 무섭고 두렵다고 하는 건 단순히 경제성장 때문만은 아니다. 빠른 변화 때문만도 아니다. 바로 중국 정부의 교육에 대한 열정과 비전 때문이다. 교육을 보면 그 나라의 내일을 가늠해 볼 수 있기 때문이다.

몇 해 전 그는 중국 광둥성에 지은 '대학성'을 보고 충격을 받았다. 그가 본 대학성은 말 그대로 10개의 대학을 하나의 캠퍼스에 집단으로 집어넣은 거대한 대학촌이었다. 면적이 서울 여의도보다 넓은 360만 평 규모에 이르렀다. 국립중산대학, 광주외국어대학 등 종합대학부터 외국어, 무역, 예술, 공업, 의학 등 단과대학이 함께 공부하고 연구하는 시스템이었다. 대학촌을 짓기 위한 투자비만도 6

조5천억 원에 달했고, 학생 수도 10만 명이 넘는다. 건물도 초현대식으로 기숙사와 생활관, 박물관, 미술관 등 그 안에 없는 게 없다. 이런 시도는 세계에서 유례를 찾아보기 힘들 지경이다. 그런데 이 거대한 대학성을 짓는데 불과 1년 반밖에 걸리지 않았다는 사실에 그는 또 한 번 충격을 받았다. 그는 대학촌의 어마어마한 기세에 눌려 한동안 넋을 잃고 보다가 중국 당국자에게 물었다.

"도대체 왜 그렇게 급하게 대학을 한 군데에 많이 만든 겁니까?"

"우리는 문화혁명 때문에 세월을 너무 오래 까먹어서 이렇게 해도 한국을 따라가기 어렵습니다."

그의 중국 방문은 많은 것을 생각하게 만들었다. '과연 중국이 어떻게 돌아가는지, 일본, 러시아가 어떻게 하는지를 보면서 대한민국의 발전 전략을 세워야 하는데, 우리는 너무 한가한 것 아닌가' 하는 생각을 지을 수 없었다. 서울과 경기, 인천을 다 합쳐도 북경시 면적의 70%밖에 안 된다. 우리의 경쟁 상대는 저만큼 앞서가고 있는데 우리는 내부의 작은 일로 갈등과 반목만 하고 있으니 답답한 심정이다. 모든 것을 경제에 초점을 맞춘 채 점점 더 거대해져 가는 중국. 우리도 대비를 해야 한다. 주변국들은 이렇게 달라져 가는데 우리는 무얼 하고 있는가? 무엇으로 대적해야 하는가?

더 낮은 곳으로 더 뜨겁게

2010년 지방선거를 앞두고 그는 어느 때보다 깊은 고민에 휩싸여 있었다. 그는 '중앙정치로 복귀하느냐, 지방선거 재선에 출마하느냐' 선택의 기로에서 잠시 판단을 유보하고 있었다. 그런 그의 심경을 누구보다 잘 알고 있는 사람이 설란영이었다.

"4년 동안 누구보다 열심히 일했잖아요. 당신이 다른 뜻이 있어서 그렇게 두발 벗고 열심히 도정을 이끌어 나간 게 아닌데 뭘 그렇게 망설이는 거예요. 우리 그냥 사심 없이 지금처럼 일하면 안 돼요?"

"나도 그렇게 생각해요. 그런데 이제는 당으로 복귀해서 본격적으로 정치를 해야 하는 거 아니냐고 설득하는데…. 참 난감해서."

설란영은 당으로의 복귀를 반대했다. 다시 경기도지사에 출마해 도민들이 또 뽑아준다면 지난 4년처럼 최선을 다하자고 그를 설득했다. 당시 한나라 당내에서는 앞으로 다가올 대권을 대비해야 한다는 목소리가 높아지고 있었다. 특히 그를 아끼는 국회의원들은 그의 당 복귀를 종용하고 있었다. 한나라당 내에서 그들은 적임자로 김문수 도지사를 꼽고 있었다. 주로 이명박 대통령과 가까운 사람들이 진로문제와 관련해서 여러 가지 조언을 아끼지 않았다. 자신의 의지와는 상관없이 차기 대권주자 물망에 오르내리는 분위기였다. 그는 고민하지 않을 수 없었다. 하지만 그는 고심 끝에 경기도지사에 재출마하기로 결심했다.

한편에선 그가 출마하지 않으면 지방선거에 이기기 어렵기 때문에 다시 출마해야 한다는 목소리도 나오고 있었다. 하지만 그가 재선출마 결정을 내린 것은 도민들이 전임 도지사와 다른 행보를 원했기 때문이다. 전임 도지사들은 도지사 한 번 만에 대권에 도전했었다. 도민들은 그가 다른 도지사들과 달리 이 눈치 저 눈치 안 보고 제대로 일만 한다고 봤기 때문에 경기도 발전에 더 기여해 주기를 바라고 있었던 것이다.

'더 낮은 곳으로 더 뜨겁게.'

재선 도전의 캐치프레이즈를 그는 이렇게 정했다. 그게 그의 마음이었다. 주변에선 도민들이 이제는 국민 머슴의 이미지를 원하는 것이 아니라 '도민들을 이끌어갈 지도자'를 원한다며 반대의 목소리를 내기도 했다. 하지만 그는 완강하게 '아니'라고 했다. 그는 부천 소사구에서 처음 국회의원에 도전했을 때나 지금이나 변한 건 없다고 생각했다. 오히려 도지사로서 관사 생활을 하고 있기에 머슴으로서의 기본 자세를 잃지 않으려는 노력이 필요하다고 생각했다.

그가 출사표를 던지자 경기도당의 모든 당협위원장들은 그를 한나라당 단일 후보로 추대했다. 집권 여당에서 수도권 광역 단체장 후보를 당내 경선 없이 단일 후보로 추대하는 건 아주 이례적인 일이었다. 그는 자신에게 과분한 일이라고 생각했다. 한편으론 역량 있는 후배들의 기회를 뺏는 것 같아 후배들에게 미안했다.

경기도지사에 속속 출사표를 던지는 다른 당의 경합자들은 모두 만만치 않은 중량급 인사들이었다. 김진표 민주당 최고위원과 유시민 전 보건복지부 장관, 심상정 전 진보신당 대표가 그들이었다. 특히 심상정, 유시민 후보와는 남다른 인연이 있었다. 모두 서울대 선후배 사이라는 공통점 외에도 모두 서노련 회원 내지 회원 가족으로 노동운동을 함께했던 끈끈한 관계였다. 하지만 선거전이 진행되면서 야권 후보의 진영이 시시각각 변해갔다. 먼저 김진표와 유시민이 경선을 통해 유시민 후보로 야권 단일 후보를 확정됐다. 친노 바람을 일으키며 단일 후보로 확정된 유시민 후보의 지지율은 점점 높아졌다. 게다가 심상정 후보가 유시민 후보를 지지한다며 후보 사퇴를 하는 바람에 막판 변수로 떠올랐다. 젊은 층의 지지를 받고 있던 유시민 후보가 진보 세력까지 끌어안는다면 선거 결과는 아무도 장담할 수 없었다.

하지만 지난 4년 동안 누구보다 열심히 도정을 이끌어왔던 그는 초심으로 돌아가 '더 낮은 곳으로 더 뜨겁게'를 기치로 선거운동을 펼쳤다. '현 도지사와 범야권 후보의 대결.' 두 사람의 선거전은 세간의 이목을 집중시켰다. 결전의 날, 그는 유시민 후보와 19만 1,600표 차이로 재선에 성공했다. 그리고 2010년 6월, 그는 도지사로서 다시 업무에 복귀했다.

지금까지 다섯 번의 선거에 도전해 단 한 번도 패배한 적 없는 그는 자신이 잘나서 선거에서 이겼다고 생각하지 않는다. 무엇보다 사심 없이 늘 민심에 귀 기울이는 그의 마음을 사람들이 알아봐 준 것이 아닐까? 그래서 그는 자신의 진정성을 믿어준 국민들에게 보답하기 위해 늘 감사한 마음으로 일하고 있다.

협치의 달인

김문수는 어떤 일을 하더라도 철두철미한 편이다. 실제 해결할 일을 중심으로 현장을 뛰어다닌다. 사람들과 어울려 술 한잔하고 놀기도 하고, 파당도 짓고 하는 일은 하지 않는다. 그러다 보니 오해 아닌 오해가 생긴다. 그는 워낙 원칙적이어서 다른 사람들과 협력해서 일하는 것을 잘하지 못하는 것이 아닐까? 그런 김문수에게 2010년 지방선거는 또 하나의 도전이었다. 그는 도지사 선거에서 도민들의 선택을 받았지만, 그와 함께 일할 같은 당의 도의원들이 다수가 되지 못한 것이다. 한나라당 42 : 민주당 76. 여소야대가 된 것이다. 험난한 길이 예견되었다. 사람들이 걱정하기 시작했다. '경기도 행정에서 그릇이 쨍그랑 깨지는 소리가 여러 번 날 법하다고' 말이다.

아니나 다를까. 민주당이 무상급식을 들고 나왔다. 초등학교, 중학교 학생들 전면 무상급식을 하자는 것이다. 이에 대해 한나라당은 소득 하위 50% 대상으로만 무상급식을 하자는 것이었다. 오세훈 서울시장은 27 : 79의 서울시의회에서 곤경을 겪은 끝에 2011

년 8월에 주민투표를 하자고 제안했다. 주민투표율 33.3%를 넘겨야 주민들의 의사를 확인할 수 있을 텐데, 민주당과 일부 시민단체들은 투표 거부운동을 했다. 그 결과 투표율은 25.7%에 그쳤고 결과는 투표율 기준미달로 폐기되었다. 그 후 오세훈 시장은 사퇴하여 박원순 시장 10년이 시작되었다.

그러나 김문수는 달랐다. 그는 당초 지원 예산 58억에 722억을 더한 780억 원을 요구하는 민주당에게 무조건 거부 의사를 보이지 않았다. 서로 함께 합의할 수 있는 선을 찾자고 하였다. 그래서 한나라당 입장대로 하위 50%에게만 무상급식을 하는 쪽으로 교육청 급식 지원 예산을 342억만 올려 400억 수준으로 하되, 거기에 친환경 농산물을 급식용으로 공급하자고 하였다.

마침 서울시민과 경기도민들이 한강 상류의 물을 상수원으로 삼고 있기 때문에, 한강 상류 지역에 사는 농민들은 농약도 못 치고 비료도 못 뿌림으로써 생산량이 떨어지고 소득이 떨어지는 고통을 감내하고 있었다. 그는 박수영 부지사의 아이디어를 받아들여, 민주당에 북한강 남한강 한강 수계 주변의 농민들이 생산한 농산물이 비록 비싸지만 고통을 덜어준다는 점에서 이 친환경 농산물을 사서 학생들에게 공급하자는 제안을 했다. 그 위에 각종 지역 민원사업을 도와주기로 했기 때문에, 민주당 도의원들은 김문수 도지사의 친환경 농산물 급식 제안을 순순히 받아들였다. 대신 민주당은 '친환경 학교급식 예산 400억 원은 사실상 무상급식 예산'이라고,

또 "항목이 '친환경 학교급식 등'인 만큼 '등'에는 무상급식을 포함한 친환경 급식 모두가 포함된다"는 식으로 자가 홍보를 하였다.

　김문수는 이처럼 판을 깨는 사람이 아니었다. 어느 경우든 타협 가능한 방안을 도출해내는 사람이었다. 그중에서도 어려움 속에서 농사를 짓는 농민들까지도 생각해서 그들의 처지까지 개선할 줄 아는 사람이었다. 그는 여소야대도 도민들이 만들어준 것이니 만큼 마냥 대립하기보다는 도민들의 뜻을 존중하여 타협책을 만들어 협치를 할 줄 아는 행정의 달인이었다. 그래서 김문수표 경기도 행정은 밀고당기기는 있어도 큰 소리가 나거나 파행을 겪는 일은 없었다. 그 위에 해양레저산업을 육성하기 위해 야심 차게 추진했던 '국제 보트쇼'에 대해서도 도의회의 전폭적인 협조를 받을 수 있었다.

119 사건

　한 해를 얼마 남겨놓지 않은 2011년 12월의 주말. 그는 바쁜 일정을 마친 뒤 남양주로 향했다. 올해가 가기 전에 꼭 만나야 할 사람이 있었다. 전국민족민주운동연합 사무처장과 경기도시공사 감사를 지낸 가까운 후배 최한배가 암 투병 중이었다. 그 후배는 병원에서 퇴원한 뒤 남양주에 있는 요양원에서 생활하고 있었는데 췌장

암 4기라 그런지 한눈에도 상태가 위중해 보였다.

"아이구, 건강하던 사람이…."

"바쁘실 텐데 어떻게 여기까지 오셨습니까?"

"……."

안쓰러운 마음에 후배의 손을 덥석 잡았지만 한동안 말을 잇지 못했다. 건강했던 후배의 모습이 자꾸만 떠올라 가슴이 먹먹해졌기 때문이다. 그런데 문병을 하면서 주변을 둘러보니 큰 병원이 눈에 띄지 않았다. 사모님께 이야기했다.

"근처에 큰 병원이 하나도 없네요. 위급 상황이 생기면 어떻게 하지요?"

"제가 차를 끌고 가야 하는데, 환자를 부축해서 차에 싣고 또 내리고, 보통 일이 아니에요."

"그렇게 이동하다가 환자 상태가 더 나빠질 수도 있잖아요. 걱정이네요. 그런데 요즘 제가 각 소방서에 상당히 좋은 장비를 갖춘 119 신형 구급차를 보급하고 있어요. 그걸 이용하면 어떨까요?"

"그래요? 그 신형 구급차가 이 지역에도 있을까요?"

"제가 알아봐 드릴게요."

김문수 도지사는 남양주 119에 직접 전화해서 물어보면 되지 않을까 싶었다. 그동안 119에 전화를 해본 경험이 없는 그는 잠시 망설여졌다. 위급 상황으로 전화하는 게 아니라 궁금한 게 있어서 전화하는 것이니 당연히 신분을 밝히고 용건을 말하는 게 예의라고 생각했다. '그쪽에서 전화를 받아 관등성명을 하면 나도 도지사라고 밝히고, 연말에도 밤낮없이 일하는 소방관들에게 감사의 인사를 한 뒤 용건을 말해야겠다' 생각하고 전화를 걸었다. 그런데 그런 생각은 처음부터 빗나가고 말았다.

"네. 남양주 소방서입니다."

먼저 자동응답기에서 기계음이 흘러나왔다. 이어서 소방대원 목소리가 들렸다.

"여보세요. 말씀하세요."

"도지사 김문수입니다."

"아, 그래요? 용건을 말씀하세요."

그는 순간 당황했다. 자신의 신분을 밝히면 상대도 자신의 신분을 밝히고 어떤 용건인지 물어올 줄 알았는데 상황은 전혀 다르게 전개됐다.

"도지사 김문수라니까요?"

"아, 그러니까 용건을 말씀하시라니까요."

"나 경기도지사 김문수입니다. 거기 119 남양주 우리 소방서 맞아요?"

"네, 맞아요. 무슨 일이신데요?"

상대가 자신의 관등성명을 밝히지 않고 무슨 일인지 채근하자 어떻게 대응해야 할지 당황스러워 일단 전화를 끊었다. 그는 군인이나 소방관처럼 제복을 입은 국가 공무원은 국민을 상대할 때는 관등성명을 먼저 밝히고 업무를 시작하는 게 당연하다고 여겼다. 군대 드라마에 나오듯이 상급자가 괴롭힐 목적으로 손으로 푹 찌르거나 불렀을 때 하급자가 관등성명을 반복하도록 하는 것이 아닌 한, 그것이 국민에 대한 당연한 도리이자 의무라고 생각했다. 그래서 처음에는 이 상황이 잘 이해가 되지 않았다.

2년 전 남양주 소방서에 119 전화를 걸어 구조를 요청했던 한 노인 취객의 전화를 받고도 출동하지 않아 아침에 노천에서 얼어 돌아가신 마음 아픈 사례도 있었다. 그래서 그는 경기도 소방 총지휘자로서 항상 장난 전화라 할지라도 출동하라고 지시를 하였고, 누가 전화를 걸든 관등성명을 대고 응대하라고 했었기에 남양주 소방서의 전화 응대를 이해할 수 없었다. 그래서 마음을 가라앉히고 다시 전화를 걸었다. 다시 자신이 경기도지사 김문수라고 밝히면서, 상대가 누구냐고 물었다. 직급이 어떻게 되느냐고 묻기도 했다.

시간이 지나 '소방공무원이 그 전화를 장난 전화로 받아들였나? 자신이 용건을 말할 걸 그랬나?' 하는 생각이 들기도 했다. '1분 1초가 위급한 사람들이 119에 전화를 하는데 언제 일일이 관등성명을 하면서 전화를 받을 수 있겠는가? 더구나 연말연시 바쁜 시기에 도지사가 전화할 줄을 누가 알았을까? 너무 원칙만 앞세우느라 휴일에 쉬지도 못하고 격무에 시달리는 소방관들에게 오히려 폐를 끼쳤을 수도 있구나' 그는 뒤늦게 미안한 마음이 들었다.

그런데 그는 이 일로 큰 고초를 겪어야 했다. 생각지 않게 통화 녹취 파일이 언론에 공개되면서 비난의 글과 보도가 줄을 이었기 때문이다. 그는 한순간에 '갑질하는 도지사'가 되고 말았다. '나 스스로 민심을 잘 살피는 도지사'라고 생각했고 구조 요청이 오는 대로 즉시 출동하는 그 자세를 본받자는 의미에서 항상 스스로를 '119 도지사'라고 하고 다녔는데 아직도 많이 부족했나 보다.

그는 아직도 그 일을 생각하면 '장난 전화로 받아들였을 수도 있다는 것까지 생각했어야 했는데' 하는 생각이 든다. 그럼에도 오해를 하지 않고 오늘도 묵묵히 헌신하고 있는 모든 소방대원들에게 그는 항상 감사한 마음을 가지고 있다. '119 전화' 사건으로 그를 갑질하는 도지사 김문수로 기억하는 사람들도 있지만, 그럼에도 자신은 어느 행정조직보다 119를 사랑한다. '119 행정'이란 구호 그대로 즉시 출동해서 어려움에 빠진 도민을 구하는 소방관들에 크나큰 고마움을 느끼기 때문에 만들어낸 말이다. 경기도의 모든 행정이 119처럼 신속하게 출동하는 행정이 되어야 한다는 뜻이다. 24시간 365일 119 행정! 그것이 김문수가 지향하던 경기도 행정이었다.

제복을 입은 공무원들은 국가와 국민을 위해 헌신하는 사람들이다. 특히 소방관이나 119 구급대 요원들은 위급한 상황에서 가장 먼저 몸을 던져 국민을 살리는 사람들이다. 한 사람이라도 더 살리기 위해 뜨거운 불길 속으로 거침없이 뛰어든다. 자신을 희생하면서 말이다. 국가적 사명감과 국민에 대한 헌신의 마음 없이는 감당하기 힘든 일이다. 김문수는 그들의 숭고한 희생정신을 한시도 잊은 적이 없다.

김문수는 경기도 소방 행정의 총수로서 소방서가 없는 시군마다 소방서를 갖추도록 많은 지원을 아끼지 않았다. 또한 119 구급차도 신형으로 다 바꿔주었다. 누가 뭐래도 그는 119를 가장 사랑하고 존경하는 '119 도지사'였다.

아버지 같은 신랑감은 낙제

동주가 결혼 적령기에 들어선 20대 시절, 책 한 권을 사들고 온 적이 있었다. 《결혼 똑똑하게 하기》라는 책이었다.

"그 책은 왜?"

"그냥 한번 읽어보려고요."

"그런 걸 뭐 하러 사서 봐. 결혼에 대해서 궁금한 거 있으면 나한테 물어보면 되지."

"아버지한테요?"

"왜?"

"……."

사실 동주는 사춘기 시절부터 아버지 같은 남자와는 결혼하지 말아야겠다고 생각했었다.

"왜?"

"아버지는 늘 외출 중이었잖아요. 아, 우리 아버지는 너무 바빠서 가족을 보살필 틈이 없구나. 나중에 난 아버지 같은 사람하고는 결혼하지 말아야지 하고 생각했어요."

동주의 말이 농담이 아니란 걸 알았기에 그는 한편으론 서운하고 한편으론 미안했었다. 어느새 결혼할 나이가 돼버린 딸 동주. 어려서부터 많은 시간을 함께해 주지 못해 늘 마음에 걸렸는데, 도지사가 된 이후에도 마찬가지였다. 부부는 도지사 당선 후 공관이 있는 수원으로 이사를 했지만, 동주는 학교 문제 등으로 부천 아파트에 혼자 남아 생활했었다. 대신 아무리 바빠도 한 달에 한두 번은 동주를 관사로 불러 식사를 했다.

"예전에 다 같이 살 때보다 오히려 요즘이 가족끼리 식사하는 횟수가 많은 거 아세요?"

"그랬지. 동주 어릴 때 당신 감옥에 다녀오고, 그 후엔 노동운동 한다고 매일 집 밖으로 돌아다니느라 집에서 같이 밥을 먹은 적이 별로 없었어요. 우리 동주가 많이 서운해했지?"

"그래도 지금은 달라졌잖아."

아내 설란영까지 거들고 나서면 그는 할 말이 궁색해졌다.

실제로 어린 시절 동주의 눈에 비친 아버지는 그랬다. 매일 아침에 나갔다가 밤늦게 들어오는 사람, 가정적이지도 않고 표현도 잘 안 하는 무뚝뚝한 사람, 집안일보다는 바깥일을 더 신경 쓰는 사람.

그래서 딸 동주는 나중에 아버지와는 다른 자상한 남자와 결혼할 거라고 생각했었다. 하지만 서른을 바라보는 나이가 되면서 아버지를 이해할 수 있었다. 중학교 때나 지금이나 아버지는 한결같은 모습이었다. '가정일보다는 나랏일, 남을 위해 더 큰일을 하는 사람'으로 이해할 수 있게 됐다.

동주가 처음 기억하고 있는 아버지의 모습도 보통 사람과는 사뭇 달랐다. 낯선 면회소에서 아버지를 만났을 때 아버지가 건네준 손톱만한 크기의 빨간 장난감을 그녀는 아직도 간직하고 있다. 교도소에 있던 아버지가 과자 봉지 안에 있던 장난감을 버리지 않고 간직하고 있다가 건네준 것이었다. 동주가 아버지라는 존재를 어렴풋하게 느끼고 나서 처음 받은 선물이었다. 당시 동주는 어린 마음에 '아, 아버지가 나를 생각하고 있구나' 하고 안도감을 느꼈던 것 같다. 무심한 듯하지만 그는 그래도 딸에게는 보이지 않게 버팀목 같은 역할을 해주었다. 그녀가 대학 시험을 앞두고 학과를 선택하지 못해 고민하고 있을 때도 그가 조언자 역할을 해주었다. 동주는 영문과를 희망했는데 김문수는 사회복지학과를 권했다.

"언어는 하나의 수단이기 때문에 다른 전공을 하더라도 어학 공부는 따로 하면 돼. 하지만 이 사회의 그늘에 있는 약자를 위해 사회복지사가 되는 건 가장 아름다운 일 가운데 하나야."

그는 강요하지는 않았지만 그의 이야기를 듣고 사회복지학을 선택한 건 순전히 동주의 뜻이었다. 비록 졸업 이후의 삶이 고단할지 모르지만 뜻깊은 일이라고 생각했기 때문이다. 대학 졸업 이후 결혼도, 진로도 결정하지 못했을 때 그는 한 번도 무엇을 하라고 강요한 적이 없었다. 그녀가 선택할 수 있도록 조언자 역할만 충실히 해줄 뿐이었다.

사람들은 가끔 그에게 '그렇게 일만 하고 언제 가족들과 시간을 보내냐?'고 묻곤 한다. 하지만 그는 나름대로는 가족들과 많은 시간을 가지려고 노력하는 편이다. 요즘은 먼저 아내와 딸에게 영화를 보러 가자고 제안하기도 한다. 물론 그가 함께 보자고 하는 영화는 '울지마 톤즈', '포화 속으로', '건국전쟁' 같은 헌신적인 봉사나 애국심 그리고 역사적인 사실을 다룬 영화들이다. 사실 설란영이나 동주에겐 그다지 매력적인 주제의 영화는 아니다. 하지만 가끔은 온 가족이 즐거운 마음으로 기꺼이 그를 따라나선다. 예전에 비하면 상상도 할 수 없는 변화이기 때문이다. 설란영은 영화를 좋아하고 드라마를 좋아한다. 그런 그녀가 TV드라마를 보고 있으면 바로 잔소리를 했던 그였다.

"할 일도 많은데 왜 쓸데없이 드라마를 봐. 뉴스 보는 거 아니면 차라리 책을 읽지 그래요."

"왜 드라마 보는 것까지 뭐라고 해요. 사람 냄새 나는 드라마가 얼마나 좋은데요."

두 사람의 취향이 다른 데서 비롯되는 말싸움이다. 설란영이 예술이나 소설, 문학류에 관심이 많다면 그는 역사나 경영, 정치에 관심이 많다. 그러다 보니 여느 집과 다름없이 TV 채널 선택권을 가지고 말다툼을 하곤 한다. 아무리 문화적 취향이 다르다고 해도 노동 현장에서 만나 벌써 40년을 함께 살아온 두 사람은 닮은꼴이다. 일할 때의 추진력이나 성향이 마치 쌍둥이처럼 닮아 있기 때문이다. 주변 사람들도 그건 인정한다. 그래서일까? 그는 신상의 중요한 문제가 생기면 언제나 먼저 아내 설란영에게 털어놓고 자문을 구한다. 그건 설란영 역시 마찬가지다. 그렇게 두 사람은 부부 이전에 동지같이 끈끈한 관계다.

나이가 들면서 아껴주는 마음도 더 많이 생기고 사랑을 표현하는 방법도 더 진화하고 있다. 아내 설란영이 외출이라도 하는 날이면 그는 웬만하면 잊지 않고 문자를 보낸다.

'여보, 잘 다녀오세요. 당신의 짝꿍이.'

문자를 받은 설란영은 한 번씩 '빵' 하고 웃음을 터뜨리며 즐거워한다. 연애 시절에도 이런 면은 보인 적이 없었기 때문이다. 그렇게 다정다감하게 변해가는 아버지의 모습을 보며 동주의 마음도 서서히 달라졌다. 도지사로 일하던 시절에도 여전히 아버지는 아침 일찍 집을 나섰다가 밤늦게 귀가해 자정을 넘겨서야 잠자리에 든다. 개인의 삶으로 봤을 때 참 고단한 삶일 거라는 생각을 하지만 20년간 한결같은 아버지를 보면서 동주는 사춘기 시절에 했던 생각을 바꿨다. '아버지 같은 사람과 결혼은 사절' 대신 '아버지같이 한결같은 사람이라면'으로 말이다.

선공후사

오늘도 제사가 있는 날이다. 그동안 바쁜 공직 생활을 하면서도 그는 제사 지내는 일을 빠져본 적이 없다.

"오랜만입니다."

"작은아버지 오셨어요?"

"그래. 고생이 많다. 어서 와라."

장남이었던 큰형이 일찍 돌아가신 뒤 부모님 제사는 큰집 장조카가 모시고 있었다. 7남매 가운데 5남매만 남아 제사를 지내는 날이면 늦은 시간이어도 온 가족이 오랜만에 한자리에 둘러앉는다. 이제 모두 중년을 훌쩍 넘어 머리가 희끗희끗해진 나이. 영정사진 속 부모님보다도 더 지긋한 나이가 됐다. 그는 가족들을 볼 때마다 미안한 마음을 지울 수가 없다. 누나들은 다 시집가서 평범하게 살았지만 형과 남동생은 달랐다. 젊어서부터 노조를 하고 감옥을 들락거렸던 자신의 영향으로 형제들 역시 평탄치 않은 삶을 살았다.

대학 시절부터 서울에서 함께 살았던 둘째 형의 얼굴에도 어느덧 세월의 흔적이 짙게 배어 있다. 그의 형 김영수는 동생의 영향으로 노조 일을 해왔다. 서울신탁은행 노조위원장으로 일하면서 당시 금융노조를 완전히 탈바꿈시켰지만 그 덕에 경찰서를 여러 번 들락거려야 했다. 그러다 30년 동안 몸담았던 직장에서는 정년도 다 못 채우고 그만두는 신세가 됐다. 하나밖에 없는 남동생은 오십 줄을 훌쩍 넘기고 나서야 결혼을 해 가정을 꾸렸다. 동생의 삶도 순탄하지 않았다. 그는 그게 자신의 탓인 것만 같아 언제나 안타깝다. 동생 역시 자신을 따라 노조 활동을 했다. 동생 김익수는 고등학교를 졸업하고 대학에 실패한 뒤 교도관 시험을 치러서 좋은 성적으로 합격했다. 그리고 서울구치소로 발령받아 근무했다. 당시는 소위 운동권이 많이 구치소에 드나들던 시절이었다. 시인 김지하도 수감됐었는데, 동생은 그런 상황을 접하면서 자신의 직업에 대해 고민이 많았다. 그러고는 '도저히 할 짓이 못 된다'고 생각하고 교도관을 그만두었다. 그리고 만남의 집이 있던 성남에서 직장을 다니다 그곳에서 노조 활동을 시작했다. 당시 그는 동생의 노조 활동을 말렸다. 하지만 동생은 완강했다. 그가 감옥에 가 있을 동안 동생은 노조를 만들다가 직장에서 밀려났고, 두 번이나 감옥에 다녀왔다. 동생도 그렇게 형이 걸어온 길을 똑같이 걸어왔다. 동생은 뒤늦게나마 좋은 아내를 만나 잘 생활하고 있어서 다행스럽다.

이제 자신은 나랏일을 한다고 바쁘게 살고 있지만 정작 가족들을 위해서는 아무것도 해줄 수 없으니 그저 안타까운 마음뿐이다. 하지만 형도 동생도 그런 그의 마음을 잘 알고 있다. 그는 언제나 공과 사가 분명한 사람이기 때문이다. 남들이 보면 3선 의원에 도지사까지 지낸 형제를 둔 덕에 뭔가 혜택을 보고 있지 않을까 생각하지만 천만의 말씀이다. 그는 형제들 가운데 유난히 아버지를 닮아 공과 사를 정말 무서울 정도로 구분하는 사람이다. 공적인 일은 잘 챙기지만 가족이나 주변 사람 챙기는 데는 서운할 정도로 소원하다.

'선공후사.'

사적인 것은 뒤로 미루고 공적인 것을 먼저 챙기며, 사사로운 것을 버리고 공적인 일에 봉사한다. 그게 그의 좌우명이자 신조다. 그런 그의 성품은 아버지와 많이 닮아 있다. 설란영은 늘 그렇게 말한다.

"당신, 어렸을 때 아버지가 늘 문중 일 하느라 집안일은 안 챙겼다고 그랬죠? 당신도 남의 일 먼저 챙기는 것은 똑같아요. 물론 당신은 나랏일 하느라 그러는 거지만."

설란영이 그렇게 말하면 그의 형도 동생도 고개를 끄덕인다.

"맞아요. 우리 형제 중에 김 도지사가 아버지를 제일 많이 닮았어요."

"어허 참."

가족들의 서운한 마음을 모르는 바 아니지만 그는 어쩔 수 없다고 생각한다. 어렸을 적 공무원이었던 아버지는 사무실에서 종이 한 장 집으로 가져오지 않을 정도로 철저했다. 그는 그런 아버지의 모습을 많이 닮았다.

"그래, 너희들은 어떻게 취직은 했니?"

"아니오. 아직이오."

"요즘 취업이 참 어렵지? 그래도 너무 눈높이를 높이지 말고 큰 욕심 부리지 말고. 의미 있는 일을 하는 것도 중요해."

과거 딸 동주와 조카들이 한창 취업 문제로 힘들어 했을 때도 그는 그저 지켜볼 뿐 어떻게 해볼 도리가 없다고 생각했다. 남들은 '힘 좀 쓰면 어디 취직 정도야 못 시켜줄까' 말을 하지만 그는 한 번도 그러지 않았다. 그건 딸 동주에게도 마찬가지였다. 인생 선배로 직업 선택이나 진로에 대해 조언은 해줄 수 있지만 그 이상은 간섭하지도 챙겨줄 생각도 하지 않았다. 스스로 헤쳐 나갈 수 있다고 믿었기 때문이다. 다만 마음 한편에 늘 미안한 마음만 간직해 둘 뿐이다. 가족들도 그저 그러려니 한다. 그에게 부담을 주지 않는 것이 나랏일을 하는 그에게 할 수 있는 가족으로서 최대한의 배려이기 때문이다.

김문수가 꿈꾸는 대한민국

바깥일을 하느라 늘 바쁜 중에도 김문수 장관이 늘 설레는 마음으로 기다리는 시간이 있다. 하나밖에 없는 딸 동주가 사위와 두 아이를 데리고 찾아오는 날이다. 경기도지사 시절 결혼한 딸이 이제는 초등학생 남매를 둔 어엿한 학부모가 됐다. 딸과 사위는 둘 다 사회복지사로 노인복지 관련 일을 하고 있다. 많지 않은 월급에 늘 고되게 일을 하는 터라 걱정도 많았지만 두 사람이 서로를 의지하며 잘 살아내는 걸 보면 흐뭇하기 그지없다.

"하려는 일은 잘 준비하고 있어? 데일리케어센터라고 했지?"

"네. 여러 군데 다녀도 보고 배우면서 준비하고 있어요. 그동안 우리가 현장에서 쌓았던 경험이 많이 도움되는 거 같아요."

"애들도 키워야 하고, 앞으로 더 바빠지면 더 힘들 텐데…."

아내 설란영은 힘들게 일을 하면서도 두 아이를 살뜰히 챙기며 살아가는 동주를 보면 마음이 짠하면서도 기특하다. 그래서 봉천동에서 부천까지 먼 길을 늘 왔다 갔다 하면서 손주들을 대신 돌봐주기도 한다. 김문수 장관도 같은 마음이다. 특히 손자, 손녀를 볼 때는 뭔가 가슴에서 뜨거운 게 올라오며 울컥할 때도 있다. 자신은 젊은 시절 노동운동 한다고 집에도 잘 들어가지 못했고, 교도소까지 다녀오느라 아이가 자라는 것을 곁에서 지켜보지 못했기 때문이다. 게다가 아내 역시 노동운동 하랴, 남편 뒷바라지하랴 바쁘게 살아왔기에 딸아이는 늘 혼자일 때가 많았던 것이다.

'나도 이제 나이를 먹었나?' 그때를 생각하면 가끔 눈시울이 뜨거워질 때도 있다. 하지만 화목한 가정을 꾸리고 잘 살아가는 딸아이 가족을 보면 덩달아 행복해진다.

'모든 젊은이들이 이렇게 가정을 이루고 아이를 낳고 자신들의 꿈을 키우며 살아가면 좋을 텐데.' 요즘 우리나라 현실은 우려스럽다. '미혼율은 증가하고 결혼 연령도 30대를 훌쩍 넘은 지 오래다. 젊은이들은 취업하는 게 힘들어 포기하거나 아예 집 밖으로 나오지 않은 채 부모에게 얹혀사는 경우가 허다하다. 일자리를 얻어 직장에 다니는 젊은이들조차 천정부지로 올라가는 집값을 감당하지 못하고 육아와 교육비 부담에 결혼도 포기해 버리고 만다.

"우리나라 출산율이 0.72%로 세계에서 가장 낮은 국가 가운데 하나가 됐습니다."

"수도권에서도 폐교되는 초등학교가 생겨나고 있습니다."

"대학교는 폐교되고 빈집이 늘어나면서 사라질 위기에 놓인 지방 소도시들도 점점 늘어나고 있습니다."

이런 뉴스를 접하다 보면 마음이 착잡해지고 우리나라의 미래를 걱정하지 않을 수 없다.

'젊은이들이 정말 먹고살기 힘든 세상이다. 이건 누구의 책임인가. 우리 어른들이 그리고 우리 사회가 함께 책임져야 하는 것 아닌가.'

그가 고용노동부 장관을 맡으며 가장 먼저 공을 들인 것도 바로 이 문제다. 그는 맞벌이 신혼부부들의 육아에 대한 부담을 덜어주기 위해 아낌없는 지원을 해줄 생각이다. 우선 육아휴직을 적극 장려해 기간을 50% 정도 늘리고 지원금도 50%에서 많게는 100% 확대해서 지급할 계획이다. 공무원들의 경우 출산을 하면 승진제도에 가산점을 주고 보직도 원하는 곳에 과감하게 배치해줄 생각이다. 하지만 아직은 예산 문제 등으로 관련 부처와 협의가 안 돼 난항을 겪고 있다.

"그러니까 애를 낳고 기르는 것을 국가의 중요 1순위에 둬야 하는데, 그게 아니고 경제, 돈만 따지려고 들어요. 경제나 돈이 사람을 위해서 필요한 거지, 뭐 사람이 경제, 돈보다 밑에 있을 수는 없잖아요."

정부에서조차 아직 이 문제를 절실하게 생각하지 않는 게 심각한 문제라며 이제는 젊은이들의 결혼, 출산, 육아 문제를 우선 해결해야 한다는 게 그의 생각이다.

"젊은 애들은 앞날이 아주 창창한데 자기가 원하는 직장도 못 갖고, 자기가 원하는 결혼도 못 하고, 애도 못 낳고, 집도 못 가지고…. 이거 우리가 방치하면 안 되는 일이에요. 그런 면에서 나는 굉장히 급진적인 변화를 가져와야 한다고 생각해요."

젊은이들의 취업을 돕기 위해 고용노동부 차원에서 이미 시행 중인 것도 있다. 경제활동 인구도 아니고 실업자도 아닌 사람들, 이른바 '쉬었음' 청년, '비경제활동' 젊은이들을 찾아내 연락을 해서 상담을 하고 직업을 찾아주는 일이다. "안녕하세요? 취업하셨습니까? 요즘 이런 자리가 있는데 한번 해보시겠습니까? 그럼 먼저 컨설팅 해드릴 수 있는데 한번 오시겠습니까?"와 같은 방식으로 접촉을 해서 취업을 알선하고 젊은이들을 사회로 나오게 유도하는 것이다. 그동안 시범적으로 천 명 정도 시행을 해봤는데 반응이 괜찮아서 올해는 좀 더 확대해 본격적으로 이 사업을 실시할 계획이다.

이런 정책들을 통해 젊은이들이 직업을 얻어 먹고살 수 있는 기반을 마련해주고, 한편으로는 결혼해서 아이를 낳고 사는데 조금이라도 부담을 덜어주려는 것이다. 현재 우리 사회가 당면한 결혼과 출산, 육아 문제를 온전히 그들의 몫으로 떠넘기지 말고 우리 사회가, 정부가 함께 고민하고 해결해야 한다는 게 그의 생각이다.

젊은 시절 노동운동을 할 때나 국회의원, 도지사를 거쳐 지금에 이르기까지 한결같은 마음으로 쉼 없이 일해온 건 그가 꿈꾸는 세상이 있기 때문이다. 그것은 바로 '모두가 행복하게 잘 살 수 있는 세상'을 만드는 것이다. 한때는 사회주의를 통해서라고 생각했지만, 이제는 자유민주주의와 자유시장경제를 통해서만 이룰 수 있다고 생각한다. 젊은이들이 미래를 꿈꿀 수 있고, 아이들이 건강하게 자랄 수 있는 사회, 가난해서 치료를 못 받거나 공부를 포기하지 않아도 되는 사회, 열심히 노력하면 반드시 그 빛나는 과실을 딸 수 있는 건강한 사회가 돼야 한다고 생각한다. 경제적인 성장만이 아닌 국민들이 진정 행복감을 느낄 수 있는 그런 나라가 잘사는 나라고 선진화된 나라라고 생각한다.

북한 동포에게도 인권이 보장되고 민주주의가 꽃필 수 있어야 한다고 생각한다. 그리고 마침내 남북이 하나가 되어 통일된 자유민주주의 대한민국이 되어야 한다고 생각한다.

"100년 되는 사상, 이념 전쟁이 세계적으로 끝났는데 아직 안 끝난 곳이 이 한반도 그다음에 중국 공산당과 대만이죠. 지금 현재 내가 꼭 하고 싶은 거는 자유민주통일과 북한 인권 문제를 해결하는 거예요. 북한 주민들 교회 가고 싶으면 교회 가고 그다음에 여행 가고 싶으면 가고. 그런데 여행의 자유도 없고 신앙의 자유, 직업 선택의 자유, 신체의 자유까지 일체 없잖아요. 지금이 어떤 세상인데 아직도 그렇게 살고 있느냐 말이죠."

김문수는 대한민국의 위대한 시대는 아직 오지 않았다고 본다.

1인당 GDP가 일본을 제치고 3만 6천 달러의 고지에 올라선 만큼, 비슷한 인구를 가진 영국도 독일도 프랑스도 이탈리아도 앞설 수 있다고 생각한다. 2030년에 미국, 중국에 이은 G3 국가로 우뚝 서는 것도 허황된 꿈은 아닐 것이다. 과거에 '산업화 시대에는 늦었지만 정보화 시대에는 앞서가자'는 구호가 국민들의 마음을 사로잡았던 때가 있었다. 이제 AI 시대다. 대한민국은 선진 제조업 강국이기도 하고, AI 시대를 이끌어갈 수 있는 역량도 가지고 있다. AI 시대 자유민주 진영의 선진 제조업 플랫폼 국가로 대한민국을 변모시켜 나갈 수 있다면, 2030세대와 함께 2030년대에 G3 국가로 도약하는 꿈을 실현시킬 수 있을 것이다.

그는 이런 문제들을 이 시대 우리가 해결해야 할 가장 중요한 과제요, 사명으로 생각하고 있다. 그래서 그는 꿈꾼다. 만일 우리나라가 그런 자유민주주의 국가로 '동방의 등불'이 되어 환하게 빛날 수만 있다면, 기꺼이 그 등불을 밝히는 '심지' 역할을 하고 싶다고 말이다.

김문수에 대한 오해와 진실

 필자가 김문수 장관을 만난 지 벌써 15년이 되었다. 그런데 그가 요즘처럼 사람들의 주목을 받은 건 아마도 처음이 아닌가 싶다. 젊은 시절엔 노동운동의 황태자로 불릴 만큼 대단하게 노동운동을 했고, 이후 부천에서 3선 국회의원을 하며 일 잘하는 정치인으로 꼽히기도 했다. 재선 경기도지사를 지내며 굵직한 일들을 해냈음에도 사람들은 그때보다 비상계엄 시국에서 고개 숙이지 않았던 '꼿꼿 문수'를 먼저 기억한다. 그가 전혀 의도치 않았는데도 말이다.
 아직 대통령에 대한 헌법재판소의 판결이 나지 않았는데 사람들은 조기 대선을 염두에 두며 그를 대선주자 반열에 올려놓았다. '범여권주자'로서 이재명 더불어민주당 대표에 대적할 만한 후보로 말이다. 지지율이 급속히 오르자 야당과 일부 언론매체에선 그에 대해 혹평을 하며 폄훼하기 시작했다.

'김문수 현상은 거품이라 곧 꺼질 거다', '여권에 인물이 없어서 그렇다', 심지어 그가 도지사 시절 119에 걸었던 전화 녹취까지 다시 틀어놓고 '꼰대 짓을 했다'며 그의 이미지를 깎아내리기에 바빴고, 앞뒤 설명 없이 '일제강점기 국적'에 대해 그가 답변한 내용에 문제가 있다며 친일파로 매도해 버리기도 했다. 정작 본인은 조기 대선에 대한 아무런 입장을 표명한 적도 없는데 말이다.

고용노동부 장관으로서 공인의 자리에 있으니 그의 행동이 자연스레 언론에 보도되고 사람들의 입에 내리는 거야 어쩔 수 없는 일이지만, 가끔은 도를 넘는 행태에 눈살이 찌푸려진다. 과연 그들은 김문수라는 사람에 대해 얼마나 알고 있길래 그런 얘기를 할 수 있을까? 그저 야당에서 또는 언론에서 만들어놓은 몇 가지 이미지만 가지고 그를 너무나 쉽게 판단하고 매도하고 있는 것은 아닌가? 내가 아는 한 김문수 장관만큼 낮은 곳에서 자신을 희생해 가며 서민들을 위해 열심히 살아온 정치인은 아직 없다.

책을 집필하면서 알게 된 그의 과거 행적은 놀랍기만 했다. 그가 살아온 인생 역전은 기존의 많은 정치인들과는 다른 그 무엇이 있었다. 그의 삶은 마치 한 편의 드라마처럼 극적이고 감동적이기까지 했다. 굳이 작가의 시각으로 재단하고 수식어를 붙이고 과장할 필요가 없었다. 그래서 그의 삶을 한발자국 뒤에서 따라가며 있는 그대로를 가감 없이 기록하려고 노력했다.

사람들이 왜 그를 '영혼이 맑은 사람', '진정성 있는 정치인'이라고 하는지 그리고 왜 그를 당파를 초월해 '대한민국파'라고 하는지 이해할 수 있을 것 같았다. 사심이 없기에 자신의 소신을 펼치는데 거침이 없고, 정치인이 돼서도 여전히 약자 편에 서 있는 사람. 그리고 대한민국을 진정으로 사랑하는 사람. 그러기에 결코 미워할 수 없는 사람이다. 이 책을 읽는 독자들도 그런 그의 매력을 조금이나마 느꼈으면 하는 마음이다.